U0089364

古代歷史文化研究輯刊

十二編

王明蓀 主編

第17冊

中古世家大族范陽盧氏研究（下）

韓濤 著

國家圖書館出版品預行編目資料

中古世家大族范陽盧氏研究（下）／韓濤 著 -- 初版 -- 新北市：
花木蘭文化出版社，2014〔民 103〕
目 6+196 面；19×26 公分；19×26 公分
（古代歷史文化研究輯刊 十二編；第 17 冊）
ISBN 978-986-322-897-4（精裝）
1.盧氏 2.家族史 3.中國
618　　103013902

古代歷史文化研究輯刊
十二編　第十七冊　　ISBN：978-986-322-897-4

中古世家大族范陽盧氏研究（下）

作　者　韓 濤
主　編　王明蓀
總 編 輯　杜潔祥
副總編輯　楊嘉樂
編　輯　許郁翎
出　版　花木蘭文化出版社
社　長　高小娟
聯絡地址　235 新北市中和區中安街七二號十三樓
電話：02-2923-1455／傳眞：02-2923-1452
網　址　http://www.huamulan.tw 信箱 hml 810518@gmail.com
印　刷　普羅文化出版廣告事業
初　版　2014 年 9 月
定　價　十二編 20 冊（精裝）新台幣 38,000 元

中古世家大族范陽盧氏研究（下）

韓　濤　著

目次

上　冊

第七章　范陽盧氏與隋唐政局的變遷

隋唐時期，范陽盧氏仍舊作爲世家大族而活躍於歷史舞臺，並且一直保持著其高門大族的地位。但魏晉北朝時期那種強烈的地方色彩卻不復存在，隨著隋唐統治重心重又回到關中，在外地做官的盧氏成員漸漸遠離鄉里，去職後大多也不再回到范陽老家。鄭雅如通過對范陽盧氏大房寶素支系的遷移進行研究，認爲唐代前期范陽盧氏移貫居住在洛陽，同族同居，任官去職後返回洛陽。安史之亂後，范陽盧氏居住形態較爲鬆散，許多成員去官後由於經濟壓力等原因，大都在任職所在地或鄰近州縣生活，死後方才歸葬洛陽。范陽郡望作爲家族根據地的意義大大削減，家族與地域的結合不如中古前期緊密。〔註1〕

隋朝，主要是原來入仕西魏北周的盧氏成員進入了楊隋政權，而東魏北齊系統的盧氏成員則不見經傳。唐初，李世民不滿山東士族的自矜門第，修《氏族志》，重定姓族，打擊山東郡姓，然而在排斥山東郡姓的過程中，李唐皇室也不自覺地被世家大族的禮法文化所浸染和同化，這個略帶胡氣的政權逐步禮法化。唐後期隨著科舉制的不斷完善，士庶之間的差別也越來越小，

〔註1〕鄭雅如：《「中央化」之後——唐代范陽盧氏大房寶素系的居住形態與遷移》，載《早期中國史研究》，2010第2期。盧照鄰在送別幽州陳參軍赴任時作《送幽州陳參軍赴任寄呈鄉曲父老》，詩云：「薊北三千里，關西二十年。馮唐猶在漢，樂毅不歸燕。人同黃鶴遠，鄉共白雲連。郭隗池臺處，昭王尊酒前。故人當已老，舊壑幾成田。紅顏如昨日，衰鬢似秋天。西蜀橋應毀，東周石尚全。灞池水猶綠，榆關月早圓。塞雲初上雁，庭樹欲銷蟬。送君之舊國，揮淚獨潸然。」詩句充滿了鄉愁和離愁，道出了范陽和關中之間的距離和惆悵。盧照鄰：《送幽州陳參軍赴任寄呈鄉曲父老》，載《全唐詩》卷四二，北京：中華書局，1960年版，第529頁。

世家大族喪失了把持選舉世襲官職的特權，但范陽盧氏仍然能憑藉其文化優勢在科舉中較爲輕鬆地進入仕途，獲得官職，故此隋唐時期范陽盧氏的政治地位仍然得到延續。

一、唐初世家大族地位的變化

唐朝建立之初，在朝中當權的人還都是新崛起的軍功勢力，尤其是以關隴集團爲核心的力量，而不是以文化著稱的世家大族。然而北朝以來范陽盧氏作爲世家大族的社會聲望和地位依然根深蒂固，仍然得到社會承認，門閥觀念在唐初仍然影響廣泛。甚至李唐皇室也不經意表露了對崔盧等高門大族的承認，武德元年（618 年），李淵對內史令竇威說：「昔周有八柱國，吾與公家是也。今我爲天子，而公爲內史令，事固有不等耶？」威懼，頓首謝曰：「臣家在漢，再爲外戚。至元魏，有三皇后。今陛下龍興，臣復以姻戚進，夙夜懼不克任。」帝笑曰：「公以三后族夸我邪！關東人與崔、盧婚者，猶自矜大，公世爲帝戚，不亦貴乎。」〔註 2〕高祖李淵拿竇威和自己的家世與崔盧相比，以崔盧作爲地位的參照，這就說明李淵本人也承認了崔盧的高門地位。

但世家大族並不見得承認李唐政權，在李唐政權建立的很長一段時間沉寂於朝堂之外，這一方面是新、舊士族之間的鬥爭使然，另一方面也是世家大族爲了標識自身高貴的門第，自矜閥閱，不屑與李唐政權爲伍，採取了一種不合作的態度。這引起了唐太宗的憤怒，他對宰相房玄齡說：「比有山東崔、盧、李、鄭四姓，雖累葉陵遲，猶恃其舊地，好自矜大，稱爲士大夫。」〔註 3〕唐太宗十分不滿山東士族以門第自重，認爲士大夫不能全靠門第，「氏族之美，實繫於冠冕」〔註 4〕，而山東士族「世代衰微，全無冠蓋」〔註 5〕，僅僅剩下士族這個表明其社會身份的舊標簽而已。因此需要重新評價他們的門第。爲此，貞觀五年（631 年），唐太宗命吏部尚書高士廉、御史大夫韋挺、中書侍郎岑文本、禮部侍郎令狐德棻等及「四方士大夫諳練門閥者」刊定姓氏，重新修訂氏族譜牒，史載：

> 初，太宗嘗以山東士人尚閥閱，後雖衰，子孫猶負世望，嫁娶

〔註 2〕《新唐書》卷九五《竇威傳》。
〔註 3〕《貞觀政要》卷七《禮樂》。
〔註 4〕《貞觀政要》卷七《禮樂》。
〔註 5〕《舊唐書》卷六五《高士廉傳》。

必多取貲，故人謂之賣昏。由是詔士廉與韋挺、岑文本、令狐德棻責天下譜諜，參考史傳，檢正眞僞，進忠賢，退悖惡，先宗室，後外戚，退新門，進舊望，右膏粱，左寒畯，合二百九十三姓，千六百五十一家，爲九等，號曰《氏族志》，而崔幹仍居第一。〔註6〕

高士廉等人出身士族，對各地閥閱諳熟於心，修訂的《氏族志》初稿仍以山東郡姓爲大，列正四品的黃門侍郎崔幹爲第一等，高士廉等人顯然沒能領會太宗的眞正意圖，所以《氏族志》修成奏上初稿後，李世民見崔幹被列爲第一等高門，勃然大怒，說：「我與山東崔、盧、李、鄭，舊既無嫌，爲其世代衰微，全無官宦，猶自云士大夫。婚姻之際，則多索財物。或才識庸下，而偃仰自高，販鬻松檟，依託富貴，我不解人間何爲重之？」〔註7〕他質問高士廉：「何容納貨舊門，向聲背實，買昏爲榮耶？」〔註8〕同時唐太宗提出修定《氏族志》的目的是要「崇重今朝冠冕」，並且明確規定了修定的原則不以門第，只看現任官爵，他說：「我今定氏族者，誠欲崇樹今朝冠冕，何因崔幹猶爲第一等，只看卿等不貴我官爵耶！不論數代已前，只取今日官品、人才作等級，宜一量定，用爲永則。」〔註9〕高士廉等人秉承旨意，再做修訂。以皇族爲首，外戚次之，崔幹被降到第三等。

重修《氏族志》以現任官品等級劃定士族門第，目的是竭力壓抑和降低世家大族的門第，突出皇室的崇高地位，崇尚當朝冠冕，提高新士族的地位，同時也使胡漢一體化的關隴軍事貴族集團成爲皇權統治的基礎。然而《氏族志》並未起到相應的效果，崔盧大族的優美門風和高貴的門第仍然被社會上大多數人所豔羨，一些寒門士族仰慕崔盧大族的名聲和門第，紛紛前來試探，表示願與崔盧大族結親，一個排除了李唐皇室和關中士族的新的婚姻圈子逐漸形成了，高宗時期不滿於此，又下詔書：

又詔後魏隴西李寶，太原王瓊，滎陽鄭溫，范陽盧子遷、盧渾、盧輔，清河崔宗伯、崔元孫，前燕博陵崔懿，晉趙郡李楷，凡七姓十家，不得自爲昏；三品以上納幣不得過三百匹，四品五品二百，六品七品百，悉爲歸裝，夫氏禁受陪門財。先是，後魏太和中，定

〔註6〕《新唐書》卷九五《高儉傳》。
〔註7〕《貞觀政要》卷七《禮樂》。
〔註8〕《新唐書》卷九五《高儉傳》。
〔註9〕《貞觀政要》卷七《禮樂》。

> 四海望族，以竇等爲冠。其後矜尚門地，故《氏族志》一切降之。王妃、主婿皆取當世勳貴名臣家，未嘗尚山東舊族。後房玄齡、魏徵、李勣復與昏，故望不減，然每姓第其房望，雖一姓中，高下縣隔。李義府爲子求昏不得，始奏禁焉。其後天下衰宗落譜，昭穆所不齒者，皆稱「禁昏家」，益自貴，凡男女皆潛相聘娶，天子不能禁，世以爲敝云。〔註 10〕

這就是唐代歷史上有名的禁婚詔令，范陽盧子遷、盧渾、盧輔三支被列入七姓十家禁婚的範圍。

唐初李唐政權對山東世家大族的一系列打壓政策，對范陽盧氏造成了一定的衝擊，在唐朝初年一個時期內，范陽盧氏的仕宦受到了很大影響，但范陽盧氏長期以來形成的高門地位並非幾個詔令就能摧毀的，《氏族志》雖然重新排列了士族門第，李唐皇室被列爲第一等，然而社會上依然以山東大族的門第爲最高，禁婚詔令雖然劃定了禁婚範圍，然而大族婚姻依然禁而不止，甚至「衰宗落譜，昭穆所不齒者，皆稱『禁昏家』，益自貴，凡男女皆潛相聘娶，天子不能禁」。

二、「八相佐唐」之說

范陽盧氏在唐代政治上的地位鮮明體現在擔任朝廷重臣上，終唐一代，范陽盧氏家族共出了八位宰相，史上有「八相佐唐」之稱。范陽被稱爲「宰相望」，史載：

> 初，玄宗每命相，皆先書其名，一日書（崔）琳等名，覆以金甌，會太子入，帝謂曰：「此宰相名，若自意之，誰乎？即中，且賜酒。」太子曰：「非崔琳、盧從願乎？」帝曰：「然。」賜太子酒。時兩人有宰相望，帝欲相之數矣，以族大，恐附離者眾，卒不用。〔註 11〕

玄宗讓太子猜測所書宰相是何人？太子當即脫口而出：「不是崔琳、盧從願嗎？」這絕非偶然的巧合，只能說明崔盧兩家政治地位、社會地位的顯要，

〔註 10〕《新唐書》卷九五《高儉傳》。另見於《資治通鑒》卷二〇〇載唐高宗顯慶四年（659 年）冬十月壬戌詔：「後魏隴西李寶、太原王瓊、滎陽鄭溫、范陽盧子遷、盧渾、盧輔、清河崔宗伯、崔元孫、前燕博陵崔懿、趙郡李楷等子孫，不得自爲婚姻。」

〔註 11〕《新唐書》卷一〇九《崔義玄傳》。

故此說「兩人有宰相望」。雖然由於「族大，恐附離者眾」的原因而沒能最終登上相位，但這也恰恰說明兩家族的社會號召力和影響力，居然引起皇帝的提防。

范陽盧氏先後登上宰相之位的是盧商、盧承慶、盧翰、盧邁、盧懷慎、盧杞、盧攜和盧光啓。其房支分佈是這樣的，大房有盧承慶；第二房有盧翰、盧邁、盧商〔註 12〕；第三房有盧懷慎、盧杞；盧攜和盧光啓則不屬於四房盧氏，第四房尚之房沒有成員出任宰相。如下表所示。

表六七：范陽盧氏八位宰相任相情況統計表〔註 13〕

姓名	房支	輔政皇帝	任相時間	罷相時間
盧承慶	大房	高宗	顯慶四年（659）五月丙申，度支尚書盧承慶參知政事；十一月癸亥，承慶同中書門下三品。	顯慶五年（660）七月丁卯，承慶免。
盧懷慎	三房	玄宗	開元元年（713）十二月甲寅，黃門侍郎盧懷慎同紫微黃門平章事；二年（714）正月己卯，懷慎檢校黃門監；三年（715）正月癸卯，懷慎檢校吏部尚書兼黃門監；四年（716）正月丙申，懷慎檢校吏部尚書。	開元四年（716）十一月己卯，盧懷慎去官養疾。
盧杞	三房	德宗	建中二年（781）二月乙巳，御史大夫盧杞爲門下侍郎、同中書門下平章事。	建中四年（783）十二月壬戌，杞貶新州司馬。
盧翰	二房	德宗	興元元年（784）正月丙戌，吏部侍郎盧翰爲兵部侍郎、同中書門下平章事。戊子，復爲山南東西、荊湖、淮南、江西、鄂岳、浙江東西、福建、嶺南宣慰安撫	貞元二年（786）正月壬寅，翰罷爲太子賓客。

〔註 12〕《新唐書・宰相世系表》關於范陽盧氏表末尾曰「盧氏宰相八人。大房有商、承慶；第二房有翰、邁；第三房有懷慎、杞；范陽有攜、光啓」。這裡誤將盧商歸入大房，而在世系表中盧商屬於二房盧敏房盧廣之子。

〔註 13〕本表根據《新唐書》卷六一、六二、六三《宰相表》製作而成。

姓名	房支	輔政皇帝	任相時間	罷相時間
			使；六月癸丑，翰爲門下侍郎；十二月己卯，翰加太微宮使。	
盧邁	二房	德宗	貞元九年（793）五月甲辰，尙書右丞盧邁，並同中書門下平章事；十一年正月乙亥，邁爲中書侍郎。	貞元十三年（797）九月己丑，邁罷爲太子賓客。
盧商	二房	宣宗	會昌六年（846）九月，兵部侍郎、判度支盧商爲中書侍郎兼工部尙書、同中書門下平章事。	大中元年（847）春旱，詔商與御史中丞封敖理囚繫於尙書省，誤縱死罪，罷爲武昌軍節度使。以疾解，拜戶部尙書，卒。
盧攜	其他	僖宗	乾符元年（874）十月丙辰，翰林學士承旨、戶部侍郎盧攜，並同中書門下平章事；十一月，攜爲中書侍郎；乾符二年（875）六月，攜兼工部尙書；乾符四年（877）正月，攜兼刑部尙書；九月，攜兼戶部尙書。	乾符五年（878）〔註14〕五月丁酉，攜罷爲太子賓客，分司東都。
			乾符六年（879）十二月，兵部尙書盧攜爲門下侍郎、同中書門下平章事，復登相位；廣明元年（880）六月丙午，攜兼兵部尙書。	廣明元年（880）十二月甲申，攜貶爲太子賓客，分司東都。
盧光啓	其他	昭宗	天復元年（901）十一月辛酉，兵部侍郎盧光啓權句當中書事，兼判三司；丁卯，光啓爲右諫議大夫，參知機務；復拜兵部侍郎、同中書門下平章事。	天復二年（902）四月，光啓罷爲太子少保，改吏部侍郎。

〔註14〕關於盧攜第一次罷相時間，史載有異。《新唐書》卷九《僖宗本紀》和卷六三《宰相表下》，《舊唐書》卷一七八《盧攜傳》皆記載是乾符五年，而《舊唐書》卷一九《僖宗本紀》、《舊唐書》卷一九〇《司空圖傳》言其乾符六年。

范陽盧氏這八位大唐宰相，任相時間都不太長，任相最長者爲盧攜，兩度任相共計 5 年，任相最短者爲盧商與盧光啓，都不到一年。在他們的年代，大唐發生了許多足以影響到大唐王朝命運的歷史事件，比如安史之亂、涇原兵變、兩稅法改革、王仙芝黃巢起義，朱全忠圍攻鳳翔等等，以下分別進行論述。

（一）盧承慶：寵辱不驚

盧承慶（597～672），是隋代著名詩人、武陽太守盧思道之孫。盧承慶的父親盧赤松，字子房，「爲賢載德，風神爽秀；黼藻人倫，冠冕雅俗」，在隋大業末年爲河東令，與唐高祖李淵有交情，聞知李淵的軍隊到達霍邑，開城迎接，拜行臺兵部郎中。歷官大唐上儀同太子舍人、上開府固安縣開國公，太子率更令柱國范陽郡開國公。赤松於武德八年季六月廿一日去世於京師長安，春秋五十有七。貞觀廿三年季十月十四日遷厝於洛陽邙山南都城東北一十三里。赤松夫人爲蘭陵蕭氏。〔註 15〕

盧承慶，字子餘，容貌儀態較好，史載「美風儀，博學有才幹，少襲父爵」。貞觀初，爲秦州都督府戶曹參軍，因爲奏報河西軍事狀況，被唐太宗發現他有明辯才能，擢拜考功員外郎。累遷民部侍郎。「太宗嘗問歷代戶口多少之數，承慶敘夏、殷以後迄於周、隋，皆有依據，太宗嗟賞久之」。不久令承慶兼檢校兵部侍郎，仍知五品選事。承慶推辭曰：「選事職在尙書，臣今掌之，便是越局。」太宗不許，曰：「朕今信卿，卿何不自信也？」〔註 16〕俄歷雍州別駕，尙書左丞。

高宗永徽初年，盧承慶被褚遂良所構陷，貶爲益州大都督府長史。不久褚遂良又上奏盧承慶在雍州的舊事，又被貶爲簡州司馬。一年後，轉洪州長史。恰逢高宗到汝州洗溫泉，高宗擢升承慶爲汝州刺史，入爲光祿卿。顯慶初，大將蘇定方擊破西突厥，俘獲其可汗阿史那賀魯，「賀魯已滅，裂其地爲州縣，以處諸部」，隸屬於安西都護府，「以阿史那彌射爲興昔亡可汗，兼驃騎大將軍、昆陵都護，領五咄陸部；阿史那步眞爲繼往絕可汗，兼驃騎大將軍、濛池都護，領五弩失畢部。各賜帛十萬，以光祿卿盧承慶持冊命之」〔註 17〕。

〔註 15〕《大唐太子率更令柱國范陽郡開國公盧公（赤松）墓誌》，載趙君平編：《邙洛碑誌三百種》，北京：中華書局，2004 年，第 67 頁。

〔註 16〕《舊唐書》卷八一《盧承慶傳》。

〔註 17〕《新唐書》卷二一五《突厥下》。

顯慶四年（659），代杜正倫爲度支尚書，仍同中書門下三品。但不久因度支失誤，出爲潤州刺史，再遷雍州長史，加銀青光祿大夫。總章二年（669），盧承慶代李乾祐爲刑部尚書，以年老請致仕，許之，仍加金紫光祿大夫。三年，病卒，年七十六。臨終時告誡其子曰：「死生至理，亦猶朝之有暮。吾終，斂以常服；晦朔常饌，不用牲牢；墳高可認，不須廣大；事辦即葬，不須卜擇；墓中器物，瓷漆而已；有棺無槨，務在簡要；碑誌但記官號、年代，不須廣事文飾。」〔註18〕死後贈幽州都督，謚曰定。

關於盧承慶還有一個「寵辱不驚」的典故，承慶在任職考功員外郎時負責典選，考校百官，有一位官員督辦漕運而翻船丟失糧草，承慶考覈時判爲「失所載，考中下」，該官員並無慍色。於是承慶心生好感，更改判詞爲「非力所及，考中中」，該官員亦無喜色。承慶嘉獎他說：「寵辱不驚，考中上。」〔註19〕這也說明盧承慶善於發現官員的優點。

盧承慶任宰相時間不長，前後一年零兩個月。顯慶四年（659）五月丙申，度支尚書盧承慶參知政事；十一月癸亥，承慶同中書門下三品。顯慶五年（660）七月，度支尚書、同中門下三品盧承慶以罪免。〔註20〕盧承慶本傳並沒有記載其子嗣，《新唐書・宰相世系表》載其有一子曰盧諝，新出墓誌中亦尚未發現盧承慶子嗣，與其弟承業、承泰相比，盧承慶後代人丁稀少，不知何故。

（二）盧懷慎：一代儉相

盧懷慎（？～716），三房盧昶之後。《新唐書》本傳記載其爲「滑州靈昌人」，是因爲其祖父盧悊〔註21〕曾任職靈昌令，遷徙到滑州靈昌縣。但「其先家於范陽，爲山東著姓」。其父爲盧挺，潭州司戶參軍。史載懷慎「在童丱已不凡，父友監察御史韓思彥歎曰：『此兒器不可量！』」〔註22〕懷慎「少清謹，舉進士，歷監察御史、吏部員外郎」〔註23〕。

長安二年（702），盧懷慎由長安尉任上被薦舉爲御史，「時則天令雍州長史薛季昶擇僚吏堪爲御史者，季昶以聞（盧）齊卿，薦長安尉盧懷慎李休光、

〔註18〕《舊唐書》卷八一《盧承慶傳》。

〔註19〕《新唐書》卷一〇六《盧承慶傳》。又見《大唐新語》卷七《容恕》。

〔註20〕《舊唐書》卷四《高宗本紀上》，《新唐書》卷三《高宗本紀》。

〔註21〕《新唐書・宰相世系表》謂盧懷愼祖父爲「子哲，靈昌、伏陸二令」。

〔註22〕《新唐書》卷一二六《盧懷愼傳》。

〔註23〕《舊唐書》卷九八《盧懷愼傳》。

萬年尉李乂崔湜、咸陽丞倪若水、盩厔尉田崇辟、新豐尉崔日用，後皆至大官」〔註 24〕。

長安四年（704）十一月，唐政府在登州、萊州「置監牧，和市牛羊」。右肅政臺監察御史張廷珪和御史中丞盧懷慎先後諫言，盧懷慎上表曰：「臣奉使幽州推事，途經衛、相等州，知河北和市，萊州監牧牛。臣聞官人百姓，當土牛少，市數又多，官估已屈於時價，眾戶又私相賠帖。既印之後，卻付本主養飼，春暮草青，方送牧所，竟無蠲折，侵削實深。且民惟邦本，食乃民天，牛之不存，民將安寄？河北百姓，尤少牛犢，賤市抑養，奪取無異。聚農戶之耕牛，冀收孳課；奪居人之沃壤，將爲牧場。益國利民，未見其可。所和市牛，臣望總停，爲計之上。」〔註 25〕張廷珪和盧懷慎都上書請求停止「和市牛羊」。

神龍元年（705）二月，中宗赴上陽宮謁見武后，武后詔命中宗每隔十天朝見一次。懷慎諫曰：「昔漢高帝受命，五日一朝太公於櫟陽宮，以起布衣登皇極，子有天下，尊歸於父，故行此耳。今陛下守文繼統，何所取法？況應天去提象才二里所，騎不得成列，車不得方軌，於此屢出，愚人萬有一犯屬車之塵，雖罪之何及。臣愚謂宜遵內朝以奉溫清，無煩出入。」〔註 26〕

中宗時，「韋后及太平、安樂公主等用事，於側門降墨敕斜封授官，號『斜封官』，凡數千員」，宰相、御史及員外郎被戲稱爲「三無坐處」。韋后失敗後，「始以宋璟爲吏部尚書，李乂、盧從願爲侍郎，姚元之爲兵部尚書，陸象先、盧懷慎爲侍郎，悉奏罷斜封官，量闕留人，雖資高考深，非才實者不取」〔註 27〕。除此之外，韋后還大肆修建寺廟道觀，景龍二年（708），韋庶人在修業坊建造翊聖觀〔註 28〕。大理少卿盧懷慎對此不滿，認爲建造塔觀，妨礙農業，於景龍三年（709）四月上疏曰：「伏準去年閏九月十三日敕，宜於兩京及荊、揚、益、蒲等州，各置景雲翊聖等觀，圖樣內出，候農隙起作者。近聞所在，已有起作。率計一觀，將數萬功，並而言之，爲役凡幾。

〔註 24〕《舊唐書》卷八一《盧承慶傳》。又見《新唐書》卷一〇六《盧承慶附齊卿傳》。又見《唐會要》卷七十五《選部下》，第 1608 頁。

〔註 25〕《唐會要》卷六十二《御史臺下・諫諍》，第 1268 頁。

〔註 26〕《新唐書》卷一二六《盧懷慎傳》。《唐會要》卷二四《受朝賀》所載更詳，第 532 頁。

〔註 27〕《新唐書》卷四五《選舉志下》。

〔註 28〕翊聖觀於景雲元年（710）改名爲景雲觀。

日計未見其損，歲終或受其弊。謹據元敕，重人遵道，式稽老氏無爲者，養神亦何在其速就哉！又月令云：『日短至，可以伐木。』今孟夏而採斫林藪，夭害昆蟲，既違順時之宜，且非好生之義。夫修建塔廟，不在朝夕，務茲稼穡，如救水火，安可急其所閒，有妨農要。伏望天恩，重申前敕，使移此功力，咸勤播殖，待及有秋，式遵揆日。又諸州申請，欲用當處官錢，既違成規，亦不可允。」〔註29〕

盧懷慎「景龍中，遷右御史臺中丞，上疏以陳時政得失」〔註30〕。《新唐書》本傳記載了他的三篇奏疏。第一篇主張對官吏加強考課，認爲地方官爲官不到四年，不得陞遷。神龍中，他上疏曰：「竊見比來州縣官佐，下車布政，有多者一二年，少者三五月，遽即遷除，不論課考。或歷時未改，便傾耳而聽，企踵而覩，爭求冒進，不顧廉恥，亦何暇宣風布化、求瘼恤人哉！戶口流散，百姓凋敝，職爲此也。何則？人知吏之不久，則不從其吏；吏知遷之不遙，又不儘其能。偷安苟且，脂韋而已……臣請都督、刺史、上佐、兩畿縣令等，在任未經四考，不許遷除。察其課效尤異，或錫以車裘，或就加祿秩，或降使臨問，並璽書慰勉。若公卿有闕，則擢以勸能。政績無聞，抵犯貪暴者，放歸田里，以明賞罰。致理救弊，莫過於此。」〔註31〕第二篇奏疏主張選賢任能，裁汰冗員，曰：「臣竊見員外官中，或簪裾雅望，或臺閣舊人，或明習憲章，或諳閑政要，皆一時之良幹也。多不司案牘，空尸祿俸，滯其才而不申其用，尊其位而不盡其力。周稱多士，漢曰得人，豈其然歟？必有異於此矣。臣望請諸司員外官有才能器識、眾共聞知，堪爲州牧縣宰及上佐者，並請遷擢，使宣力四方，申其智效。有老病及不堪理務者，咸從廢省，使賢不肖較然殊貫。此濟時之切務也，安可謂行之艱哉？」〔註32〕第三篇奏疏針對朝廷裏很多因貪污受賄、聲名狼藉而被流放貶官的官員很快又陞遷回來，仍任地方長官的現象進行揭露，懷慎主張對「其內外官人有犯贓賄推勘

〔註29〕〔宋〕王溥：《唐會要》卷五○《景雲觀》，上海古籍出版社，2006年12月版，第1019頁。

〔註30〕《舊唐書》卷九八《盧懷愼傳》。

〔註31〕〔唐〕杜佑：《通典》卷15《選舉三・歷代制下》，北京：中華書局，1988年，第371～372頁。又見《舊唐書》卷九八《盧懷愼傳》及《唐會要》卷六八《刺史上》，第1419頁。

〔註32〕《舊唐書》卷九八《盧懷愼傳》。又見於《唐會要》卷六七《員外官》，第1393頁。

得實者，臣望請削迹簪裾，十數年間不許齒錄」〔註 33〕。其疏奏最終未被採納，但是卻「累遷黃門侍郎，賜爵漁陽伯」，與侍中魏知古於東都分掌選事。

先天二年（713）十二月庚寅朔，唐玄宗「大赦天下，改元爲開元，內外官賜勳一轉。改尚書左、右僕射爲左、右丞相，中書省爲紫微省，門下省爲黃門省，侍中爲監。雍州爲京兆府，洛州爲河南府，長史爲尹，司馬爲少尹」〔註 34〕，以門下侍郎盧懷愼同紫微黃門平章事，盧懷愼開始任職宰相。

盧懷愼曾於開元初年領銜刪定格式令，史載：「開元初，玄宗敕黃門監盧懷愼、紫微侍郎兼刑部尚書李乂、紫微侍郎蘇頲、紫微舍人呂延祚、給事中魏奉古、大理評事高智靜、同州韓城縣丞侯郢璡、瀛州司法參軍閻義顓等，刪定格式令，至三年三月奏上，名爲《開元格》。」開元六年（718），唐玄宗再次命人刪定律令格式，盧從願參與。史載「玄宗又敕吏部侍郎兼侍中宋璟、中書侍郎蘇頲、尚書左丞盧從願、吏部侍郎裴漼慕容珣、戶部侍郎楊滔、中書舍人劉令植、大理司直高智靜、幽州司功參軍侯郢璡等九人，刪定律令格式，至七年三月奏上，律令式仍舊名，格曰《開元後格》。」〔註 35〕

開元三年（715）春正月，黃門侍郎盧懷愼爲檢校黃門監。史載，「薛王舅王仙童暴百姓，憲司按得其罪，業爲申列，有詔紫微、黃門覆實。懷愼與姚崇執奏『仙童罪狀明甚，若御史可疑，則它人何可信？』由是獄決」〔註 36〕。

盧懷愼與紫微令姚崇「對掌樞密」，但懷愼自以爲吏道和才華比不上姚崇，「每事皆推讓之」，時人謂之「伴食宰相」。還有一件事說明盧懷愼對姚崇頗爲推讓，開元四年（716），山東鬧蝗災。姚崇上奏要求焚燒瘞埋，驅除蝗蟲。但是朝堂上大臣議論紛紛，並不贊同。黃門監盧懷愼也持保留態度，他對姚崇說：「蝗是天災，豈可制以人事？外議咸以爲非。又殺蟲太多，有傷和氣。今猶可復，請公思之。」姚崇回答曰：「楚王呑蛭，厥疾用瘳；叔敖殺蛇，其福乃降。趙宣至賢也，恨用其犬；孔丘將聖也，不愛其羊。皆志在安人，思不失禮。今蝗蟲極盛，驅除可得，若其縱食，所在皆空。山東百姓，豈宜餓殺！此事崇已面經奏定訖，請公勿復爲言。若救人殺蟲，因緣致禍，崇請

〔註 33〕《舊唐書》卷九八《盧懷愼傳》。

〔註 34〕《舊唐書》卷八《玄宗本紀》。又見《新唐書》卷五《玄宗本紀》。

〔註 35〕《舊唐書》卷五〇《刑法志》。《新唐書》卷五六《刑法志》曰：「玄宗開元三年，黃門監盧懷愼等又著《開元格》。」《新唐書》卷五八《藝文志》稱盧懷愼所著爲「《開元前格》十卷」。《唐會要》卷三十九《定格令》也有記載。

〔註 36〕《新唐書》卷一二六《盧懷愼傳》。

獨受，義不仰關。」盧懷慎「既庶事曲從，竟亦不敢逆崇之意，蝗因此亦漸止息」〔註 37〕。盧懷慎任宰相時，處理政事並不專斷，而是小心謹慎，不露鋒芒，人如其名，心懷謹慎。而姚崇則果敢強硬，「是時，上初即位，務修德政，軍國庶務，多訪於崇，同時宰相盧懷慎、源乾曜等，但唯諾而已。崇獨當重任，明於吏道，斷割不滯。」〔註 38〕因此，盧懷慎經常附會唯諾，才被戲稱爲「伴食宰相」。

開元四年（716），兼吏部尚書。當年秋季，因疾病而告老還鄉，不久去世。死後「贈荊州大都督，謚曰文成」〔註 39〕。懷慎留下遺言向朝廷推薦宋璟、李傑、李朝隱、盧從願等人才〔註 40〕，玄宗慨歎不已。史臣評價盧懷慎「志在薦賢」，「以清白垂美簡書」，「立事立功，有足嘉尚者也」〔註 41〕。

懷慎在音樂方面也有才能，據史載，他曾參與《享龍池樂章十首》的創作，撰寫其中第四章爲：「代邸東南龍躍泉，清漪碧浪遠浮天。樓臺影就波中出，日月光疑鏡裏懸。雁沼回流成舜海，龜書薦祉應堯年。大川既濟慚爲楫，報德空思奉細涓。」〔註 42〕

盧懷慎平生清廉，以節儉著稱，被稱爲「一代儉相」。史載：「懷慎清儉不營產，服器無金玉文綺之飾，雖貴而妻子猶寒飢，所得祿賜，於故人親戚無所計惜，隨散輒盡。赴東都掌選，奉身之具，止一布囊。」。在病中，宋璟、盧從願去看望他，只見「敝簀單藉，門不施箔。會風雨至，舉席自障。日晏設食，蒸豆兩器、菜數杯而已」。臨別之時，懷慎拉著二人的手囑咐：「上求治切，然享國久，稍倦於勤，將有憸人乘間而進矣。公弟志之！」去世後沒有給家裏留下任何儲蓄。玄宗將要巡幸東都洛陽時，四門博士張星上言：「懷慎忠清，以直道始終，不加優錫，無以勸善。」〔註 43〕於是玄宗下詔曰：「故檢校黃門監盧懷慎，衣冠重器，廊廟周材，訏謨當三傑之一，學行總四科之二。等平津之輔漢，同季文之相魯。節鄰於古，儉實可師。雖清白瑩然，籝金非寶；然妻孥貧窶，儋石屢空。言念平昔，彌深軫悼。宜恤淩統之孤，用

〔註 37〕《舊唐書》卷九六《姚崇傳》。又見《新唐書》卷一二四《姚崇傳》。
〔註 38〕《舊唐書》卷九六《姚崇傳》。
〔註 39〕《舊唐書》卷九八《盧懷慎傳》。
〔註 40〕《唐會要》卷五十三《舉賢》，第 1072～1073 頁。
〔註 41〕《舊唐書》卷九八《盧懷慎傳》。
〔註 42〕《舊唐書》卷三〇《音樂志》載其爲「黃門侍郎盧懷慎作」。
〔註 43〕《新唐書》卷一二六《盧懷慎傳》。

旌晏嬰之德。宜賜物一百段，米粟二百石。」〔註 44〕玄宗還京後，在鄠、杜之地打獵，「望懷慎家，環堵庳陋，家人若有所營者，馳使問焉，還白懷慎大祥，帝即以縑帛賜之，爲罷獵。經其墓，碑表未立，停蹕臨視，泫然流涕，詔官爲立碑，令中書侍郎蘇頲爲之文，帝自書」〔註 45〕，玄宗親自爲懷慎御書碑文，可以看出，盧懷慎去世後，玄宗深爲懷念。盧懷慎堪稱開元之治的功臣。誠如後來崔群所言：「昔玄宗少歷屯險，更民間疾苦。故初得姚崇、宋璟、盧懷慎輔以道德，蘇頲、李元紘孜孜守正，則開元爲治。」〔註 46〕

盧懷慎有二子名盧奐、盧弈。

盧奐和乃父一樣清廉，「爲吏有清白稱。歷御史中丞，出爲陝州刺史」。開元二十四年（736），玄宗回京師時到達陝州，「嘉其美政」，爲盧奐題贊曰：「專城之重，分陝之雄，亦既利物，內存匪躬，斯爲國寶，不墜家風。」尋召爲兵部侍郎。天寶初，爲南海太守。「南海兼水陸都會，物產瓌怪」，前任太守劉巨鱗、彭杲皆因貪贓而敗，所以派清廉的盧奐赴任。盧奐到任後，「污吏斂手，中人之市舶者亦不敢干其法，遠俗爲安」，當時人稱自開元後四十年，「治廣有清節者，宋璟、李朝隱、奐三人而已」。後任尚書右丞。

盧弈是懷慎幼子，「謹重寡欲，斤斤自脩。與兄奐名相上下，而剛毅過之。天寶初爲鄠令，所治輒最，積功擢給事中，拜御史中丞。自懷慎、奐及弈，三居其官，清節似之，時傳其美。俄留臺東都、兼知武部選。」〔註 47〕

盧弈是忠義之臣，史載安祿山攻陷東都洛陽，盧弈遣送妻子逃走京師，然後自己穿著朝服端坐於堂上。被俘臨死前，即數安祿山之罪，曰：「爲人臣者當識逆順，我不蹈失節，死何恨？」臨刑時，盧弈面向長安再拜而辭別朝廷國家和親人，「罵賊不空口，逆黨爲變色」。肅宗詔贈禮部尚書，下有司謚。博士獨孤及曰：「荀息殺身於晉，不食其言也；玄冥勤其官水死，守位忘躬也；伯姬待姆而火死，先禮後身也。彼死之日，皆於事無補。然則祿山亂大於里、丕，弈廉察之任，切於玄冥之官。分命所繫，不啻保姆；逆黨兵威，烈於水火。于斯時也，能與執干戈者同其戮力，挽之不來，推之不去，全操白刃之下，孰與夫懷安偷生者同其風？請謚曰貞烈。」〔註 48〕肅宗應允。

〔註 44〕《大唐新語》卷三《清廉第六》。
〔註 45〕《新唐書》卷一二六《盧懷慎傳》。
〔註 46〕《新唐書》卷一六五《崔群傳》。
〔註 47〕《新唐書》卷一九一《忠義傳附盧弈傳》。
〔註 48〕《新唐書》卷一九一《忠義傳附盧弈傳》。

（三）盧杞：一代奸相

盧杞是唐代宰相中一位頗有爭議的人物，以至於《新唐書》將其列入《姦臣傳》。如前文所述，盧杞的祖父盧懷慎，乃玄宗時「一代儉相」，爲人稱頌。盧杞的父親盧弈是忠義之臣，安史之亂中堅守東都洛陽，英勇犧牲，被列入《新唐書・忠義傳》，也爲世人稱頌。而到了盧杞，雖然在德宗朝位至宰相，卻聲名狼藉，查諸史書，連篇累牘皆是盧杞的斑斑劣迹。祖、父、子三代反差如此之大，不免令人唏嘘。

盧杞，字子良，以門蔭解褐清道率府兵曹。朔方節度使僕固懷恩辟爲掌書記、試大理評事、監察御史，以病免。入補鴻臚丞，遷殿中侍御史、膳部員外郎，出爲忠州刺史。歷刑部員外郎、金部吏部二郎中。

盧杞有口才，長相不好，「貌陋而色如藍，人皆鬼視之。不恥惡衣糲食，人以爲能嗣懷慎之清節，亦未識其心。頗有口辯。出爲虢州刺史。建中初，徵爲御史中丞」。郭子儀病中，百官前去探望，都不屏退服侍的姬侍，聞聽盧杞要來探望，子儀「悉令屏去，獨隱几以待之」，家人問起緣由，子儀曰：「（盧）杞形陋而心險，左右見之必笑。若此人得權，即吾族無類矣。」〔註49〕史載：「子儀薨後，楊炎、盧杞相次秉政，姦諂用事，尤忌勳族」，〔註50〕「後盧杞秉政，忌勳族，子儀婿太僕卿趙縱、少府少監李洞清、光祿卿王宰皆以次得罪」〔註51〕。

盧杞爲相時間也不算長，從建中二年（781）二月到建中四年（783）十二月，大約兩年零十個月。「建中二年（781）二月，以御史中丞盧杞爲御史大夫、京畿觀察使……以御史大夫盧杞爲門下侍郎、同中書門下平章事。……建中四年（783）十二月壬戌，貶門下侍郎、平章事盧杞爲新州司馬……貞元元年（785）正月以吉州長史盧杞爲灃州別駕，尋卒」〔註52〕。盧杞任宰相最爲人詬病的即嫉賢妒能，殘害忠良賢臣，史載：

> 既居相位，忌能妬賢，迎吠陰害，小不附者，必致之於死，將起勢立威，以久其權。楊炎以杞陋貌無識，同處臺司，心甚不悅，爲杞所譖，逐於崖州。德宗幸奉天，崔寧流涕論時事，杞聞惡之，

〔註49〕《舊唐書》卷一三五《盧杞傳》。
〔註50〕《舊唐書》卷一二〇《郭子儀傳》。
〔註51〕《新唐書》卷一三七《郭子儀傳》。
〔註52〕《舊唐書》卷一二德宗本紀上。又見《新唐書》卷七《德宗本紀》。

> 譖於德宗，言寧與朱泚盟誓，故至遲回，寧遂見殺。惡顏眞卿之直言，令奉使李希烈，竟歿於賊。初，京兆尹嚴郢與楊炎有隙，杞乃擢郢爲御史大夫以傾炎；炎既貶死，心又惡郢，圖欲去之。宰相張鎰忠正有才，上所委信，杞頗惡之。會朱滔、朱泚弟兄不睦，有泚判官蔡廷玉者離間滔，滔論奏，請殺之。廷玉既貶，殿中侍御史鄭詹遣吏監送，廷玉投水而卒。杞因奏曰：「恐朱泚疑爲詔旨，請三司按鞫詹；又御史所爲，稟大夫命，並令按郢。」詹與張鎰善，每伺杞晝眠，輒詣鎰，杞知之。他日，杞假寢佯熟，伺詹果來，方與鎰語，杞遽至鎰閣中，詹趨避杞，杞遽言密事，鎰曰：「殿中鄭侍御在此。」杞佯愕曰：「向者所言，非他人所宜聞。」時三司使方按詹、郢，獄未具而奏殺詹，貶郢爲驩州刺史。鎰尋罷相，出鎮鳳翔。其陰禍賊物如此。李揆舊德，慮德宗復用，乃遣使西蕃，天下無不扼腕痛憤，然無敢言者。户部侍郎、判度支杜佑，甚承恩顧，爲杞媒孽，貶饒州刺史。〔註53〕

盧杞爲相期間，楊炎、崔寧、顏眞卿、李懷光、蕭復、李揆、劉太眞、韋倫、張建封、杜佑、張鎰等都曾獲罪於他而遭受陷害〔註54〕。顏眞卿與盧杞之父盧弈有交情，但盧杞似乎並不念舊情，將顏眞卿貶謫出朝廷。顏眞卿對盧杞曰：「先中丞傳首平原，面流血，吾不敢以衣拭，親舌舐之，公忍不見容乎！」〔註55〕盧杞表面上感激下拜，而實際上「銜恨切骨」，後來終於逮到李希烈反叛的機會，派顏眞卿招降安撫李希烈借機除去了顏眞卿。顏眞卿是平定安史之亂的功臣，四朝元老，唐代著名書法家，如此冤死，令世人憤恨。

德宗即位後，也曾雄心勃勃，做一番事業，復興盛唐偉業，任用崔祐甫爲宰相，「道德寬大，以弘上意」，「故建中初政聲藹然，海內想望貞觀之理」，等到盧杞爲宰相時，「諷上以刑名整齊天下」，以「刑名」取代了「道德」〔註56〕。建中二年（781）盧杞任宰相不久，就遇上棘手難題，山南東道節度使梁崇義反叛。六月，李希烈請討梁崇義，梁崇義被誅後，李希烈又叛，盡據淮右、襄、鄧之郡邑，河北、河南地區戰亂不息，度支使杜佑計諸道用軍月費

〔註53〕《舊唐書》卷一三五《盧杞傳》。

〔註54〕楊炎等人各自本傳也有記載。

〔註55〕《新唐書》卷一五三《顏眞卿傳》。

〔註56〕《舊唐書》卷一三五《盧杞傳》。

一百餘萬貫，京師府庫已經入不敷出了，盧杞以戶部侍郎趙贊判度支，解決財政難題，趙贊出謀向富商萬貫以上家財者借錢，鬧得京城騷亂，「人不勝冤痛，或有自縊而死者，京師囂然如被賊盜」，「長安爲之罷市，百姓相率千萬眾邀宰相於道訴之」。盧杞「初雖慰諭，後無以遏，即疾驅而歸」〔註 57〕。但是「宿師在野，日須供饋」，總要籌集軍費，於是第二年六月，趙贊又請稅間架、算除陌〔註 58〕。稅間架就是對居住的房屋徵收房產稅，算除陌就是對公私貿易徵收交易稅。這大概也算是歷史上徵收房產稅和商稅的開始罷！但這兩種稅卻起到了相反的效果，「主人市牙得專其柄，率多隱盜，公家所入，百不得半，怨讟之聲，囂然滿於天下」，額外征稅引起民怨沸騰，直接引發了前去征討李希烈的涇原軍隊的嘩變，涇原士兵在長安高呼：「不奪汝商戶僦質矣！不稅汝間架除陌矣！」可見這兩種稅頗不得人心，「是時人心愁怨，涇師乘間謀亂，奉天之奔播，職杞之由。故天下無賢不肖，視杞如讎」。盧杞也因間架除陌二稅而背負民怨罵名。

建中四年（783）涇原之變，叛軍攻破長安，唐德宗逃往奉天（今陝西乾縣），朱泚「僭即皇帝位於宣政殿，號大秦，建元應天」〔註 59〕，朱泚攻圍奉天，德宗被困，形勢危急。李懷光自魏縣赴難勤王，認爲如今之亂局皆因盧杞、趙贊、白志貞等姦佞之臣而造成，要上奏皇上誅殺姦佞。有人對王翃、趙贊說：「懷光累歎憤，以爲宰相謀議乖方，度支賦斂煩重，京尹刻薄軍糧，乘輿播遷，三臣之罪也。今懷光勳業崇重，聖上必開襟布誠，詢問得失，使其言入，豈不殆哉！」王翃、趙贊轉告盧杞，說李懷光建議皇上降罪盧杞，盧杞聽了害怕，趕緊上奏德宗，阻止懷光朝見德宗，曰：「懷光勳業，宗社是賴。臣聞賊徒破膽，皆無守心。若因其兵威，可以一舉破賊；今若許其朝覲，則必賜宴，賜宴則留連，使賊得京城，則從容完備，恐難圖之。不如使懷光乘勝進收京城，破竹之勢，不可失也。」德宗同意盧杞的主張，詔懷光率眾

〔註 57〕《舊唐書》卷一三五《盧杞傳》。

〔註 58〕具體徵收規定是：「凡屋兩架爲一間，分爲三等：上等每間二千，中等一千，下等五百。所由吏秉筆執籌，入人第舍而計之。凡沒一間，杖六十，告者賞錢五十貫文。除陌法，天下公私給與貿易，率一貫舊算二十，益加算爲五十，給與物或兩換者，約錢爲率算之。市主人牙子各給印紙，人有買賣，隨自署記，翌日合算之。有自貿易不用市牙子者，驗其私簿，投狀自其有私簿投狀。其有隱錢百，沒入，二千杖六十，告者賞錢十千，出於其家。」見《舊唐書》卷一三五《盧杞傳》。

〔註 59〕《新唐書》卷二二五《朱泚傳》。

收復京城。李懷光大怒，於是起了不臣之心，勾結朱泚一同作亂。這時德宗悔悟被盧杞所蒙蔽，再加上很多人都將此事歸咎於盧杞，於是德宗貶盧杞為新州司馬〔註60〕。

後盧杞又移任吉州長史，他還時常對人說：「吾必再入用。」不久，貞元元年（785），德宗果然要任用盧杞為饒州刺史。命給事中袁高起草詔書，袁高謁見宰相盧翰、劉從一曰：「（盧）杞作相三年，矯誣陰賊，排斥忠良，朋附者欬唾立至青雲，睚眥者顧盼已擠溝壑。傲很背德，反亂天常，播越鑾輿，瘡痍天下，皆杞之為也。幸免誅戮，唯示貶黜，尋已稍遷近地，更授大郡，恐失天下望，惟相公執奏之，事尚可救。」袁高反對重用盧杞，認為這樣將「恐失天下望」，要兩位宰相聯名上奏反對。盧翰、劉從一沒有聽從，遂改命舍人草制。明日詔下，袁高執奏曰：「盧杞為政，極恣兇惡。三軍將校，願食其肉，百辟卿士，嫉之若讎。」諫官趙需、裴佶、宇文炫、盧景亮、張薦等上疏曰：「伏以吉州長史盧杞，外矯儉簡，內藏奸邪，三年擅權，百揆失序，惡直醜正，亂國殄人，天地神祇所知，蠻夷華夏同棄。伏惟故事，皆得上聞，自杞為相，要官大臣，動逾月不敢奏聞，百僚惴惴，常懼顛危。及京邑傾淪，皇輿播越，陛下炳然覺悟，出棄遐荒，制曰：『忠讜壅於上聞，朝野為之側目。』由是忠良激勸，內外歡欣；今復用為饒州刺史，眾情失望，皆謂非宜。臣聞君之所以臨萬姓者，政也；萬姓之所以載君者，心也。倘加巨奸之寵，必失萬姓之心，乞回聖慈，遽輟新命。」〔註61〕疏奏不答。諫官又論曰：「盧杞蒙蔽天聽，隳紊朝典，致亂危國，職杞之由，可謂公私巨蠹，中外棄物。自聞再加擢用，忠良痛骨，士庶寒心。臣昨者瀝肝上聞，冒死不恐，冀回宸聰，用快群情；至今拳拳，未奉聖旨，物議騰沸，行路驚嗟。人之無良，一至於

〔註60〕《舊唐書》卷一三五《盧杞傳》。另《舊唐書》卷一二一《李懷光傳》載：「懷光性粗厲疏愎，緣道數言盧杞、趙贊、白志貞等姦佞，且曰：『天下之亂，皆此輩也。吾見上，當請誅之。』杞等微知之，懼甚，因說上令懷光乘勝逐泚，收復京師，不可許至奉天，德宗從之。懷光屯軍咸陽，數上表暴揚杞等罪惡，上不得已為貶杞、趙贊、白志貞以慰安之。」又見《新唐書》卷二二四《李懷光傳》。

〔註61〕《舊唐書》卷一三五《盧杞傳》。陳京也參與了這次彈劾，「帝以盧杞為饒州刺史，（陳）京與趙需、裴佶、宇文炫、盧景亮、張薦共劾：『杞輔政要位，大臣踰時月不得對，百官懍懍常若兵在頸。陛下復用之，姦賊唾掌復興。』帝不聽。京等爭尤確，帝大怒，左右辟易，諫者稍引卻。京正色曰：『需等毋遽退！』極道不可，以死請，杞遂廢」。見《新唐書》卷二〇〇《陳京傳》。

此。伏乞俯從眾望，永棄奸臣。幸免誅夷，足明恩貸；特加榮寵，恐造禍階。臣等忝列諫司，今陳狂瞽。」〔註62〕給事中袁高堅執不下，又於正殿奏云：「陛下用盧杞獨秉鈞軸，前後三年，棄斥忠良，附下罔上，使陛下越在草莽，皆杞之過。且漢時三光失序，雨旱不時，皆宰相請罪，小者免官，大者刑戮。杞罪合至死，陛下好生惡殺，赦杞萬死，唯貶新州司馬，旋復遷移。今除刺史，是失天下之望。伏惟聖意裁擇。」上謂曰：「盧杞有不逮，是朕之過。」復奏曰：「盧杞姦臣，常懷詭詐，非是不逮。」上曰：「朕已有赦。」高曰：「赦乃赦其罪，不宜授刺史。且赦文至優黎民，今饒州大郡，若命姦臣作牧，是一州蒼生，獨受其弊。望引常參官顧問，並擇謹厚中官，令採聽於眾。若億兆之人異臣之言，臣當萬死。」於是，諫官爭論於上前，上良久謂曰：「若與盧杞刺史太優，與上佐可乎？」曰：「可矣！」〔註63〕遂改授澧州別駕。次日朝會，德宗謂宰臣曰：「朕欲授杞一小州刺史，可乎？」李勉對曰：「陛下授杞大郡亦可，其如兆庶失望何？」上曰：「眾人論杞奸邪，朕何不知？」李勉曰：「盧杞奸邪，天下人皆知；唯陛下不知，此所以爲奸邪也！」德宗默然良久。散騎常侍李泌復對，上曰：「盧杞之事，朕已可袁高所奏，如何？」泌拜而言曰：「累日外人竊議，以陛下同漢之桓、靈；臣今親承聖旨，乃知堯、舜之不逮也！」德宗大悅，慰勉之〔註64〕。

盧杞與其祖父爲相風格迥異，其祖父盧懷慎爲證謙虛謹慎，與姚崇共事，遇事推讓，而盧杞陰險叵測，暗藏心機，敏感殘忍。比如他相貌醜陋，便十分在意別人的歧視眼光，他與楊炎「二人同事秉政，杞無文學，儀貌寢陋，炎惡而忽之，每託疾息於他閣，多不會食，杞亦銜恨之」。按照舊制，「中書舍人分押尚書六曹，以平奏報，開元初廢其職，杞請復之，炎固以爲不可。杞益怒，又密啓中書主書過，逐之」。楊炎認爲盧杞越俎代庖，怒曰：「主書，吾局吏也，有過吾自治之，奈何而相侵？」〔註 65〕另有一事，也說明盧杞專

〔註62〕以上出自《舊唐書》卷一三五《盧杞傳》。

〔註63〕《舊唐書》卷一五三《袁高傳》，《新唐書》卷一二○《袁恕己附高傳》。又見《唐會要》卷八十二《當直》，第 1796 頁。

〔註64〕《舊唐書》卷一三五《盧杞傳》。對於盧杞移任饒州刺史一事，張獻恭也曾入對紫宸殿言：「高所奏至當，臣恐煩聖聽，不敢縷陳其事。」德宗不悟，獻恭復奏曰：「袁高是陛下一良臣，望特優異。」見《舊唐書》卷一二二《張獻誠傳》。又見《新唐書》卷一三一《李勉傳》。

〔註65〕《舊唐書》卷一一八《楊炎傳》。又見《新唐書》卷一四五《楊炎傳》，《唐會要》卷五十四《門下侍郎》，第 1093 頁。

斷跛扈，德宗求宰相人選，「盧杞雅知（關）播韋柔可制，因從容言播材任宰相，其儒厚可鎮浮動。乃拜中書侍郎、同中書門下平章事，政一決於杞」。在德宗著急議論政事時，不許關播發言，關播每欲有所言，盧杞「目禁輒止」，告誡關播曰：「以君寡言，故至此，奈何欲開口爭事邪！」〔註66〕關播於是不敢違逆。

朝廷上下皆謂盧杞奸佞之臣，可令人疑惑的是德宗卻一直對盧杞有所偏愛，言語中頗多祖護之意。這從前文所述德宗重新啓用盧杞，任用爲饒州刺史時與諫官的辯論中即可看出。德宗曾對李泌說：「盧杞清介敢言，然少學，不能廣朕以古道，人皆指其奸而朕不覺也。」李泌對曰：「陛下能覺杞之惡，安致建中禍邪？李揆和蕃，顏眞卿使希烈，其害舊德多矣。又楊炎罪不至死，杞擠陷之而相關播。懷光立功，逼使其叛。此欺天也。」帝曰：「卿言誠有之。然楊炎視朕如三尺童子，有所論奏，可則退，不許則辭官，非特杞惡之也。且建中亂，卿亦知桑道茂語乎？乃命當然。」對曰：「夫命者，已然之言。主相造命，不當言命。言命，則不復賞善罰惡矣。桀曰：『我生不有命自天？』武王數紂曰：『謂己有天命。』君而言命，則桀、紂矣。」帝曰：「朕請不復言命。」〔註67〕而且，德宗對盧杞後人也相當優待，史載「杞死，德宗念之不忘，拜元輔左拾遺。歷杭、常、絳三州刺史，課當最，召授吏部郎中，進累兵部侍郎，爲華州刺史，卒。元輔端靜介正，能紹其祖，故歷顯劇，而人不以杞之惡爲累云。」〔註68〕

史載盧杞有一子名曰盧元輔（773～829），字子望，少以清行聞於時。進士擢第，授崇文館校書郎。德宗懷念盧杞，特恩拜元輔左拾遺，再遷左司員外郎，歷杭、常、絳三州刺史。徵爲吏部郎中，遷給事中，改刑部侍郎。自兵部侍郎同爲華州刺史、潼關、防禦、鎮國軍等使，復爲兵部侍郎。「元輔自祖至曾，以名節著於史冊。元輔簡潔貞方，綽繼門風，歷踐清貫，人亦不以父之醜行爲累，人士歸美。大和三年（829）八月卒，時年五十六」〔註69〕。盧元輔重新又繼承了范陽盧氏優美的家風，一雪乃父之恥。

〔註66〕《新唐書》卷一五一《關播傳》。
〔註67〕《新唐書》卷一三九《李泌傳》。
〔註68〕《新唐書》卷一九一《忠義傳附盧弈傳》。
〔註69〕《舊唐書》卷一三五《盧杞傳》。

（四）盧翰

盧翰在正史中無傳，傳世文獻中也極少有關於盧翰的史料。根據《新唐書・宰相世系表》，盧翰是二房盧敏房刑部尚書盧正己之子。德宗朝任宰相，任相時間也不長，興元元年（784）春正月，「以吏部侍郎盧翰爲兵部侍郎、同平章事」，貞元二年（786）正月，盧翰罷相，「門下侍郎、平章事盧翰爲太子賓客」〔註70〕。盧杞罷相後，德宗隨即啓用了同屬於范陽盧氏的盧翰爲宰相。但德宗似乎並不太信任盧翰，據蕭複本傳記載：蕭復赴江南宣撫歸來奏報後，與宰相李勉、盧翰、劉從一各自回辦公地點，有中使馬欽緒與劉從一耳語了幾句，然後劉從一對蕭復曰：「適欽緒宣旨，令與公商量朝來所奏便進，勿令李勉、盧翰知。」蕭復曰：「適來奏對，亦聞斯旨，然未諭聖心，已面陳述，上意尚爾，復未敢言其事。」復又曰：「唐、虞有僉曰之論，朝廷有事，尚合與公卿同議。今勉、翰不可在相位，即去之；既在相位，合同商量，何故獨避此之一節？且與公行之無爽，但恐寖以成俗，此政之大弊也。」〔註71〕德宗宣旨讓劉從一與蕭復覲見，而不讓李勉和盧翰知曉，說明德宗對盧翰並不怎麼器重，而有所猜忌。

建中元年（780），李希烈請討梁崇義，德宗詔金部員外郎李舟傳諭旨給梁崇義，後來更換給事中盧翰前往，「崇義益不安，跋扈甚，諫者多死」〔註72〕，最終叛亂。建中初年，德宗「命使者分諸道察官吏升黜焉」，其中對峽州刺史薛珏評價時，「李承狀珏之簡，趙贊言其廉，盧翰稱其肅」〔註73〕。

盧翰與柳渾交好，史載柳渾「性節儉，不治產業，官至丞相，假宅而居」，罷相後，「則命親族尋勝，宴醉方歸，陶陶然忘其黜免」，當時李勉、盧翰皆退罷居第，稱讚柳渾曰：「吾輩方柳宜城，悉爲拘俗之人也。」〔註74〕

（五）盧邁：忠清臺輔

盧邁（738～798），字子玄，二房盧敏房芮城令盧沼之子。盧邁「少以孝友謹厚稱，深爲叔舅崔祐甫所親重。兩經及第，歷太子正字、藍田尉。以書判拔萃，授河南主簿，充集賢校理。朝臣薦其文行，遷右補闕、侍御史、刑

〔註70〕《舊唐書》卷一二《德宗本紀上》，《新唐書》卷七《德宗本紀》。
〔註71〕《舊唐書》卷一二五《蕭復傳》，《新唐書》卷一〇一《蕭復傳》。
〔註72〕《新唐書》卷二二四《梁崇義傳》。
〔註73〕《新唐書》卷一四三《薛珏傳》。
〔註74〕《舊唐書》卷一二五《柳渾傳》。

部吏部員外郎。邁以叔父兄弟姊妹悉在江介，屬蝗蟲歲饑，懇求江南上佐，由是授滁州刺史。入爲司門郎中，遷右諫議大夫，累上表言時政得失。轉給事中，屬校定考課，邁固讓，以授官日近，未有政績，不敢當上考，時人重之。遷尚書右丞」〔註 75〕。

貞元八年（792）七月，將作監元亘「當攝太尉享昭德皇后廟，以私忌日不受誓誡」，被御史彈劾，德宗詔尚書省與禮官、法官集議。盧邁奏狀曰：「臣按《禮記》，大夫士將祭於公，既視濯而父母死，猶奉祭。又按唐禮，散齋有大功之喪，致齋有周親喪，齋中疾病，即還家不奉祭事，皆無忌日不受誓誡之文。雖假寧令忌日給假一日，《春秋》之義，不以家事辭王事。今亘以假寧常式，而違攝祭新命，酌其輕重，誓誡則祀事之嚴。校其禮式，忌日乃尋常之制，詳求典據，事緣薦獻，不宜以忌日爲辭。」〔註 76〕於是元亘被罰俸。

盧邁於貞元九年（793）「以本官同中書門下平章事；歲餘，遷中書侍郎」。當時朝中大政掌握在陸贄、趙憬手中，盧邁「謹身中立，守文奉法而已」。盧邁友愛恭儉。「每有功、緦喪，必容稱其服，而情有加焉」〔註 77〕，他的從父弟劍南西川判官盧起，卒於成都，歸葬洛陽要路過京師長安，盧邁「奏請至城東哭於其柩」，史載「近代宰臣多自以爲崇重，三服之親，或不過從而弔臨」，而盧邁「獨振薄俗，請臨弟喪」，被譽爲「士君子」〔註 78〕。

貞元十二年（796）九月，盧邁「於政事堂中風，肩輿而歸，上表請罷官」，德宗沒有准許辭官，派人前去爲盧邁治療。次年，盧邁此後五次上表，堅決乞骸骨，告老還鄉。德宗詔曰：「卿操履貞方，器識淹茂，自居臺輔，益見忠清。方藉謀猷，遽嬰疾疹，歲月滋久，章表屢聞，陳請再三，撝謙難奪。且備養賢之禮，宜遂優閑之秩，告免之誠，雖爲懇至，俯從來奏，良用憮然。」〔註 79〕乃除太子賓客。貞元十四年（798）盧邁卒，時年六十歲，贈太子太傅，賻以布帛。

盧邁任相時間相對較長一些，前後四年之久。從貞元九年（793）五月，以尚書左丞盧邁本官同平章事，到貞元十三年（797）秋九月，「盧邁懇讓相

〔註 75〕《舊唐書》卷一三六《盧邁傳》。

〔註 76〕《舊唐書》卷一三六《盧邁傳》。又見《唐會要》卷二十三《緣祀裁制》，第 519 頁。

〔註 77〕《新唐書》卷一五〇《盧邁傳》。

〔註 78〕《舊唐書》卷一三六《盧邁傳》。

〔註 79〕《舊唐書》卷一三六《盧邁傳》。

位，乃授太子賓客」〔註 80〕。盧邁辭相，德宗依依不捨，再三挽留，對盧邁還是相當重視。德宗一朝接連任用的三位宰相都出自范陽盧氏，也給這個家族帶來無尚榮耀。

盧邁爲官清正，卻終生沒有子嗣，再娶無子，有人勸他再畜姬媵，盧邁說：「兄弟之子，猶子也，可以主後。」〔註 81〕後來以從父弟之子盧紀爲嗣〔註 82〕。

盧邁曾孫盧岳，也就是盧紀的孫子。盧岳「幼而聰敏，有成人之志。逮乎弱冠，以及壯室之年，博覽史籍，文藻日新，加以孝愛恭慎，誠明接物，親戚知識，咸所器重。洎大盜移國，天下崩離，形影相依，靡不經歷。邇後府君以篤於仁義，志切討論，數年之間，多遊外地」。盧岳墓誌僅僅署鄉貢進士，說明他沒有仕宦官職。適逢社會動蕩，盧岳飄蕩外地多年，於中和四年（884）二月十四日，自孟津回到吉西別業。然而就在當年三月一日夜，「群盜暴至，剽劫都盡，皆僅以身免」。第二天盧岳認爲盜賊搶掠過一次，不會再來，便沒有躲避。結果兩日後凶徒再來，「所獲不稱其旨，府君遂罹橫禍」〔註 83〕。盧岳在自家別業遭遇盜賊搶劫而遇害，也說明唐末社會動蕩不安，即便士族之家也難免被襲擊。

（六）盧商：理財能手

盧商（788～859），字爲臣，二房盧敏房之後。其祖父盧昂，澧州刺史。其父盧廣，河南縣尉。盧商於元和四年（809）擢進士第，又書判拔萃登科。盧商幼年家境窘困，「少孤貧力學，釋褐祕書省校書郎。范傳式廉察宣歙，辟爲從事。王播、段文昌相繼鎭西蜀，商皆佐職爲記室，累改禮部員外郎。入朝爲工部員外郎、河南縣令，歷工部、度支、司封三郎中」〔註 84〕。大和九年（835），盧商改任京兆少尹，權大理卿事。

開成初年，盧商派出京城爲蘇州刺史，賜金紫之服。蘇州人苦於鹽法過

〔註 80〕《舊唐書》卷一三《德宗本紀下》。《新唐書》卷七《德宗本紀》。

〔註 81〕《新唐書》卷一五〇《盧邁傳》。

〔註 82〕盧邁以從父弟之子盧紀過繼爲子嗣一事，在盧邁曾孫盧岳墓誌中得到印證。見胡戟、榮新江主編：《大唐西市博物館藏墓誌》四七六《唐故鄉貢進士范陽盧府君墓誌銘並序》，北京大學出版社，2012 年 11 月版。

〔註 83〕見胡戟、榮新江主編：《大唐西市博物館藏墓誌》四七六《唐故鄉貢進士范陽盧府君墓誌銘並序》，北京大學出版社，2012 年 11 月版。

〔註 84〕《舊唐書》卷一七六《盧商傳》。

於煩瑣，貪官污吏侵害漁民利益，中飽私囊。盧商到任，計口售鹽，「籍見戶，量所要自售，無定額，蘇人便之，歲課增倍」，經過盧商簡化鹽法，蘇州人大大受益，蘇州的鹽稅也因此倍增。盧商發揮了其在財政方面的特長，當時主管鹽鐵的宰相將盧商的業績奏報文宗，盧商遷潤州刺史、浙西團練觀察使。入爲刑部侍郎，轉京兆尹。會昌三年（843），朝廷用兵上黨討伐劉稹之時以盧商爲戶部侍郎，判度支，兼供軍使，負責軍需物資供應，盧商盡職盡責，保證「軍用無闕」。逆賊蕩平後，盧商加檢校禮部尙書、梓州刺史、劍南東川節度使〔註 85〕。

會昌六年（846 年），武宗駕崩，宣宗即位，盧商入爲兵部侍郎。不久以本官同平章事、范陽郡開國公，食邑二千戶，加兼工部尙書〔註 86〕。盧商任相不久，就因事被罷相。大中元年（847）春旱，宣宗「詔商與御史中丞封敖理囚繫於尙書省，誤縱死罪，罷爲武昌軍節度使」〔註 87〕。大中二年（848）八月，工部尙書、中書侍郎、平章事盧商爲鄂岳觀察使〔註 88〕。大中十三年（859），「以疾求代，徵拜戶部尙書。其年八月，卒於漢陰驛，時年七十一」〔註 89〕。

盧商有五子，分別是知遠、知微、知宗〔註 90〕、僧朗、蕘。

（七）盧攜：兩度罷相

盧攜（～880），字子升，房支不明。其祖父盧損，所任官職不可考。其父盧求，寶曆初登進士第，應諸府辟召，位終郡守。爲西川節度使白敏中從

〔註 85〕《舊唐書》卷一七六《盧商傳》。

〔註 86〕《舊唐書》卷一七六《盧商傳》。

〔註 87〕《新唐書》卷一八二《盧商傳》。據司馬光《資治通鑒》卷二四八宣宗大中元年記載：「上以旱故，減膳徹樂，出宮女，縱鷹隼，止營繕，命中書侍郎、同平章事盧商與御史中丞封敖疏理京城繫囚」。大理卿馬植奏稱：「盧商等務行寬宥，凡抵極法，一切免死。彼官典犯贓及故殺人，平日大赦所不免，今因疏理而原之，使貪吏無所懲畏，死者銜冤無告，恐非所以消旱災、致和氣也。昔周饑，克殷而年豐；衛旱，討邢而雨降。是則誅罪戮姦，式合天意，雪冤決滯，乃副聖心也。乞再加裁定。」馬植上奏彈劾，又有宰相白敏中的構陷，宣宗不久罷免盧商相位，出爲武昌節度使。

〔註 88〕《舊唐書》卷一八《宣宗本紀下》。

〔註 89〕《舊唐書》卷一七六《盧商傳》。

〔註 90〕見《唐故河中少尹范陽盧府君（知宗）墓誌銘並序》，載吳鋼主編：《全唐文補遺》第四輯，三秦出版社，1997 年，第 255 頁。

事，盧求著有《成都記》五卷〔註 91〕。據《唐摭言》記載，盧求是唐代著名儒學家李翺之婿〔註 92〕。

盧攜，大中九年進士擢第，授集賢校理，出佐使府。咸通中，入朝爲右拾遺、殿中侍御史，累轉員外郎中、長安縣令、鄭州刺史。召拜諫議大夫。乾符元年（874）五月，以戶部侍郎、知制誥、翰林學士、賜紫金魚袋盧攜本官同平章事。乾符末，加戶部侍郎、學士承旨。〔註 93〕

盧攜「姿陋而語不正，與鄭畋俱李翺甥，同位宰相，然所處議多駁」〔註 94〕。乾符五年（878），「黃巢陷荊南、江西外郛及虔、吉、饒、信等州，自浙東陷福建，遂至嶺南，陷廣州，殺節度使李岧，遂抗表求節鉞。初，王仙芝起河南，攜舉宋威、齊克讓、曾袞等有將略，用爲招討使。及宋威殺尚君長，致賊充斥，朝廷遂以宰臣王鐸爲都統，攜深不悅。浙帥崔璆等上表，請假黃巢廣州節鉞，上令宰臣議」。盧攜以王鐸爲統帥，欲激怒黃巢，堅言不可假賊節制，止授率府率而已。與同列宰相鄭畋爭論激烈，甚至「投硯於地」。於是僖宗同時罷免了兩人，貶爲太子賓客，分司東都。〔註 95〕

乾符六年（879），高駢大將張麟頻破賊。盧攜素待高駢厚，常舉可爲統帥。天子以駢立功，重新啓用盧攜輔政，以盧攜爲兵部尚書、同平章事。「及王鐸失守，罷都統，以高駢代之。由是自潼關以東，汝、陝、許、鄧、汴、滑、青、兗皆易帥。王鐸、鄭畋所授任者皆易之。攜內倚田令孜，外以高駢爲援，朝廷大政，高下在心」。當時盧攜「病風，精神恍惚。政事可否，皆決於親吏溫季修，貨賄公行。及賊擾淮南，張麟被殺，而許州逐帥，溵水兵潰，朝廷震懼，皆歸罪於攜」〔註 96〕。廣明元年（880）十二月，賊陷潼關，盧攜再次罷相爲太子賓客，當夜服藥而死。

盧攜有一子名盧晏，天祐初爲河南縣尉，爲柳璨所殺。

〔註 91〕《新唐書》卷五八《藝文志二》。

〔註 92〕《唐摭言》卷八《陰注陽受》記載：李翺曾遇見一位道人，很神奇，道人曾預見盧求中進士舉，並預言：「尚書他日外孫三人，皆位至宰輔。」後盧求子盧攜，鄭亞子鄭畋，杜審權子杜讓能，皆爲將相。見《唐五代筆記小說大觀》，上海古籍出版社，2000 年，第 1644 頁。

〔註 93〕《舊唐書》卷一七八《盧攜傳》。《舊唐書》卷一九下《僖宗本紀》。

〔註 94〕《新唐書》卷一八四《盧攜傳》。

〔註 95〕《舊唐書》卷一七八《盧攜傳》。《舊唐書》卷一九下《僖宗本紀》。

〔註 96〕《舊唐書》卷一七八《盧攜傳》。《舊唐書》卷一九下《僖宗本紀》。

（八）盧光啟：末世宰相

盧光啓（？～903），字子忠。《新唐書・宰相世系表》將其列入范陽盧氏，盧質之孫，盧晝之子，而光啓本傳曰「不詳何所人」，頗有些自相牴牾。但略加思量，本傳言「不詳何所人」是指光啓的出生地及生活地點不詳，而非郡望不詳也。盧光啓著有《初舉子》一卷〔註 97〕。

盧光啓「第進士，爲張濬所厚，擢累兵部侍郎」。天復元年（901）十月戊戌，朱全忠率軍進犯京師。昭宗出逃鳳翔，「宰相皆不從，以光啓權總中書事，兼判三司，進左諫議大夫，參知機務。復拜兵部侍郎、同中書門下平章事。俄罷爲太子少保，改吏部侍郎」〔註 98〕。朱全忠相繼攻陷同州、華州、邠州，鎮國軍節度使韓建、靜難軍節度使李繼徽相繼反叛，歸附於朱全忠。〔註 99〕

天復二年（902）四月，盧光啓罷。三年（903）二月，朱全忠殺蘇檢、吏部侍郎盧光啓〔註 100〕。

三、科舉制：衝擊與新生

研究中古家族史的學者大都認爲科舉制的衝擊是導致世家大族迅速走向衰落的重要因素，比如姜士彬（D.johnson）、伊沛霞（Ebrey, Patricia Buckley）都曾這樣認爲，但他們同時也感到世家大族在科舉考試中也有一定的優勢地位。毛漢光在《唐代統治階層社會變動》一文中統計顯示，全唐時期統治階層之中士族占 66.2%，而在科舉出身者隊伍裏，士族出身者占 69%。唐代科舉對寒素上昇變動的助力，量化僅得 6%。〔註 101〕很多人認爲科舉考試給寒素人士打開了入仕的大門，考試面前人人平等，可實際上科舉及第者大多數還是士族，而一般平民很難有條件（包括經濟基礎、教育文化水平、信息、交通條件等）參加科舉乃至在科舉考試中獲得成功。

〔註 97〕《新唐書》卷五九《藝文志三》。

〔註 98〕《新唐書》卷一八二《盧光啓傳》。

〔註 99〕《新唐書》卷一○《昭宗本紀》。

〔註 100〕《新唐書》卷一○《昭宗本紀》載盧光啓與蘇檢爲朱全忠所殺。而《新唐書》卷一八二《盧光啓傳》和《資治通鑒》皆記載盧、蘇二人爲賜死。《資治通鑒》卷二六四天復三年二月：「工部侍郎、同平章事蘇檢，吏部侍郎盧光啓，並賜自盡。」

〔註 101〕毛漢光：《中國中古社會史論》，上海書店出版社，2002 年 12 月版，第 335 頁。

科舉考試中最有優勢的還是士族階層。因爲參加科舉考試的考生來源主要有兩種，一是生徒，二是鄉貢。生徒是指來自中央和地方各學校的考生。鄉貢是地方州縣舉薦的考生。在這兩種生源中，世家大族都佔有極大優勢，尤其是科舉中較爲重要的進士科，一般寒素子弟很難染指，進士科幾乎都被士族子弟霸佔〔註 102〕。而且唐代前期，官吏選拔尤其是高級官吏的來源還不是科舉出身，直至唐玄宗時期，「門資入仕仍是高官的主要來源之一」〔註 103〕，只是唐中期以後才慢慢轉爲科舉出身者佔據大多數。

很多學者認爲門閥士族政治靠九品中正制維繫，到了隋唐時期九品中正制廢除，採取科舉考試以後，門閥士族便失去了制度的保障，走向衰落，這一觀點似也可商榷。正如伊沛霞所言「那些將貴族家庭的存在歸因於九品中正制或者中央政府萎弱的理論，必須解釋唐代以降九品中正制已經壽終正寢、統一的中央集權已經重新復蘇的情況下，貴族家庭爲何還能繼續存在」〔註 104〕。事實上，唐代世家大族即便面臨統治者的限制打壓，而依然能夠屹立不倒，保持其社會聲望與世代官職，並更加穩固地維持其「七姓十家」的婚姻締結圈，這恐怕就不是簡單的九品中正制的問題了。而能夠延續世家大族地位的最主要原因恐怕還是其文化優勢及其社會聲望，學術上及社會觀念的轉變是一個極其漫長的過程，學術傳承代代承襲，社會習俗世世延續，精英階層始終代表著當時最先進生產力、最先進文化，並且引領學術文化發展和社會風尚，哪怕九品中正制結束，世家大族依然憑藉其政治地位和文化優勢通過門蔭和科舉繼續佔據政權要津，繼續保持其政治、文化地位。

眞正對世家大族造成衝擊的不是科舉考試本身，而是科舉取士以後士族的官僚化趨勢。唐代長安和洛陽作爲政治文化中心，通過科舉將大批精英人才吸引到京畿地區和中心城市，「科舉入仕對士族的影響，首先便是造成其家族向城市的遷徙集中」〔註 105〕，從大量范陽盧氏成員墓誌來看，唐代在朝廷任職的官員大多居住在城市，而且死後不再歸葬范陽，而是葬在洛陽北邙山

〔註 102〕參看吳寶樹：《唐代進士群體研究》，曲阜師範大學 2009 年碩士學位論文。

〔註 103〕參看吳宗國：《唐代科舉制度研究》，遼寧大學出版社，1992 年，第 165～171 頁。

〔註 104〕〔美〕伊沛霞著，范兆飛譯：《早期中華帝國的貴族家庭：博陵崔氏個案研究》，上海古籍出版社，2011 年版，第 6 頁。

〔註 105〕參看韓昇：《科舉制與唐代社會階層的變遷》，《廈門大學學報（哲學社會科學版）》1999 年第 4 期。

附近〔註 106〕。這樣范陽盧氏精英對范陽故里的影響力就日漸削弱，韓昇先生認爲「壟斷鄉村，是世家豪強的權力根源，因此對地方制度的整頓，就是在逐步削弱士族門閥的政治勢力。這是一個長期複雜的過程，以爲一二次農民起義就能掃除門閥政治，顯然不切實際。只有在生產貿易繁榮，城市發達，科舉選官制普遍推行，刺激鄉村世族大量移居城市之後，門閥勢力才眞正走向衰落。這些政治經濟的因素不具備，世族滋生的土壤沒有改變，野火過後，春風再生」〔註 107〕。所以科舉對世家大族的衝擊是一個極其複雜的緩慢的過程，而在隋唐時期科舉給世家大族帶來的利益遠比衝擊要大，因爲在科舉中士族子弟占盡先機。

由以上論述，在唐末以前，由於世家大族在科舉考試中的有利條件，科舉從某種程度上延緩了士族階層的衰落。正如夏炎研究清河崔氏時所談到的那樣，科舉對於世家大族來講，既遇到了前所未有的新挑戰，又獲得了促其發展的新機遇。科舉制的興起一方面對固有的門第觀念造成了一定的衝擊，但另一方面也給世家大族在唐代的重新崛起提供了新的契機〔註 108〕。九品中正制到科舉體制的轉變並不意味著精英階層機會的減少。從范陽盧氏家族來看，這個時期他們憑藉自身的文化優勢通過科舉躋身仕途，重又獲得了政治機會，政治地位重又凸顯，而且不少成員通過個人的努力和奮鬥，累至高官公卿，如前文所述之八位宰相，另外有盧承慶、盧承基、盧藏用、盧從願、盧義恭、盧弘宣等都在中央任職。范陽盧氏是漢魏舊門，自從盧植以後，便以經學傳家，文化積澱深厚，所以科舉取士以後，在科舉上的優勢很快就體現了出來，科舉中最重要的進士一科，范陽盧氏成員進士及第者屢屢見諸史書，亦有考中狀元者，史載「范陽盧氏，自興元元年（784）甲子，至乾符二年（875）乙未，凡九十二年，登進士者一百十六人，而字皆連於子」〔註 109〕。下表是對范陽盧氏中進士出身者所做的一個粗略統計。

〔註 106〕李國強：《唐代范陽盧氏研究》，河北師範大學 2000 年碩士學位論文。

〔註 107〕韓昇：《魏晉隋唐的塢壁和村》，《廈門大學學報（哲學社會科學版）》1997 年第 2 期。

〔註 108〕夏炎：《中古世家大族清河崔氏研究》，天津古籍出版社，2004 年，第 127 頁。

〔註 109〕〔宋〕錢易撰，黃壽成點校：《南部新書》，中華書局，2002 年，第 83 頁。

表六八：唐代范陽盧氏應進士舉情況統計表

序號	姓　名	及第時間	備　　　註
1	盧藏用	神龍年間	徐松《登科記考》〔註 110〕卷二十七
2	盧渥	玄宗時期	徐松《登科記考》卷二十七
3	盧先之	開元中	登進士第，《全唐文補遺》第八輯 183 頁《唐故陝州平陸縣尉盧府君（殷）滎陽鄭夫人合祔墓誌銘並序》
4	盧庚（盧庾）	天寶十五年 756	徐松《登科記考》卷九（狀元）
5	盧虔	永泰元年 765	徐松《登科記考》卷二十七
6	盧景亮	大曆六年 771	徐松《登科記考》卷十
7	盧士閱	大曆十年 775	徐松《登科記考》卷十一
8	盧汀	貞元元年 785	徐松《登科記考》卷十二
9	盧播	貞元四年 788〔註 111〕	《全唐文補遺》第一輯 271 頁《唐故歸州刺史盧公（播）墓誌銘並序》、《全唐文補遺》第二輯 64～65 頁《唐故宣州宣城縣府范陽盧府君（宏）並夫人博陵郡崔氏墓誌銘並序》
10	盧頊	貞元五年 789	徐松《登科記考》卷十二（狀元）
11	盧長卿	貞元五年 789	徐松《登科記考》卷十二
12	盧士玫	貞元五年 789	徐松《登科記考》卷十二
13	盧元輔	貞元十四年 798	徐松《登科記考》卷十四
14	盧子鷙	元和二年 807	鄉貢進士，《全唐文補遺》第四輯 109 頁《唐故鄉貢進士范陽盧府君（子鷙）墓誌》
15	盧商	元和四年 809	徐松《登科記考》卷十七、《舊唐書》卷一七六《盧商傳》
16	盧鈞（盧炅孫）	元和四年 809	徐松《登科記考》卷十七
17	盧簡辭	元和六年 811	《全唐文補遺》第三輯 155 頁《盧簡辭》條、徐松《登科記考》卷十八
18	盧宗回	元和十年 815	徐松《登科記考》卷二十七

〔註 110〕表中所引《登科記考》皆爲中華書局 1984 年版。

〔註 111〕《登科記考》列盧播進士及第時間爲「貞元五年」，有誤，今據墓誌正之。

序號	姓　名	及第時間	備　　　註
19	盧弘正（弘止）	元和十五年 820	徐松《登科記考》卷十八
20	盧儲	元和十五年 820	徐松《登科記考》卷十八（狀元）
21	盧戡	元和十五年 820	徐松《登科記考》卷十八
22	盧鍇	長慶元年 821	徐松《登科記考》卷十九
23	盧簡求	長慶元年 821	徐松《登科記考》卷十九
24	盧求	寶曆二年 826	徐松《登科記考》卷二十、《舊唐書》卷一七八《盧攜傳》、《唐摭言》卷八《陰注陽受》
25	盧就	大和六年 832	《全唐文補遺》第一輯 318 頁《唐故朝請大夫尚書刑部郎中上柱國范陽盧府君（就）墓誌銘並序》
26	盧緘	文宗時期 開成年間〔註 112〕	《全唐文補遺》第一輯 369 頁《有唐盧氏（緘）故崔夫人墓銘並序》
27	盧肇	會昌三年 843	徐松《登科記考》卷二十二（狀元）
28	盧嗣立	會昌五年 845	徐松《登科記考》
29	盧深	大中元年 847	徐松《登科記考》卷二十二（狀元）
30	盧鄴	大中四年 850	徐松《登科記考》卷二十二
31	盧弘宣	元和中	徐松《登科記考》卷二十七、《舊唐書》卷一九七《盧弘宣傳》
32	盧攜	大中九年 855	徐松《登科記考》卷二十二、《舊唐書》卷一七八《盧攜傳》
33	盧處權	大中十一年 857	徐松《登科記考》卷二十二
34	盧彖	大中十二年 858	徐松《登科記考》卷二十二
35	盧徵	咸通三年 862	徐松《登科記考》卷二十三
36	盧隱	咸通五年 864	徐松《登科記考》卷二十三

〔註 112〕岑仲勉在《郎官石柱題名新考訂》一書《盧緘》條中說：「《千唐》大中十一年緘自撰《妻崔氏（群女）誌》，結銜爲『劍南西川節度判官朝議郎檢校尚書駕部郎中兼侍御史柱國賜緋魚袋』。誌言大和甲寅（八年）後數歲登進士第，妻死之前，曾任都官員外，則是開成進士也。其官吏外、左外蓋在大中十一之後。勞《考》拾遺之征事有應刪及可補者。」參岑仲勉：《郎官石柱題名新考訂（外三種）》，上海古籍出版社，1984 年，第 12 頁。

序號	姓　名	及第時間	備　　　註
37	盧文秀	咸通六年 865	徐松《登科記考》卷二十三
38	盧擇	乾符五年 878	徐松《登科記考》卷二十三
39	盧嗣業	乾符五年 878	徐松《登科記考》卷二十三
40	盧尚卿	中和二年 882	徐松《登科記考》卷二十三
41	盧玄暉	景福二年 893	徐松《登科記考》卷二十四
42	盧汝弼	景福二年 893	徐松《登科記考》卷二十七
43	盧仁炯	乾寧元年 894（原列景福元年）	徐松《登科記考》卷二十四
44	盧贍	乾寧二年 895	徐松《登科記考》卷二十四
45	盧鼎	乾寧二年 895	徐松《登科記考》卷二十四
46	盧肅（盧鈞孫）	乾寧五年 898	徐松《登科記考》卷二十四
47	盧文煥	光化二年 899	徐松《登科記考》卷二十四（狀元）
48	盧延讓（延遜）	光化三年 900	徐松《登科記考》卷二十四
49	盧程	天復四年 904	徐松《登科記考》卷二十四
50	盧懷慎		徐松《登科記考》卷二十七，《舊唐書》卷九八《盧懷慎傳》，《新唐書》卷一二六《盧懷慎傳》
51	盧粲		徐松《登科記考》卷二十七
52	盧象		徐松《登科記考》卷二十七
53	盧冀		徐松《登科記考》卷二十七
54	盧常師		徐松《登科記考》卷二十七
55	盧甚		徐松《登科記考》卷二十七
56	盧載		前鄉貢進士，見《全唐文補遺》第一輯、《全唐文》卷 435 有傳。
57	盧簡能		徐松《登科記考》卷二十七
58	盧知猷		徐松《登科記考》卷二十七
59	盧玄禧		徐松《登科記考》卷二十七
60	盧虔灌		徐松《登科記考》卷二十七
61	盧告		徐松《登科記考》卷二十七

序號	姓　名	及第時間	備　　　註
62	盧峻		《全唐文補遺》第七輯 163 頁《盧峻墓誌》
63	盧光啓		徐松《登科記考》卷二十七、《新唐書》卷一八二《盧光啓傳》
64	盧藩		徐松《登科記考》卷二十七
65	盧文亮		宏詞殊科，見《全唐文補遺》第七輯 169 頁《唐故羅林軍□銀青光祿大夫行尚書兵部侍郎知制誥上柱國范陽縣開國□食邑三百戶盧公（文亮）權厝記並序》
66	盧邈		徐松《登科記考》卷二十七
67	盧億		徐松《登科記考》卷二十七
68	盧喬		《全唐文補遺》第一輯 318 頁《唐故朝請大夫尚書刑部郎中上柱國范陽盧府君（就）墓誌銘並序》
69	盧踐言		《全唐文補遺》第一輯 337 頁《唐故京兆府涇陽縣尉范陽盧君（踐言）墓銘並序》
70	盧濬		鄉貢進士，《全唐文補遺》第一輯 385 頁《唐故懷州錄事參軍清河崔府君後夫人范陽盧氏墓誌銘並序》
71	盧蒹		鄉貢進士，《全唐文補遺》第一輯 390 頁《盧蒹》條
72	盧汪		舉進士，《全唐文補遺》第一輯 418 頁《唐故范陽盧氏夫人墓誌銘並序》
73	盧環		鄉貢進士，《全唐文補遺》第二輯 58 頁《盧環》條
74	盧文明		鄉貢進士，《全唐文補遺》第七輯 82 頁《盧文明》條
75	盧獻卿		鄉貢進士，《全唐文補遺》第三輯 227 頁《盧獻卿》條
76	盧希顏		鄉貢進士，《全唐文補遺》第四輯 165 頁《盧希顏》條
77	盧㬚		鄉貢進士，《全唐文補遺》第四輯 108 頁《盧㬚》條

序號	姓　名	及第時間	備　　　註
78	盧子政		鄉貢進士，《全唐文補遺》第四輯 102 頁《盧子政》條
79	盧詠		《全唐文補遺》第六輯 173 頁《唐故范陽盧氏（軺）滎陽鄭夫人墓誌銘》、全唐文補遺》第六輯 189 頁議郎使持節均州諸軍事守均州刺史范陽盧府君（軺）墓誌銘》
80	盧軺		《全唐文補遺》第六輯 189 頁《唐故朝議郎使持節均州諸軍事守均州刺史范陽盧府君（軺）墓誌銘》
81	盧雄		鄉貢進士，《全唐文補遺》第三輯 171 頁《唐鄉貢進士盧君（雄）夫人博陵崔氏（媪）墓誌》
82	盧泳		鄉貢進士，《全唐文補遺》第三輯 298 頁《盧泳》條
83	盧漪		進士及第，《全唐文補遺》第一輯 338 頁《唐故東都留守檢校尚書左僕射贈司空博陵崔公（弘禮）小女（遷）墓誌銘並序》
84	盧濬		鄉貢進士，《全唐文補遺》第一輯 385 頁《唐故懷州錄事參軍清河崔府君後夫人范陽盧氏墓誌銘並序》
85	盧元□		《全唐文補遺》第六輯 92 頁《（上泐）盧府君（璲）夫人竇氏墓誌銘並序》
86	盧嵩		鄉貢進士，《全唐文補遺》第七輯 143 頁《唐故太子司議郎分司東都范陽盧府公（約）夫人清河崔氏祔葬墓誌銘並序》由其書丹，署「侄男鄉貢進士嵩書。」
87	盧元裳		鄉貢進士，《全唐文補遺》（千唐誌齋新藏專輯）335 頁《唐故隴西李夫人（盧元裳妻）墓誌銘並序》
88	盧蕃		進士及第，《全唐文補遺》（千唐誌齋新藏專輯）331 頁《唐故越州剡縣尉盧府君（廣）夫人隴西李氏合祔墓誌銘並序》

序號	姓　名	及第時間	備　　　註
89	盧近		鄉貢進士，《全唐文補遺》（千唐誌齋新藏專輯）350 頁《唐故昭州平樂縣尉盧府君（俠）墓誌銘並序》
90	盧輻		鄉貢進士，《全唐文補遺》（千唐誌齋新藏專輯）377 頁《唐故鄉貢進士范陽盧府君（輻）墓誌銘》
91	盧朓		進士上第，《河洛墓刻拾零》下冊第 556 頁，圖板 414《唐故楚州營田巡官將仕郎徐州彭城縣主簿范陽盧府君（處約）墓誌銘並序》、《大唐西市博物館藏墓誌》二六五《盧朓墓誌》
92	盧眺		進士判等拔萃，《全唐文補遺》（千唐誌齋新藏專輯）第 373 頁《大唐故宣德郎前守蘇州海鹽縣令繪並前妻故隴西李氏合祔墓誌文自敘》
93	盧頊		前鄉貢進士，《河洛墓刻拾零》下冊第 463 頁，圖板 344《唐前鄉貢進士范陽盧頊故妻隴西李氏墓誌銘並序》
94	盧鉟		《全唐文補遺》第八輯第 169 頁《唐故王氏夫人（流謙）墓銘並序》
95	盧後閔		《河洛墓刻拾零》下冊第 557 頁，圖板 415《唐故尚書倉部郎中滎陽鄭府君（魴）墓誌銘並序》

四、范陽盧氏仕宦統計分析

爲了較爲直觀而準確地瞭解隋唐時期范陽盧氏仕宦上的情況，本部分主要通過檢索墓誌材料〔註 113〕，列表統計了隋唐時期范陽盧氏成員的任職情況

〔註 113〕所用墓誌材料主要來源於陝西省古籍整理辦公室編、吳鋼主編：《全唐文補遺》第一至第八輯以及《千唐誌齋新藏專輯》（三秦出版社陸續出版），周紹良主編、趙超副主編：《唐代墓誌彙編》上下冊（上海古籍出版社，1992 年），周紹良、趙超主編：《唐代墓誌彙編續集》（上海古籍出版社，2001 年 12 月），李獻奇、郭引強編：《洛陽新獲墓誌》（文物出版社，1996 年 10 月），趙君平編：《邙洛碑誌三百種》（中華書局，2004 年 7 月），趙君平、趙文成編：《河洛墓刻拾零》（北京圖書館出版社，2007 年 7 月），胡戟、榮新江主編：《大唐西市博物館藏墓誌》（北京大學出版社，2012 年 11 月）以及《全唐文》等文獻中的墓誌銘文。

〔註 114〕，就此作分析。

表六九：范陽盧氏仕宦情況統計表

序號	姓 名	官職爵位	資料來源
1	盧告	朝議郎、守左諫議大夫、柱國、賜緋魚袋	《全唐文補遺》第五輯 39 頁《盧告小傳》
2	盧諫卿	鄜坊觀察支使、儒林郎、監察御史裏行	《全唐文補遺》第五輯 36 頁《盧諫卿小傳》，《全唐文補遺》第一輯 282 頁有載
3	盧藏用	中書舍人、太中大夫、守兵部侍郎、修文館學士	《全唐文補遺》第五輯 20 頁《盧藏用小傳》，《全唐文》卷 238 有傳，《全唐文補遺》第一輯 92 頁亦載，與《全唐文》小傳有異
4	盧君胤	陝東道大行臺尚書、膳部郎中	《唐代墓誌彙編》武德 004《(盧文構)夫人諱月相墓誌》
5	盧思道	北齊黃門侍郎，隋武陽太守	《全唐文補遺》第三輯 88 頁《大唐故譙郡城父縣尉盧府君（復）墓誌銘》，《全唐文補遺》第五輯 160 頁《大唐故銀青光祿大夫行揚州大都督府長史魏縣子盧公（承業）墓誌銘並序》、《全唐文補遺》第四輯 95 頁《唐故朝散大夫魏州貴鄉縣令盧公（侶）墓誌銘並序》、《全唐文補遺》第六輯 441 頁《唐故朝議郎平原郡長河縣令盧府君（全貞）墓誌銘並序》
6	盧赤松	太子率更令、柱國、范陽郡開國公、皇朝兵部尚書	《邙洛碑誌三百種》67 頁《大唐太子率更令柱國范陽郡開國公盧公（赤松）墓誌》、《全唐文補遺》第三輯 88 頁《大唐故譙郡城父縣尉盧府君（復）墓誌銘》，《全唐文補遺》第五輯 160 頁《大唐故銀青光祿大夫行揚州大都督府長史魏縣子盧公（承業）墓誌銘並序》、《全唐文補遺》第六輯 441 頁《唐故

〔註 114〕此處列表統計范陽盧氏成員仕宦，材料幾乎全部來自出土墓誌，筆者如此選取，其原因有三：一，《新唐書．宰相世系表》所載范陽盧氏人物官職已然備於史書，如果全部統計，數量過於龐大；二，墓誌資料對墓主一生歷官情況記載更詳細準確；三，純粹使用墓誌材料，使統計樣本更加純粹，或許更能反映范陽盧氏仕宦的概況。

序號	姓 名	官職爵位	資料來源
			朝議郎平原郡長河縣令盧府君（全貞）墓誌銘並序》、《全唐文補遺》第四輯95頁《唐故朝散大夫魏州貴鄉縣令盧公（佋）墓誌銘並序》
7	盧承業	銀青光祿大夫行揚州大都督府長史魏縣開國子、尚書左右丞、雍洛州長史、絳州陝州刺史	《全唐文補遺》第五輯160頁《大唐故銀青光祿大夫行揚州大都督府長史魏縣子盧公（承業）墓誌銘並序》、《全唐文補遺》第六輯441頁《唐故朝議郎平原郡長河縣令盧府君（全貞）墓誌銘並序》、《全唐文補遺》第一輯194頁《唐故兗州鄒縣尉盧君（仲容）墓誌銘並序》
8	盧承基	皇朝主客郎中、郢州刺史	《全唐文補遺》第三輯88頁《大唐故譙郡城父縣尉盧府君（復）墓誌銘》 《全唐文補遺》第六輯107頁《唐故太子司議郎盧府君（寂）墓誌銘並序》
9	盧元莊	皇朝通議大夫、銀青光祿大夫、沔、普、嘉三州刺史	《全唐文補遺》第三輯88頁《大唐故譙郡城父縣尉盧府君（復）墓誌銘》、《全唐文補遺》第六輯107頁《唐故太子司議郎盧府君（寂）墓誌銘並序》、《全唐文補遺》第一輯249頁《大唐故銀青光祿大夫檢校太子賓客上柱國范陽郡開國子兼監察御史盧公（翊）墓誌銘》
10	盧知遠	銀青光祿大夫、資州刺史、光祿卿、議大夫、見任襄陽郡司馬	《全唐文補遺》第三輯88頁《大唐故譙郡城父縣尉盧府君（復）墓誌銘》、《全唐文補遺》第一輯249頁《大唐故銀青光祿大夫檢校太子賓客上柱國范陽郡開國子兼監察御史盧公（翊）墓誌銘》、《全唐文補遺》第四輯109頁《唐故鄉貢進士范陽盧府君（子騭）墓誌》
11	盧復（知遠之子）	譙郡城父縣尉	《全唐文補遺》第三輯88頁《大唐故譙郡城父縣尉盧府君（復）墓誌銘》
12	盧佶	朝散大夫、懷州長史	《全唐文補遺》第三輯142頁《唐故朝散大夫豪郢二州刺史上柱國盧府君（沇）夫人隴西李氏墓誌銘並序》

序號	姓 名	官職爵位	資料來源
13	盧晫	大理司直、攝監察御史	《全唐文補遺》第三輯 142 頁《唐故朝散大夫豪郢二州刺史上柱國盧府君（沇）夫人隴西李氏墓誌銘並序》
14	盧沇	朝散大夫、豪郢二州刺史、上柱國	《全唐文補遺》第三輯 142 頁《唐故朝散大夫豪郢二州刺史上柱國盧府君（沇）夫人隴西李氏墓誌銘並序》
15	盧綸	戶部郎中	《全唐文補遺》第三輯 155 頁《大唐故盧府君（綬）墓誌銘》
16	盧簡辭	元和初進士，入遷侍御史，累擢湖南、浙西觀察使、工部尚書、忠武軍節度使、山南東道使、後貶衢州刺史，卒。	《全唐文補遺》第三輯 155 頁《盧簡辭小傳》
17	盧簡求	河東節度掌書記侍御史內供奉、賜緋魚袋	《全唐文補遺》第三輯 209 頁《盧簡求小傳》，《全唐文》卷七三三有傳
18	盧羽客	馮翊韓城令	《全唐文補遺》第三輯 155 頁《大唐故盧府君（綬）墓誌銘》
19	盧茂禮	監察御史	《全唐文補遺》第三輯 155 頁《大唐故盧府君（綬）墓誌銘》
20	盧釗	河中永樂令	《全唐文補遺》第三輯 155 頁《大唐故盧府君（綬）墓誌銘》
21	盧祥玉	濟州司馬	《全唐文補遺》第三輯 155 頁《大唐故盧府君（綬）墓誌銘》
22	盧之翰	魏郡臨黃尉	《全唐文補遺》第三輯 155 頁《大唐故盧府君（綬）墓誌銘》
23	盧綬	河中府寶鼎縣尉	《全唐文補遺》第三輯 155 頁《大唐故盧府君（綬）墓誌銘》
24	盧粲	銀青光祿大夫、邠王師、上柱國、固安縣開國男、朝散大夫、行麟臺郎	《全唐文補遺》第三輯 49 頁《盧粲小傳》，《全唐文補遺》第一輯 82 頁、《全唐文》卷 271
25	盧子眞	皇袁、和二州刺史	《全唐文補遺》第三輯 170 頁《唐故殿中侍御史隴西李府君夫人范陽盧氏墓誌銘並序》

序號	姓 名	官職爵位	資料來源
26	盧炅	皇大理主簿	《全唐文補遺》第三輯 170 頁《唐故殿中侍御史隴西李府君夫人范陽盧氏墓誌銘並序》
27	盧群	皇銀青光祿大夫、義成軍節度使、兼御史大夫，贈工部尙書。	《全唐文補遺》第三輯 170 頁《唐故殿中侍御史隴西李府君夫人范陽盧氏墓誌銘並序》
28	盧卓	前試祕書省校書郎	《全唐文補遺》第三輯 170 頁《盧卓小傳》
29	盧雄	鄉貢進士	《全唐文補遺》第三輯 171 頁《唐鄉貢進士盧君（雄）夫人博陵崔氏（熖）墓誌》
30	盧陽烏	後魏祕書監	《唐代墓誌彙編》天寶 252《有唐登仕郎行魏郡冠氏縣尉雲騎尉盧公墓誌銘並序》、《全唐文補遺》第三輯 94 頁《有唐登仕郎行魏郡冠氏縣尉雲騎尉盧公（招）墓誌銘並序》
31	盧同吉	皇朝無極縣丞	《唐代墓誌彙編》天寶 252《有唐登仕郎行魏郡冠氏縣尉雲騎尉盧公墓誌銘並序》、《全唐文補遺》第三輯 94 頁《有唐登仕郎行魏郡冠氏縣尉雲騎尉盧公（招）墓誌銘並序》
32	盧元亨	孝義縣令	《唐代墓誌彙編》天寶 252《有唐登仕郎行魏郡冠氏縣尉雲騎尉盧公墓誌銘並序》、《全唐文補遺》第三輯 94 頁《有唐登仕郎行魏郡冠氏縣尉雲騎尉盧公（招）墓誌銘並序》
33	盧□□（盧招之父）	河內縣令	《唐代墓誌彙編》天寶 252《有唐登仕郎行魏郡冠氏縣尉雲騎尉盧公墓誌銘並序》、《全唐文補遺》第三輯 94 頁《有唐登仕郎行魏郡冠氏縣尉雲騎尉盧公（招）墓誌銘並序》
34	盧招	登仕郎行魏郡冠氏縣尉雲騎尉	《唐代墓誌彙編》天寶 252《有唐登仕郎行魏郡冠氏縣尉雲騎尉盧公墓誌銘並序》、《全唐文補遺》第三輯 94 頁《有唐登仕郎行魏郡冠氏縣尉雲騎尉盧公（招）墓誌銘並序》
35	盧泳	鄉貢進士	《全唐文補遺》第三輯 298 頁《盧泳小傳》

序號	姓 名	官職爵位	資料來源
36	盧履悌	皇任岐州岐陽縣令	《全唐文補遺》第三輯 205 頁《有唐故河中府參軍范陽盧公（岑）改葬墓誌銘並序》
37	盧漸	皇贈右散騎常侍	《全唐文補遺》第三輯 205 頁《有唐故河中府參軍范陽盧公（岑）改葬墓誌銘並序》
38	盧頌	皇任昭應縣令	《全唐文補遺》第三輯 205 頁《有唐故河中府參軍范陽盧公（岑）改葬墓誌銘並序》
39	盧岑	河中府參軍	《全唐文補遺》第三輯 205 頁《有唐故河中府參軍范陽盧公（岑）改葬墓誌銘並序》
40	盧弘本 盧綬之子	前右衛兵曹參軍	《全唐文補遺》第三輯 209 頁《唐故河中府寶鼎縣尉盧府君（綬）南陽張夫人墓誌銘並序》
41	盧景□	前節度驅使官	《全唐文補遺》第三輯 292 頁《大唐范陽盧公故夫人天水郡趙氏墓誌銘並序》
42	盧□	銀青光祿大夫尙書左丞	《全唐文補遺》第三輯 292 頁《大唐故銀青光祿大夫尙書左丞盧君夫人李氏（灌頂）墓誌銘並序》
43	盧諡	前祕書省校書郎	《全唐文補遺》第四輯 67 頁《盧諡小傳》
44	盧沼	左威衛兵曹參軍	《全唐文補遺》第四輯 45 頁《盧沼小傳》
45	盧文機	濬儀令	《全唐文補遺》第四輯 48 頁《大唐故汴州尉氏縣令衡公前夫人范陽盧氏墓誌銘並序》
46	盧玄晏	鄗城尉	《全唐文補遺》第四輯 48 頁《大唐故汴州尉氏縣令衡公前夫人范陽盧氏墓誌銘並序》
47	盧永之	陽翟令	《全唐文補遺》第四輯 48 頁《大唐故汴州尉氏縣令衡公前夫人范陽盧氏墓誌銘並序》

序號	姓 名	官職爵位	資料來源
48	盧凱	隋吏部尚書	《全唐文補遺》第四輯 36 頁《唐故司農主簿范陽盧府君（友度）墓誌銘並序》
49	盧義丘	千牛備身	《全唐文補遺》第四輯 36 頁《唐故司農主簿范陽盧府君（友度）墓誌銘並序》
50	盧習訓	亳州鍾離縣丞	《全唐文補遺》第四輯 36 頁《唐故司農主簿范陽盧府君（友度）墓誌銘並序》
51	盧友度	司農主簿	《全唐文補遺》第四輯 36 頁《唐故司農主簿范陽盧府君（友度）墓誌銘並序》
52	盧從願	吏部尚書	《全唐文補遺》第四輯 36 頁《唐故司農主簿范陽盧府君（友度）墓誌銘並序》、《全唐文補遺》第一輯
53	盧壺	朝議郎前行河南府功曹參軍、上柱國	《全唐文補遺》第四輯 191 頁《盧壺小傳》
54	盧賨	皇朝河中府河西縣令、汝郡長史	《全唐文補遺》第四輯 88 頁《唐故朝議郎行大理評事上柱國范陽盧公（方）墓誌銘並序》、《全唐文補遺》第一輯 271 頁《唐故歸州刺史盧公（璠）墓誌銘並序》、《全唐文補遺》第一輯 279 頁《唐故太常寺太祝范陽盧君（直）墓誌》、《全唐文補遺》第一輯 299～300 頁《范陽盧府君（景修）墓誌》、《全唐文補遺》第一輯 337 頁《唐故京兆府涇陽縣尉范陽盧君（踐言）墓誌銘並序》、《全唐文補遺》第四輯 223 頁《唐故宣州宣城縣尉范陽盧府君（宏）並夫人博陵崔氏墓誌銘並序》
55	盧政	檢校庫部郎中、太子中允、贈越州都督、贈汝州刺史	《全唐文補遺》第四輯 88 頁《唐故朝議郎行大理評事上柱國范陽盧公（方）墓誌銘並序》、《全唐文補遺》第一輯 299～300 頁《范陽盧府君（景修）墓誌》、《全唐文補遺》第一輯 337 頁《唐故京兆府涇陽縣尉范陽盧君（踐言）墓誌銘並序》、《全唐文補遺》第四輯

序號	姓 名	官職爵位	資料來源
			223頁《唐故宣州宣城縣尉范陽盧府君（宏）並夫人博陵崔氏墓誌銘並序》、《全唐文補遺》第一輯 271 頁《唐故歸州刺史盧公（璠）墓誌銘並序》、《全唐文補遺》第一輯 279 頁《唐故太常寺太祝范陽盧君（直）墓誌》、《河洛墓刻拾零》下冊四〇五《唐盧宗和墓誌並蓋》
56	盧瑗	檢校御史中丞、亳撫歙三州刺史	《全唐文補遺》第四輯 88 頁《唐故朝議郎行大理評事上柱國范陽盧公（方）墓誌銘並序》、《河洛墓刻拾零》下冊四〇五《唐盧宗和墓誌並蓋》
57	盧方	東都幾汝州都防禦巡官、朝議郎、試大理評事、上柱國	《全唐文補遺》第四輯 88 頁《唐故朝議郎行大理評事上柱國范陽盧公（方）墓誌銘並序》、《全唐文補遺》第一輯 279 頁《唐故太常寺太祝范陽盧君（直）墓誌》、《河洛墓刻拾零》下冊四〇五《唐盧宗和墓誌並蓋》
58	盧宗和	前鄭州中牟尉	《全唐文補遺》第四輯 88 頁《唐故朝議郎行大理評事上柱國范陽盧公（方）墓誌銘並序》、《河洛墓刻拾零》下冊四〇五《唐盧宗和墓誌並蓋》
59	盧承泰	皇朝齊州長史、贈德州刺史	《全唐文補遺》第四輯 95 頁《唐故朝散大夫魏州貴鄉縣令盧公（侶）墓誌銘並序》、《全唐文補遺》第六輯 84 頁《故范陽郡君盧尊師（起信）墓誌銘並序》
60	盧齊卿	皇朝銀青光祿大夫、太子詹事、贈太子少保	《全唐文補遺》第四輯 95 頁《唐故朝散大夫魏州貴鄉縣令盧公（侶）墓誌銘並序》、《全唐文補遺》第六輯 84 頁《故范陽郡君盧尊師（起信）墓誌銘並序》
61	盧成軌	皇朝大理評事、贈易州刺史	《全唐文補遺》第四輯 95 頁《唐故朝散大夫魏州貴鄉縣令盧公（侶）墓誌銘並序》
62	盧侶	朝散大夫魏州貴鄉縣令	《全唐文補遺》第四輯 95 頁《唐故朝散大夫魏州貴鄉縣令盧公（侶）墓誌銘並序》

序號	姓 名	官職爵位	資料來源
63	盧拱	祕書郎	《全唐文補遺》第四輯 95 頁《唐故朝散大夫魏州貴鄉縣令盧公（侶）墓誌銘並序》
64	盧庠	文林郎、守河南府功曹參軍	《全唐文補遺》第四輯 231 頁《盧庠小傳》
65	盧寵	河中府戶曹參軍	《全唐文補遺》第四輯 109 頁《唐故鄉貢進士范陽盧府君（子鶩）墓誌》
66	盧竚	太常寺奉禮郎	《全唐文補遺》第四輯 109 頁《唐故鄉貢進士范陽盧府君（子鶩）墓誌》
67	盧伯卿	河中府猗氏縣主簿	《全唐文補遺》第四輯 115 頁《唐河中府猗氏縣主簿盧公（伯卿）故夫人清河崔氏墓誌銘並序》
68	盧伯卿	監察御史裏行、充安邑解縣榷鹽使判官	《全唐文補遺》第四輯 116 頁《（上殘缺）從事監察御史裏行李公（頊）妻范陽盧氏墓誌銘並序》
69	盧幼孫	常州刺史	《全唐文補遺》第四輯 115 頁《唐故中大夫澧州刺史賜紫金魚袋范陽盧府君（昂）墓誌銘並序》
70	盧獻	黃門侍郎	《全唐文補遺》第四輯 115 頁《唐故中大夫澧州刺史賜紫金魚袋范陽盧府君（昂）墓誌銘並序》、《全唐文補遺》第一輯 294 頁《唐故滑州司法參軍范陽盧君（初）墓誌銘並序》、《全唐文》卷 271
71	盧翊	鄂州刺史	《全唐文補遺》第四輯 115 頁《唐故中大夫澧州刺史賜紫金魚袋范陽盧府君（昂）墓誌銘並序》、《全唐文補遺》第一輯 294 頁《唐故滑州司法參軍范陽盧君（初）墓誌銘並序》
72	盧昂，字子皐	中大夫澧州刺史賜紫金魚袋、贈兵部尚書	《全唐文補遺》第四輯 115 頁《唐故中大夫澧州刺史賜紫金魚袋范陽盧府君（昂）墓誌銘並序》、《全唐文補遺》第四輯 255 頁《唐故河中少尹范陽盧府君（知宗）墓誌銘並序》
73	盧長	河西縣令	《全唐文補遺》第四輯 115 頁《唐故中大夫澧州刺史賜紫金魚袋范陽盧府君（昂）墓誌銘並序》

序號	姓 名	官職爵位	資料來源
74	盧廣	皇河南府河南縣丞，贈司空	《全唐文補遺》第四輯 115 頁《唐故中大夫澧州刺史賜紫金魚袋范陽盧府君（昂）墓誌銘並序》、《全唐文補遺》第四輯 255 頁《唐故河中少尹范陽盧府君（知宗）墓誌銘並序》
75	盧商	工部郎中、司封郎中，河南令、戶部尚書、相國	《全唐文補遺》第四輯 115 頁《唐故中大夫澧州刺史賜紫金魚袋范陽盧府君（昂）墓誌銘並序》、《全唐文補遺》第四輯 116 頁《（上殘缺）從事監察御史裏行李公（頊）妻范陽盧氏墓誌銘並序》、《全唐文補遺》第四輯 255 頁《唐故河中少尹范陽盧府君（知宗）墓誌銘並序》、《全唐文補遺》第一輯 294 頁《唐故滑州司法參軍范陽盧君（初）墓誌銘並序》、
76	盧晏	皇朝進馬	《全唐文補遺》第四輯 116 頁《（上殘缺）從事監察御史裏行李公（頊）妻范陽盧氏墓誌銘並序》、《全唐文補遺》第一輯 294 頁《唐故滑州司法參軍范陽盧君（初）墓誌銘並序》、《全唐文補遺》第一輯 319 頁《唐故知鹽鐵轉運鹽城監事殿中侍御史內供奉范陽盧府君（伯卿）墓誌銘並序》、
77	盧初	皇朝滑州司法參軍	《全唐文補遺》第四輯 116 頁《（上殘缺）從事監察御史裏行李公（頊）妻范陽盧氏墓誌銘並序》、《全唐文補遺》第一輯 294 頁《唐故滑州司法參軍范陽盧君（初）墓誌銘並序》、《全唐文補遺》第一輯 319 頁《唐故知鹽鐵轉運鹽城監事殿中侍御史內供奉范陽盧府君（伯卿）墓誌銘並序》
78	盧恂	皇絳州龍門縣令	《全唐文補遺》第四輯 187 頁《唐范陽郡故盧氏夫人墓誌銘並序》
79	盧雲	□部郎中、長安縣令、明州刺史	《全唐文補遺》第四輯 187 頁《唐范陽郡故盧氏夫人墓誌銘並序》
80	盧瀍	皇朝請郎、嘉州龍遊縣令	《全唐文補遺》第四輯 187 頁《唐范陽郡故盧氏夫人墓誌銘並序》
81	盧知宗	給事郎、守國子監國子助教	《全唐文補遺》第四輯 255 頁《唐故河中少尹范陽盧府君（知宗）墓誌銘並序》

序號	姓 名	官職爵位	資料來源
82	盧希逸	前易州軍事衛推、試大理司直	《全唐文補遺》第四輯 264 頁《盧希逸小傳》
83	盧允載	瀛洲平舒令、賜緋魚袋	《全唐文補遺》第四輯 218 頁《唐信州玉山縣令范陽盧府君（公則）墓誌銘並序》
84	盧休彩	舒州司馬、賜緋魚袋	《全唐文補遺》第四輯 218 頁《唐信州玉山縣令范陽盧府君（公則）墓誌銘並序》
85	盧清（公則之父）	吉州太和令、賜緋魚袋	《全唐文補遺》第四輯 218 頁《唐信州玉山縣令范陽盧府君（公則）墓誌銘並序》
86	盧公則字子眞	信州玉山縣令	《全唐文補遺》第四輯 218 頁《唐信州玉山縣令范陽盧府君（公則）墓誌銘並序》
87	盧抱璧	皇朝散大夫、尉氏縣令	《唐代墓誌彙編》咸通 058《唐故范陽盧府君墓誌銘並序》、吳鋼主編《全唐文補遺》第四輯 237 頁《唐故范陽盧府君（公弼）墓誌銘並序》
88	盧蘭金	皇大理評事	《唐代墓誌彙編》咸通 058《唐故范陽盧府君墓誌銘並序》、吳鋼主編《全唐文補遺》第四輯 237 頁《唐故范陽盧府君（公弼）墓誌銘並序》
89	盧汶（公弼之父）	皇朝散大夫、朗州別駕	《唐代墓誌彙編》咸通 058《唐故范陽盧府君墓誌銘並序》、吳鋼主編《全唐文補遺》第四輯 237 頁《唐故范陽盧府君（公弼）墓誌銘並序》
90	盧通	前六合尉	《唐代墓誌彙編》咸通 058《唐故范陽盧府君墓誌銘並序》、吳鋼主編《全唐文補遺》第四輯 237 頁《唐故范陽盧府君（公弼）墓誌銘並序》
91	盧蕘	朝議郎、前守河南少尹、上柱國、賜緋魚袋	《全唐文補遺》第四輯 254 頁《蘆蕘小傳》
92	盧知宗	河中少尹	《全唐文補遺》第四輯 255 頁《唐故河中少尹范陽盧府君(知宗)墓誌銘並序》

序號	姓 名	官職爵位	資料來源
93	盧文翼	魏員外散騎侍郎、太中大夫。	《全唐文補遺》第四輯 344 頁《隋故東宮左親侍盧君（萬春）墓誌銘》、《唐代墓誌彙編》永徽 125《隋故東宮左親侍盧君（萬春）墓誌銘》
94	盧士昂	齊廣平郡守	《全唐文補遺》第四輯 344 頁《隋故東宮左親侍盧君（萬春）墓誌銘》、《唐代墓誌彙編》永徽 125《隋故東宮左親侍盧君（萬春）墓誌銘》
95	盧義幹	永寧縣令	《全唐文補遺》第四輯 344 頁《隋故東宮左親侍盧君（萬春）墓誌銘》、《唐代墓誌彙編》永徽 125《隋故東宮左親侍盧君（萬春）墓誌銘》
96	盧萬春	隋故東宮左親侍	《全唐文補遺》第四輯 344 頁《隋故東宮左親侍盧君（萬春）墓誌銘》、《唐代墓誌彙編》永徽 125《隋故東宮左親侍盧君（萬春）墓誌銘》
97	盧稹	試宣州司馬	《全唐文補遺》第四輯 499 頁《唐東都留守晏設使朝散大夫檢校太子中允上柱國朱敬之亡妻范陽盧夫人（子玉）墓誌銘並序》
98	盧璠	進士擢第，終歸州牧	《全唐文補遺》第四輯 223 頁《唐故宣州宣城縣尉范陽盧府君（宏）並夫人博陵崔氏墓誌銘並序》
99	盧宏	宣州宣城縣尉	《全唐文補遺》第四輯 223 頁《唐故宣州宣城縣尉范陽盧府君（宏）並夫人博陵崔氏墓誌銘並序》
100	盧□□	隋殿內侍御史、唐東宮學士	《全唐文補遺》第四輯 453 頁《唐故揚州大都督府揚子縣令博陵崔府君之夫人范陽盧氏（八）墓誌銘並序》
101	盧大道	皇京兆府櫟陽縣主簿	《全唐文補遺》第四輯 453 頁《唐故揚州大都督府揚子縣令博陵崔府君之夫人范陽盧氏（八）墓誌銘並序》
102	盧元愔	皇朝散大夫、行漢陽郡司馬	《全唐文補遺》第四輯 453 頁《唐故揚州大都督府揚子縣令博陵崔府君之夫人范陽盧氏（八）墓誌銘並序》
103	盧諧	隋懷州司□、鄆州壽張縣令、朝散大夫	《全唐文補遺》第六輯 430 頁《大唐故眉州通儀縣尉上護軍賞緋魚袋范陽盧府君（滿）墓誌□男道屍柩同殯》

序號	姓 名	官職爵位	資料來源
104	盧延慶	唐歸州司倉	《全唐文補遺》第六輯 430 頁《大唐故眉州通儀縣尉上護軍賞緋魚袋范陽盧府君（滿）墓誌□男道屍柩同殯》
105	盧滿	唐故眉州通儀縣尉上護軍賞緋魚袋	《全唐文補遺》第六輯 430 頁《大唐故眉州通儀縣尉上護軍賞緋魚袋范陽盧府君（滿）墓誌□男道屍柩同殯》
106	盧成節	皇陝郡陝縣主簿	《全唐文補遺》第六輯 84 頁《故范陽郡君盧尊師（起信）墓誌銘並序》、《唐代墓誌彙編續集》天寶 097《故范陽郡君盧尊師墓誌銘並序》
107	盧諶	朝散大夫、太子中允	《全唐文補遺》第六輯 84 頁《故范陽郡君盧尊師（起信）墓誌銘並序》、《唐代墓誌彙編續集》天寶 097《故范陽郡君盧尊師墓誌銘並序》
108	盧僎	朝散大夫、行尚書吏部員外郎。天寶八年署太中大夫、行臨汝長史、上□國	《全唐文補遺》第六輯 64 頁《盧僎小傳》
109	盧從願	故金紫光祿大夫、吏部尚書、□益州大都督、上柱國、固安縣開國公、謚曰文	《全唐文補遺》第六輯 64 頁《唐故（盧君妻）滎陽郡夫人鄭氏墓誌銘並序》
110	盧纘	故王屋令	《全唐文補遺》第六輯 64 頁《唐故（盧君妻）滎陽郡夫人鄭氏墓誌銘並序》
111	盧論	比部郎	《全唐文補遺》第六輯 64 頁《唐故（盧君妻）滎陽郡夫人鄭氏墓誌銘並序》
112	盧允	陝司倉、給事中、河南少尹	《全唐文補遺》第六輯 64 頁《唐故（盧君妻）滎陽郡夫人鄭氏墓誌銘並序》、《全唐文補遺》第一輯 226 頁《唐金州刺史鄭公夫人范陽盧氏墓誌》
113	盧衡	都水丞	《全唐文補遺》第六輯 64 頁《唐故（盧君妻）滎陽郡夫人鄭氏墓誌銘並序》
114	盧處邁	德州長史	《全唐文補遺》第六輯 86 頁《唐故蜀郡蜀縣令清河崔府君夫人范陽盧氏墓誌銘並序》、《唐代墓誌彙編續集》天寶 096

序號	姓 名	官職爵位	資料來源
115	盧同吉	定州無極縣令 處邁之子	《全唐文補遺》第六輯 86 頁《唐故蜀郡蜀縣令清河崔府君夫人范陽盧氏墓誌銘並序》、《唐代墓誌彙編續集》天寶 096
116	盧叔慈	絳州司功參軍 同吉之子	《全唐文補遺》第六輯 86 頁《唐故蜀郡蜀縣令清河崔府君夫人范陽盧氏墓誌銘並序》、《唐代墓誌彙編續集》天寶 096
117	盧安壽	皇朝綿州長史	《全唐文補遺》第六輯 106 頁《唐故給事郎守永州司馬賜緋魚袋范陽盧府君（嶠）墓誌銘並序》
118	盧正紀	汝州司馬 安壽之子	《全唐文補遺》第六輯 106 頁《唐故給事郎守永州司馬賜緋魚袋范陽盧府君（嶠）墓誌銘並序》
119	盧抗	絳州聞喜令 正紀之子	《全唐文補遺》第六輯 106 頁《唐故給事郎守永州司馬賜緋魚袋范陽盧府君（嶠）墓誌銘並序》
120	盧嶠	給事郎、守永州司馬、賜緋魚袋	《全唐文補遺》第六輯 106 頁《唐故給事郎守永州司馬賜緋魚袋范陽盧府君（嶠）墓誌銘並序》
121	盧光遠	京兆府奉先縣丞	《全唐文補遺》第六輯 107 頁《唐故太子司議郎盧府君（寂）墓誌銘並序》
122	盧寂	太子司議郎	《全唐文補遺》第六輯 107 頁《唐故太子司議郎盧府君（寂）墓誌銘並序》
123	盧炎	大理評事兼下邳令，賜緋魚袋	《全唐文補遺》第六輯 107 頁《唐故太子司議郎盧府君（寂）墓誌銘並序》
124	盧軺	度支巡官、朝議郎、殿中侍御史內供奉，柱國、議郎使持節均州諸軍事守均州刺史	《全唐文補遺》第六輯 173 頁《唐故范陽盧氏（軺）滎陽鄭夫人墓誌銘》、《全唐文補遺》第六輯 189 頁《唐故朝議郎使持節均州諸軍事守均州刺史范陽盧府君（軺）墓誌銘》
125	盧鄭六	以齊郎補襄州參軍	《全唐文補遺》第六輯 189 頁《唐故朝議郎使持節均州諸軍事守均州刺史范陽盧府君（軺）墓誌銘》

序號	姓 名	官職爵位	資料來源
126	盧諤	陝州文學	《全唐文補遺》第六輯 189 頁《唐故朝議郎使持節均州諸軍事守均州刺史范陽盧府君（軺）墓誌銘》
127	盧□ 宗卿之父	歙州刺史	《全唐文補遺》第六輯 123～124 頁《有唐歙州刺史范陽盧公墓誌銘並序》
128	盧子亮	皇朝永寧縣丞	《全唐文補遺》第六輯 138 頁《唐故大理評事賜緋魚袋范陽盧府君（倜）墓誌》
129	盧齊物	婺州東陽縣主簿	《全唐文補遺》第六輯 138 頁《唐故大理評事賜緋魚袋范陽盧府君（倜）墓誌》
130	盧滔	壽州安豐縣丞	《全唐文補遺》第六輯 138 頁《唐故大理評事賜緋魚袋范陽盧府君（倜）墓誌》
131	盧倜	大理評事賜緋魚袋	《全唐文補遺》第六輯 138 頁《唐故大理評事賜緋魚袋范陽盧府君（倜）墓誌》
132	盧泰	福建都團練□□評太□□	《全唐文補遺》第六輯 138 頁《唐故大理評事賜緋魚袋范陽盧府君（倜）墓誌》
133	盧瀡	以子貴贈太子少保、唐朝議大夫、尚書祠部郎中、贈兵部尚書	《全唐文補遺》第六輯 189 頁《唐故朝議郎使持節均州諸軍事守均州刺史范陽盧府君（軺）墓誌銘》、《全唐文補遺》（千唐誌齋新藏專輯）336 頁《唐故蘇州長洲縣尉范陽盧府君（士珩）墓誌銘並序》、《河洛墓刻拾零》下冊四一四《唐盧處約墓誌》
134	盧士瑛	奉先令、岳州牧，岳陽太守	《全唐文補遺》第六輯 189 頁《唐故朝議郎使持節均州諸軍事守均州刺史范陽盧府君（軺）墓誌銘》、《河洛墓刻拾零》下冊四一四《唐盧處約墓誌》
135	盧處約	廬州舒城縣丞，贈左贊善大夫。楚州英田巡官將仕郎徐州彭城縣主簿	《全唐文補遺》第六輯 189 頁《唐故朝議郎使持節均州諸軍事守均州刺史范陽盧府君（軺）墓誌銘》、《河洛墓刻拾零》下冊四一四《唐盧處約墓誌》

序號	姓 名	官職爵位	資料來源
136	盧陟	前湖南團練判官、檢校戶部郎中、賜緋魚袋	《全唐文補遺》第一輯 424 頁《盧陟小傳》，第六輯 200 頁亦載
137	盧價	前滄景等州觀察支使、將仕郎、試祕書省校書郎	《全唐文補遺》第六輯 211 頁《盧價小傳》
138	盧涚	皇魏州元城縣尉，贈工部郎中	《全唐文補遺》第六輯 183 頁《唐故（鄭頎妻）范陽盧夫人墓誌銘並序》
139	盧士鞏	皇鄭州長史，贈本州刺史	《全唐文補遺》第六輯 183 頁《唐故（鄭頎妻）范陽盧夫人墓誌銘並序》
140	盧從範	前潞州大都督府右司馬	《全唐文補遺》第六輯 183 頁《唐故（鄭頎妻）范陽盧夫人墓誌銘並序》
141	盧玢	左屯衛將軍。銀青光祿大夫、號貝絳州刺史、并州大都督府長史	《全唐文補遺》第六輯 377 頁《大唐故左屯衛將軍盧府君（玢）墓誌銘並序》、《全唐文補遺》第六輯 441 頁《唐故朝議郎平原郡長河縣令盧府君（全貞）墓誌銘並序》、《全唐文補遺》第一輯 194 頁《唐故兗州鄒縣尉盧君（仲容）墓誌銘並序》
142	盧全貞	朝議郎平原郡長河縣令	《全唐文補遺》第六輯 441 頁《唐故朝議郎平原郡長河縣令盧府君（全貞）墓誌銘並序》
143	盧義恭	皇朝工部侍郎	《全唐文補遺》第六輯 402 頁《大唐正議大夫使持節仙州諸軍事守仙州刺史上柱國司馬公故夫人范陽郡君盧氏墓誌銘並序》
144	盧少儒	皇雍州司馬	《全唐文補遺》第六輯 402 頁《大唐正議大夫使持節仙州諸軍事守仙州刺史上柱國司馬公故夫人范陽郡君盧氏墓誌銘並序》
145	盧貞慶	皇虞部員外郎	《全唐文補遺》第六輯 402 頁《大唐正議大夫使持節仙州諸軍事守仙州刺史上柱國司馬公故夫人范陽郡君盧氏墓誌銘並序》

序號	姓 名	官職爵位	資料來源
146	盧瞻	隋荊州總管府長史	《全唐文補遺》第六輯 412 頁《唐故舒州太湖縣丞盧府君(懷俊)墓誌銘》、《唐代墓誌彙編續集》開元 091《唐故舒州太湖縣丞盧府君墓誌銘》
147	盧文僭	唐陳州刺史	《全唐文補遺》第六輯 412 頁《唐故舒州太湖縣丞盧府君(懷俊)墓誌銘》、《唐代墓誌彙編續集》開元 091《唐故舒州太湖縣丞盧府君墓誌銘》
148	盧爭臣	唐曹州司馬	《全唐文補遺》第六輯 412 頁《唐故舒州太湖縣丞盧府君（懷俊）墓誌銘》、《唐代墓誌彙編續集》開元 091《唐故舒州太湖縣丞盧府君墓誌銘》
149	盧懷俊	舒州太湖縣丞	《全唐文補遺》第六輯 412 頁《唐故舒州太湖縣丞盧府君（懷俊）墓誌銘》、《唐代墓誌彙編續集》開元 091《唐故舒州太湖縣丞盧府君墓誌銘》
150	盧長諧	隋懷州司兵	《全唐文補遺》第六輯 440 頁《唐故宣德郎洛州陽翟縣尉盧府君（仲璠）夫人滎陽鄭氏墓誌銘並序》
151	盧巨威	鄆州壽張令	《全唐文補遺》第六輯 440 頁《唐故宣德郎洛州陽翟縣尉盧府君（仲璠）夫人滎陽鄭氏墓誌銘並序》
152	盧延祚	宣州涇縣令	《全唐文補遺》第六輯 440 頁《唐故宣德郎洛州陽翟縣尉盧府君（仲璠）夫人滎陽鄭氏墓誌銘並序》
153	盧仲璠	宣德郎洛州陽翟縣尉	《全唐文補遺》第六輯 440 頁《唐故宣德郎洛州陽翟縣尉盧府君（仲璠）夫人滎陽鄭氏墓誌銘並序》
154	盧公慧	河南□□水縣丞	《全唐文補遺》第六輯 446 頁《□□州靈石縣令盧府君（嗣治）墓誌銘並序》
155	盧崇業	沁州和川縣丞	《全唐文補遺》第六輯 446 頁《□□州靈石縣令盧府君（嗣治）墓誌銘並序》

序號	姓 名	官職爵位	資料來源
156	盧全眞	杭州餘杭縣□	《全唐文補遺》第六輯 446 頁《□□州靈石縣令盧府君（嗣冶）墓誌銘並序》
157	盧嗣冶	□□州靈石縣令	《全唐文補遺》第六輯 446 頁《□□州靈石縣令盧府君（嗣冶）墓誌銘並序》
158	盧行毅	朝請大夫、行鼎州三原縣令	《唐代墓誌彙編》大足 008《大周故朝請大夫行鼎州三原縣令盧府君墓誌銘並序》，又見《全唐文補遺》第一輯 79 頁《大周故朝請大夫行鼎州三原縣令盧府君（行毅）墓誌銘並序》
159	盧珙	前宋州宋城縣尉	《全唐文補遺》第一輯 236 頁《盧珙小傳》
160	盧彥章	隋安興丞	《全唐文補遺》第一輯 108 頁《盧梵兒墓誌》
161	盧莊道	皇朝侍御史、刑部員外郎	《全唐文補遺》第一輯 108 頁《盧梵兒墓誌》
162	盧金友	監察御史、大理丞、滁州刺史	《全唐文補遺》第一輯 108 頁《盧梵兒墓誌》
163	盧嶷之父	通議大夫、鄂州刺史、上柱國	《全唐文補遺》第一輯 166 頁《唐御史大夫太原府少尹上柱國范陽盧君（明遠）墓誌銘並序》
164	盧明遠	御史大夫太原府少尹、上柱國	《全唐文補遺》第一輯 166 頁《唐御史大夫太原府少尹上柱國范陽盧君（明遠）墓誌銘並序》
165	盧彥恭	固安公、隋西亳州刺史、河南府伊闕縣令	《全唐文補遺》第一輯 182 頁《唐故東平郡壽張縣令盧公（含）墓誌銘並序》、《全唐文補遺》（千唐誌齋新藏專輯）331 頁《唐故越州剡縣尉盧府君（廣）夫人隴西李氏合袝墓誌銘並序》
166	盧昭度	皇朝監察刺史、伊闕縣尉	《全唐文補遺》第一輯 182 頁《唐故東平郡壽張縣令盧公（含）墓誌銘並序》、《全唐文補遺》（千唐誌齋新藏專輯）331 頁《唐故越州剡縣尉盧府君（廣）夫人隴西李氏合袝墓誌銘並序》

序號	姓 名	官職爵位	資料來源
167	盧詡	朝散大夫、皇朝岐州中兵掾	《全唐文補遺》第一輯 182 頁《唐故東平郡壽張縣令盧公（含）墓誌銘並序》：
168	盧含，字子章	東平郡壽張縣令、	《全唐文補遺》第一輯 182 頁《唐故東平郡壽張縣令盧公（含）墓誌銘並序》：
169	盧昌衡	隋左庶子	《全唐文補遺》第一輯 189 頁《盧自省墓誌》、《全唐文補遺》（千唐誌齋新藏專輯）158 頁《大唐故右監門衛將軍上柱國贈銀青光祿大夫兗州都督謚曰光范陽盧府君（正言）墓誌銘並序》
170	盧寶胤	皇博州刺史	《全唐文補遺》第一輯 189 頁《盧自省墓誌》
171	盧元規	絳州稷山令	《全唐文補遺》第一輯 189 頁《盧自省墓誌》
172	盧逖	滑州衛南令	《全唐文補遺》第一輯 189 頁《盧自省墓誌》
173	盧自省 字子慎	永王府錄事參軍	《全唐文補遺》第一輯 189 頁《盧自省墓誌》
174	盧全操	太中大夫、房州刺史	《全唐文補遺》第一輯 194 頁《唐故兗州鄒縣尉盧君（仲容）墓誌銘並序》
175	盧仲容	兗州鄒縣尉	《全唐文補遺》第一輯 194 頁《唐故兗州鄒縣尉盧君（仲容）墓誌銘並序》
176	盧元茂	相州滏陽縣令	《全唐文補遺》第一輯 226 頁《唐故大理評事鄭公故夫人范陽盧氏墓誌銘並序》
177	盧昭價	河間縣司馬	《全唐文補遺》第一輯 226 頁《唐故大理評事鄭公故夫人范陽盧氏墓誌銘並序》
178	盧擢	和州歷陽縣令	《全唐文補遺》第一輯 226 頁《唐故大理評事鄭公故夫人范陽盧氏墓誌銘並序》
179	盧贍	唐太常侍奉禮郎	《全唐文補遺》第一輯 236 頁《唐太常侍奉禮郎盧贍故妻清河崔氏誌》

序號	姓 名	官職爵位	資料來源
180	盧謙	正議大夫、宋州司馬、兼左贊善大夫	《全唐文補遺》第一輯 249 頁《大唐故銀青光祿大夫檢校太子賓客上柱國范陽郡開國子兼監察御史盧公（翊）墓誌銘》
181	盧翊	銀青光祿大夫檢校太子賓客上柱國范陽郡開國子兼監察御史	《全唐文補遺》第一輯 249 頁《大唐故銀青光祿大夫檢校太子賓客上柱國范陽郡開國子兼監察御史盧公（翊）墓誌銘》
182	盧處實	衢州常山令	《全唐文補遺》第一輯 253 頁《桂州刺史兼御史中丞孫成夫人范陽郡君盧氏墓誌》
183	盧旻	鳳州別駕	《全唐文補遺》第一輯 253 頁《桂州刺史兼御史中丞孫成夫人范陽郡君盧氏墓誌》
184	盧守直	興州刺史	《全唐文補遺》第一輯 253 頁《桂州刺史兼御史中丞孫成夫人范陽郡君盧氏墓誌》
185	盧昇明	長樂太守	《全唐文補遺》第一輯 253 頁《桂州刺史兼御史中丞孫成夫人范陽郡君盧氏墓誌》
186	盧宗	鄧州南陽令	《全唐文補遺》第一輯 253 頁《桂州刺史兼御史中丞孫成夫人范陽郡君盧氏墓誌》
187	盧頊	朝請大夫、使持節澤州諸軍事、守澤州刺史、賜紫金魚袋	《全唐文補遺》第一輯 263 頁《盧頊》；《全唐文》卷 717 有傳，但與本志撰者是否為一人，待考。
188	盧進賢	皇河南府戶曹參軍	《全唐文補遺》第一輯 263 頁《劍南東川節度推官殿中侍御史內供奉盧公夫人崔氏（元二）墓誌銘並序》
189	盧璠 進賢之孫	劍南東川節度推官殿中侍御史內供奉	《全唐文補遺》第一輯 263 頁《劍南東川節度推官殿中侍御史內供奉盧公夫人崔氏（元二）墓誌銘並序》
190	盧操	洛州司功參軍	《全唐文補遺》第一輯 271 頁《唐故歸州刺史盧公（璠）墓誌銘並序》

序號	姓 名	官職爵位	資料來源
191	盧璠 盧政之子 踐言之父	歸州刺史	《全唐文補遺》第一輯 271 頁《唐故歸州刺史盧公（璠）墓誌銘並序》、《全唐文補遺》第一輯 337 頁《唐故京兆府涇陽縣尉范陽盧君（踐言）墓誌銘並序》
192	盧琬	前東川節度副使、虞部員外郎、檢校大理少卿，檢校太子右庶子致仕	《全唐文補遺》第一輯 271 頁《唐故歸州刺史盧公（璠）墓誌銘並序》、全唐文補遺》第一輯 299～300 頁《范陽盧府君（景修）墓誌》
193	盧謙	舒州督郵掾	《全唐文補遺》第一輯 276 頁《魏氏（稱）繼室范陽盧氏墓誌》
194	盧珣	潞府右司馬	《全唐文補遺》第一輯 279 頁《唐故太常寺太祝范陽盧君（直）墓誌》
195	盧直，字本愚	太常寺太祝	《全唐文補遺》第一輯 279 頁《唐故太常寺太祝范陽盧君（直）墓誌》、《全唐文補遺》第一輯 300 頁《唐故試太常寺太祝范陽盧府君妻清河崔夫人墓誌》
196	盧諫卿	故吏前鄜坊節度判官、朝議郎、殿中侍御史、內供奉、上柱國	《全唐文補遺》第一輯 282 頁《盧諫卿小傳》
197	盧德明	試河南府功曹參軍	《全唐文補遺》第一輯 286 頁《盧德明小傳》
198	盧伯卿 字符章	知度支雲陽院、試大理評事／知鹽鐵轉運鹽城監事殿中侍御史內供奉	《全唐文補遺》第一輯 294 頁《唐故滑州司法參軍范陽盧君（初）墓誌銘並序》、《全唐文補遺》第一輯 319 頁《唐故知鹽鐵轉運鹽城監事殿中侍御史內供奉范陽盧府君（伯卿）墓誌銘並序》
199	盧晊	殿中侍御史	《全唐文補遺》第一輯 294 頁《唐故滑州司法參軍范陽盧君(初)墓誌銘並序》
200	盧知退	前鄉貢明經、前鄭州滎陽尉	《全唐文補遺》第一輯 294 頁《唐故滑州司法參軍范陽盧君（初）墓誌銘並序》、《全唐文補遺》第一輯 319 頁《唐故知鹽鐵轉運鹽城監事殿中侍御史內供奉范陽盧府君（伯卿）墓誌銘並序》

序號	姓 名	官職爵位	資料來源
201	盧樅	知鹽鐵埇曲分巡院事、前試太常寺奉禮郎	《全唐文補遺》第一輯 295 頁《盧樅小傳》
202	盧嵩	陽武令	《全唐文補遺》第一輯 299 頁《唐前揚州海陵縣令劉尚賓夫人范陽盧氏誌銘》
203	盧謷	丹□尉	《全唐文補遺》第一輯 299 頁《唐前揚州海陵縣令劉尚賓夫人范陽盧氏誌銘》
204	盧逵	殿中侍御史內供奉、賜緋魚袋、知河中度支院	《全唐文補遺》第一輯 299 頁《唐前揚州海陵縣令劉尚賓夫人范陽盧氏誌銘》
205	盧澗	淮南節度使檢校司徒同中書門下平章事陳少游之外孫。	《全唐文補遺》第一輯 299 頁《唐前揚州海陵縣令劉尚賓夫人范陽盧氏誌銘》
206	盧蕃	朝散郎、守尚書虞部員外郎、上柱國	《全唐文補遺》第一輯 304 頁《盧蕃小傳》
207	盧緬	終安定郡別駕	《全唐文補遺》第一輯 318 頁《唐故朝請大夫尚書刑部郎中上柱國范陽盧府君（就）墓誌銘並序》
208	盧溥	海州朐山縣尉	《全唐文補遺》第一輯 318 頁《唐故朝請大夫尚書刑部郎中上柱國范陽盧府君（就）墓誌銘並序》
209	盧倕	檢校著作郎兼同州司馬、贈司爵郎中	《全唐文補遺》第一輯 318 頁《唐故朝請大夫尚書刑部郎中上柱國范陽盧府君（就）墓誌銘並序》
210	盧就	朝請大夫尚書刑部郎中上柱國	《全唐文補遺》第一輯 318 頁《唐故朝請大夫尚書刑部郎中上柱國范陽盧府君（就）墓誌銘並序》
211	盧弘宣	刑部侍郎、東川節度使	《全唐文補遺》第一輯 318 頁《唐故朝請大夫尚書刑部郎中上柱國范陽盧府君（就）墓誌銘並序》
212	盧懿	朝議郎、守河南少尹、上柱國、賜緋魚袋	《全唐文補遺》第一輯 337 頁《盧懿小傳》

序號	姓 名	官職爵位	資料來源
213	盧承恩	宋州長史	《唐代墓誌彙編》開元 028《大唐處士范陽盧府君墓誌銘並序》
214	盧若厲	鄭州原武縣主簿	《唐代墓誌彙編》開元 028《大唐處士范陽盧府君墓誌銘並序》
215	盧若晦	婺州金華縣尉	《唐代墓誌彙編》開元 028《大唐處士范陽盧府君墓誌銘並序》
216	盧暄	滁州錄事參軍	《唐代墓誌彙編》開元 028《大唐處士范陽盧府君墓誌銘並序》
217	盧緘	衢州參軍	《唐代墓誌彙編》開元 028《大唐處士范陽盧府君墓誌銘並序》
218	盧綱	左清道率府錄事參軍	《唐代墓誌彙編》開元 028《大唐處士范陽盧府君墓誌銘並序》
219	盧楚王	隋荊州司戶參軍	《唐代墓誌彙編》開元 165《大唐故中書侍郎贈衛尉卿河內司馬府君妻范陽郡君盧氏墓誌銘並序》、吳鋼主編《全唐文補遺》第二輯 453 頁《大唐故中書侍郎贈衛尉卿河內司馬府君妻范陽郡君盧氏墓誌銘並序》
220	盧仁周	鄂州蒲蘄令	《唐代墓誌彙編》開元 165《大唐故中書侍郎贈衛尉卿河內司馬府君妻范陽郡君盧氏墓誌銘並序》、吳鋼主編《全唐文補遺》第二輯 453 頁《大唐故中書侍郎贈衛尉卿河內司馬府君妻范陽郡君盧氏墓誌銘並序》
221	盧愼盈	汴州尉氏縣令、太子文學	《唐代墓誌彙編》開元 165《大唐故中書侍郎贈衛尉卿河內司馬府君妻范陽郡君盧氏墓誌銘並序》、吳鋼主編《全唐文補遺》第二輯 453 頁《大唐故中書侍郎贈衛尉卿河內司馬府君妻范陽郡君盧氏墓誌銘並序》
222	盧毅	隋兗州都督肥如恭侯	《唐代墓誌彙編》開元 262《故朝散大夫行郢州司馬盧府君墓誌銘並序》、吳鋼主編《全唐文補遺》第二輯 474 頁《故朝散大夫行郢州司馬盧府君（思莊）墓誌銘並序》

序號	姓 名	官職爵位	資料來源
223	盧大質	朝散大夫、始州司馬、淮源侯	《唐代墓誌彙編》開元262《故朝散大夫行郢州司馬盧府君墓誌銘並序》、吳鋼主編《全唐文補遺》第二輯474頁《故朝散大夫行郢州司馬盧府君（思莊）墓誌銘並序》
224	盧知玄	殿中侍御史、襲淮源侯	《唐代墓誌彙編》開元262《故朝散大夫行郢州司馬盧府君墓誌銘並序》、吳鋼主編《全唐文補遺》第二輯474頁《故朝散大夫行郢州司馬盧府君（思莊）墓誌銘並序》
225	盧思莊	朝散大夫、行郢州司馬	《唐代墓誌彙編》開元262《故朝散大夫行郢州司馬盧府君墓誌銘並序》、吳鋼主編《全唐文補遺》第二輯474頁《故朝散大夫行郢州司馬盧府君（思莊）墓誌銘並序》
226	盧寶惠	隋資州資陽縣丞	《全唐文補遺》第二輯515頁《唐故相州臨漳縣令范陽盧府君（曒）墓誌銘並序》
227	盧正論	隋德州平昌縣令	《全唐文補遺》第二輯515頁《唐故相州臨漳縣令范陽盧府君（曒）墓誌銘並序》
228	盧澄	許州襄城縣主簿	《全唐文補遺》第二輯515頁《唐故相州臨漳縣令范陽盧府君（曒）墓誌銘並序》
229	盧曒	相州臨漳縣令	《全唐文補遺》第二輯515頁《唐故相州臨漳縣令范陽盧府君（曒）墓誌銘並序》
230	盧幼平	太子詹事、贈右常侍	秦珠：《唐末盧峻墓誌銘》，載《考古與文物》1983年第1期。《全唐文補遺》第七輯163頁《盧峻墓誌》
231	盧賞	襄陽節度判官、贈兵部郎中	秦珠：《唐末盧峻墓誌銘》，載《考古與文物》1983年第1期。《全唐文補遺》第七輯163頁《盧峻墓誌》
232	盧弘宗	夔州刺史	秦珠：《唐末盧峻墓誌銘》，載《考古與文物》1983年第1期。《全唐文補遺》第七輯163頁《盧峻墓誌》

序號	姓 名	官職爵位	資料來源
233	盧峻	尙書外膳部員外郎	秦珠：《唐末盧峻墓誌銘》，載《考古與文物》1983 年第 1 期。《全唐文補遺》第七輯 163 頁《盧峻墓誌》
234	盧公立	隋豫章郡□□主簿	《全唐文補遺》第六輯 92 頁《(上泐)盧府君（璲）夫人竇氏墓誌銘並序》
235	盧斐	太原參軍	《全唐文補遺》(千唐誌齋新藏專輯)273 頁《唐故恭陵臺丞盧府君（瑀）墓誌銘並序》、《全唐文補遺》(千唐誌齋新藏專輯)347 頁《唐故澤州晉城縣尉范陽盧府君（仲文）墓誌銘並述》
236	盧暹	懷州司士參軍	《全唐文補遺》(千唐誌齋新藏專輯)273 頁《唐故恭陵臺丞盧府君（瑀）墓誌銘並序》、《全唐文補遺》(千唐誌齋新藏專輯)347 頁《唐故澤州晉城縣尉范陽盧府君（仲文）墓誌銘並述》
237	盧仲文	澤州晉城尉	《全唐文補遺》(千唐誌齋新藏專輯)273 頁《唐故恭陵臺丞盧府君（瑀）墓誌銘並序》、《全唐文補遺》(千唐誌齋新藏專輯)347 頁《唐故澤州晉城縣尉范陽盧府君（仲文）墓誌銘並述》
238	盧瑀	恭陵臺丞	《全唐文補遺》(千唐誌齋新藏專輯)273 頁《唐故恭陵臺丞盧府君（瑀）墓誌銘並序》
239	盧志安	皇朝協律郎、相州鄴縣鄭州滎澤二縣令、萬年縣丞	《全唐文補遺》(千唐誌齋新藏專輯)241 頁《大燕故魏府元城縣尉盧府君（涚）墓誌序》、《全唐文補遺》(千唐誌齋新藏專輯)158 頁《大唐故右監門衛將軍上柱國贈銀青光祿大夫兗州都督謚曰光范陽盧府君（正言）墓誌銘並序》、《全唐文補遺》(千唐誌齋新藏專輯)162 頁《大唐故文林郎守徐州沛縣主簿范陽盧府君（有鄰）墓誌銘並序》、《全唐文補遺》(千唐誌齋新藏專輯)208 頁《大唐故北海郡千乘縣令盧府君（均芳）墓誌並序》
240	盧正言	唐朝右監門衛將軍、贈銀青光祿大夫、兗州刺史	《全唐文補遺》(千唐誌齋新藏專輯)241 頁《大燕故魏府元城縣尉盧府君（涚）墓誌序》、《全唐文補遺》(千唐誌齋新藏專輯)158 頁《大唐故右監門

序號	姓 名	官職爵位	資料來源
			衛將軍上柱國贈銀青光祿大夫兗州都督諡曰光范陽盧府君（正言）墓誌銘並序》
241	盧朓	唐朝朝請大夫、祕書郎、深鄧二州司馬	《全唐文補遺》（千唐誌齋新藏專輯）241 頁《大燕故魏府元城縣尉盧府君（涗）墓誌序》、《全唐文補遺》（千唐誌齋新藏專輯）158 頁《大唐故右監門衛將軍上柱國贈銀青光祿大夫兗州都督諡曰光范陽盧府君（正言）墓誌銘並序》、《河洛墓刻拾零》下冊 566～567 頁《唐盧繪夫人李氏墓誌並蓋並墓表》
242	盧涗	豫州汝陽縣尉，第二任魏州元城縣尉	《全唐文補遺》（千唐誌齋新藏專輯）241 頁《大燕故魏府元城縣尉盧府君（涗）墓誌序》
243	盧寶素	隋晉州別駕	《全唐文補遺》（千唐誌齋新藏專輯）158 頁《大唐故右監門衛將軍上柱國贈銀青光祿大夫兗州都督諡曰光范陽盧府君（正言）墓誌銘並序》、《全唐文補遺》（千唐誌齋新藏專輯）162 頁《大唐故文林郎守徐州沛縣主簿范陽盧府君（有鄰）墓誌銘並序》、《全唐文補遺》（千唐誌齋新藏專輯）208 頁《大唐故北海郡千乘縣令盧府君（均芳）墓誌並序》
244	盧執顏	左衛兵曹	《全唐文補遺》（千唐誌齋新藏專輯）158 頁《大唐故右監門衛將軍上柱國贈銀青光祿大夫兗州都督諡曰光范陽盧府君（正言）墓誌銘並序》
245	盧踐微	晉州司士	《全唐文補遺》（千唐誌齋新藏專輯）158 頁《大唐故右監門衛將軍上柱國贈銀青光祿大夫兗州都督諡曰光范陽盧府君（正言）墓誌銘並序》
246	盧景初	吏部常選	《全唐文補遺》（千唐誌齋新藏專輯）158 頁《大唐故右監門衛將軍上柱國贈銀青光祿大夫兗州都督諡曰光范陽盧府君（正言）墓誌銘並序》

序號	姓 名	官職爵位	資料來源
247	盧正容	皇朝潤州司戶參軍	《全唐文補遺》（千唐誌齋新藏專輯）208 頁《大唐故北海郡千乘縣令盧府君（均芳）墓誌並序》、《全唐文補遺》（千唐誌齋新藏專輯）162 頁《大唐故文林郎守徐州沛縣主簿范陽盧府君（有鄰）墓誌銘並序》
248	盧均芳	北海郡千乘縣令	《全唐文補遺》（千唐誌齋新藏專輯）208 頁《大唐故北海郡千乘縣令盧府君（均芳）墓誌並序》
249	盧有鄰	文林郎守徐州沛縣主簿	《全唐文補遺》（千唐誌齋新藏專輯）162 頁《大唐故文林郎守徐州沛縣主簿范陽盧府君（有鄰）墓誌銘並序》
250	盧士珩	蘇州長洲縣尉	《全唐文補遺》（千唐誌齋新藏專輯）336 頁《唐故蘇州長洲縣尉范陽盧府君（士珩）墓誌銘並序》
251	盧士玫	中散大夫、守太子賓客、上柱國、賜紫金魚袋	《全唐文補遺》（千唐誌齋新藏專輯）336 頁《唐故蘇州長洲縣尉范陽盧府君（士珩）墓誌銘並序》、《全唐文補遺》（千唐誌齋新藏專輯）336 頁《盧士玫》條
252	盧仲權	承奉郎、前守大理司直、均王府諮議參軍、上柱國，分司東都	《全唐文補遺》（千唐誌齋新藏專輯）336 頁《唐故蘇州長洲縣尉范陽盧府君（士珩）墓誌銘並序》、《全唐文補遺》（千唐誌齋新藏專輯）373 頁《大唐故宣德郎前守蘇州海鹽縣令繪並前妻故隴西李氏合祔墓誌文自敘》
253	盧海相	宣州涇縣令	《全唐文補遺》（千唐誌齋新藏專輯）331 頁《唐故越州剡縣尉盧府君（廣）夫人隴西李氏合祔墓誌銘並序》
254	盧詢	太中大夫、右金吾衛長史。贈宋州刺史	《全唐文補遺》（千唐誌齋新藏專輯）331 頁《唐故越州剡縣尉盧府君（廣）夫人隴西李氏合祔墓誌銘並序》
255	盧昌容	博州司戶參軍	《全唐文補遺》（千唐誌齋新藏專輯）331 頁《唐故越州剡縣尉盧府君（廣）夫人隴西李氏合祔墓誌銘並序》

序號	姓 名	官職爵位	資料來源
256	盧廣	越州剡縣尉	《全唐文補遺》（千唐誌齋新藏專輯）331頁《唐故越州剡縣尉盧府君（廣）夫人隴西李氏合祔墓誌銘並序》
260	盧蕃	左金吾衛騎曹參軍	《全唐文補遺》（千唐誌齋新藏專輯）331頁《唐故越州剡縣尉盧府君（廣）夫人隴西李氏合祔墓誌銘並序》
261	盧伯成	京兆府萬年縣丞	《全唐文補遺》（千唐誌齋新藏專輯）347頁《唐故澤州晉城縣尉范陽盧府君（仲文）墓誌銘並述》
262	盧清（仲權之父）	皇魏郡莘縣主簿、贈右贊善大夫	《全唐文補遺》（千唐誌齋新藏專輯）373頁《大唐故宣德郎前守蘇州海鹽縣令繪並前妻故隴西李氏合祔墓誌文自敘》、《河洛墓刻拾零》下冊 566～567頁《唐盧繪夫人李氏墓誌並蓋並墓表》
263	盧繪	宣德郎、前守蘇州海鹽縣令	《全唐文補遺》（千唐誌齋新藏專輯）373頁《大唐故宣德郎前守蘇州海鹽縣令繪並前妻故隴西李氏合祔墓誌文自敘》、《河洛墓刻拾零》下冊 566～567頁《唐盧繪夫人李氏墓誌並蓋並墓表》
264	盧從度	宋州單父縣尉	《全唐文補遺》（千唐誌齋新藏專輯）373頁《大唐故宣德郎前守蘇州海鹽縣令繪並前妻故隴西李氏合祔墓誌文自敘》
265	盧重	太原府陽曲縣令	《全唐文補遺》（千唐誌齋新藏專輯）378頁《唐故太原府陽曲縣令盧府君（重）墓誌銘並序》
266	盧湘	朝散大夫監察御史裏行上柱國賜魚袋	《邙洛碑誌三百種》二二二《唐盧湘墓誌並蓋》
267	盧士瓊	河南府司錄參軍，贈職方郎中	《邙洛碑誌三百種》二七五《唐盧囧墓誌》
268	盧儔	河中少尹	《邙洛碑誌三百種》二七五《唐盧囧墓誌》
269	盧正勤	洺州邯鄲縣令	《河洛墓刻拾零》上冊一四八《大唐故洺州邯鄲縣令范陽盧正勤夫人隴西李氏墓誌銘並序》

序號	姓 名	官職爵位	資料來源
270	盧昭諒	武德丞	《河洛墓刻拾零》上冊二二九《唐盧悅墓誌並蓋》
271	盧悅	司農寺丞	《河洛墓刻拾零》上冊二二九《唐盧悅墓誌並蓋》
272	盧守默	皇亳州山柰縣令	《河洛墓刻拾零》下冊三二七《大唐故鄧州穰縣丞盧府君（喦）墓誌銘並序》、《河洛墓刻拾零》下冊三四九《唐故太子司議郎兼河中府倉曹參軍鄧州穰縣丞范陽盧府君（喦）夫人博陵崔氏合祔墓誌銘並序》
273	盧河童	徐州豐縣令	《河洛墓刻拾零》下冊三二七《大唐故鄧州穰縣丞盧府君（喦）墓誌銘並序》、《河洛墓刻拾零》下冊三四九《唐故太子司議郎兼河中府倉曹參軍鄧州穰縣丞范陽盧府君（喦）夫人博陵崔氏合祔墓誌銘並序》
274	盧喦	太子司議郎兼河中府倉曹參軍鄧州穰縣丞	《河洛墓刻拾零》下冊三二七《大唐故鄧州穰縣丞盧府君（喦）墓誌銘並序》、《河洛墓刻拾零》下冊三四九《唐故太子司議郎兼河中府倉曹參軍鄧州穰縣丞范陽盧府君（喦）夫人博陵崔氏合祔墓誌銘並序》
275	盧知誨	鹽山縣尉	《河洛墓刻拾零》下冊三二九《唐盧濤墓誌》
276	盧濤	安德縣尉，佐幕遷左監門錄事參軍，轉西華縣令太原府司錄	《河洛墓刻拾零》下冊三二九《唐盧濤墓誌》
277	盧杞（四房）	前大理評事	《河洛墓刻拾零》下冊三二九《唐盧濤墓誌》
278	盧栝	前杭州餘杭尉	《河洛墓刻拾零》下冊三二九《唐盧濤墓誌》
279	盧箚	前潤州丹陽尉	《河洛墓刻拾零》下冊三二九《唐盧濤墓誌》
280	盧游道	劍州普安縣丞	《河洛墓刻拾零》下冊三五六《唐盧弼墓誌並蓋》

序號	姓 名	官職爵位	資料來源
281	盧絢	兵部侍郎	《河洛墓刻拾零》下冊三五六《唐盧弼墓誌並蓋》
282	盧鎮	華州功曹掾	《河洛墓刻拾零》下冊三五六《唐盧弼墓誌並蓋》
283	盧弼	和州含山縣主簿	《河洛墓刻拾零》下冊三五六《唐盧弼墓誌並蓋》
284	盧士鞏	朝散大夫守鄭州長史	《河洛墓刻拾零》下冊三九七《唐盧士鞏夫人鄭氏合祔墓誌並蓋》
285	盧復（抗之子）	大理司直	《河洛墓刻拾零》下冊四〇六《唐盧嘉猷墓誌並蓋》
286	盧嘉猷	河中府士曹參軍	《河洛墓刻拾零》下冊四〇六《唐盧嘉猷墓誌並蓋》
287	盧汶（士喆之父）	監察御史	《河洛墓刻拾零》下冊四六九《唐盧槃墓誌》
288	盧君度	太常寺奉禮郎	《河洛墓刻拾零》下冊四六九《唐盧槃墓誌》
289	盧槃	華州司士參軍、殿中侍御史知浙西鹽鐵院事、京兆府渭南縣令、河南府司錄參軍、檢校尚書外郎充常平使、少府少監、鴻臚少卿分司東都、申州刺史	《河洛墓刻拾零》下冊四六九《唐盧槃墓誌》
290	盧崇嗣	大唐綿州司士參軍事	《大唐西市博物館藏墓誌》一六〇《盧崇嗣妻段夫人墓誌》
291	盧安丘	儀同三司	《大唐西市博物館藏墓誌》一八三《盧廣敬墓誌》
292	盧朗閏	皇朝銀青光祿大夫，使持節撫、濮、鄘、劍、許、貝、曹、青八州諸軍事，八州刺史。	《大唐西市博物館藏墓誌》一八三《盧廣敬墓誌》
293	盧廣敬	豫州汝陽縣令	《大唐西市博物館藏墓誌》一八三《盧廣敬墓誌》

序號	姓 名	官職爵位	資料來源
294	盧先之	汜水縣丞	《大唐西市博物館藏墓誌》三〇二《盧沐墓誌》、《邙洛碑誌三百種》二二二《唐盧湘墓誌並蓋》
295	盧沐	汝州司戶參軍	《大唐西市博物館藏墓誌》三〇二《盧沐墓誌》
296	盧師亶	鄧州司戶參軍	《大唐西市博物館藏墓誌》三二五《盧克乂墓誌》
297	盧孝孫	將作監丞	《大唐西市博物館藏墓誌》三二五《盧克乂墓誌》
298	盧沼 克乂之父	左驍衛兵曹參軍	《大唐西市博物館藏墓誌》三二五《盧克乂墓誌》
299	盧克乂	著作佐郎	《大唐西市博物館藏墓誌》三二五《盧克乂墓誌》
300	盧循友	河南府密縣尉	《大唐西市博物館藏墓誌》三三五《李玄就夫人盧氏墓誌》
301	盧起	皇朝潤州司法參軍、劍南西川判官	《舊唐書》卷一三六《盧邁傳》、《大唐西市博物館藏墓誌》三三五《李玄就夫人盧氏墓誌》
302	盧暠	華州司法參軍	《大唐西市博物館藏墓誌》三四〇《盧暠妻裴氏墓誌》、《邙洛碑誌三百種》二二一《唐盧暠妻裴氏墓誌》
303	盧廣明	御史臺主簿	《大唐西市博物館藏墓誌》四〇九《盧氏墓誌》
304	盧威光	魏州司戶參軍	《大唐西市博物館藏墓誌》四〇九《盧氏墓誌》
305	盧士會	蘄州廣濟縣令	《大唐西市博物館藏墓誌》四〇九《盧氏墓誌》
306	盧紀	皇檢校尚書庫部郎中，知鹽鐵山陽院事	《大唐西市博物館藏墓誌》四七六《盧岳墓誌》
307	盧延嗣	皇汝州葉縣尉	《大唐西市博物館藏墓誌》四七六《盧岳墓誌》

以上統計並不全面，主要來自現有墓誌材料中所見范陽盧氏成員，但大致可說明隋唐時期范陽盧氏的入仕情況。統計顯示，范陽盧氏進入唐代，並

沒有隨著門閥制度的削弱和科舉制度的衝擊而停止政治上的發展，盧氏成員通過自身的文化優勢和個人奮鬥逐漸參與到李唐政權的行政體系之中，從上表可以看出，范陽盧氏成員仕宦官職中以州刺史、長史、參軍、縣令、縣尉等地方官爲最多，任職五品以上的人物仍佔有相當大的比例，以大房盧赤松支系仕宦最爲發達，其他房支如二房盧獻支系、二房盧政支系、三房盧懷慎支系、四房盧綸支系也較爲顯赫。尤其是二房盧獻支系及盧政支系以前由於資料限制未被引起足夠的重視，據盧獻之曾孫盧初、玄孫盧伯卿墓誌，盧獻在武則天時期任官黃門侍郎，「嘗與狄公仁傑、魏公知古當天后朝，同興安劉復夏之業」〔註 115〕，盧獻之子盧翊爲鄂州刺史，盧翊之子盧昂爲澧州刺史，盧翊之曾孫盧商位爲宣宗朝宰相〔註 116〕。盧政及其子盧瑗、盧珣、盧璠等在仕宦上也都達到上品，盧政爲太子中允、汝州刺史，盧瑗爲歙州刺史，盧珣爲潞州左司馬，盧璠爲歸州刺史〔註 117〕。范陽盧氏在唐代前期仕宦起家並不以科舉爲主，門第因素仍然存在，如大房盧藏用，「初舉進士選不調」，卻仍然以門第入仕，起家於「長安中徵拜左拾遺」〔註 118〕，歷官中書舍人、太中大夫、守兵部侍郎、修文館學士，最後也達到正四品的上品官階層。而唐後期，科舉對范陽盧氏仕宦的意義則更爲突出一些，最明顯的事例就是「大曆十才子」之一盧綸的四子簡能、簡辭、弘正、簡求皆爲進士出身，盧綸之孫盧知猷、盧玄禧、盧虔灌、盧嗣業、盧汝弼也都進士及第，這是晚唐一個很特別的進士之家，這給盧綸一支在晚唐的崛起創造了重要條件。

〔註 115〕《唐故滑州司法參軍范陽盧君（初）墓誌銘並序》，載吳鋼主編：《全唐文補遺》第一輯，三秦出版社，1994 年，第 294 頁。《唐故知鹽鐵轉運鹽城監事殿中侍御史內供奉范陽盧府君（伯卿）墓誌銘並序》，載吳鋼主編：《全唐文補遺》第一輯，三秦出版社，1994 年，第 319 頁。

〔註 116〕《唐故中大夫澧州刺史賜紫金魚袋范陽盧府君（昂）墓誌銘並序》，載吳鋼主編：《全唐文補遺》第四輯，三秦出版社，1997 年，第 115 頁。《唐故河中少尹范陽盧府君（知宗）墓誌銘並序》，載吳鋼主編：《全唐文補遺》第四輯，三秦出版社，1997 年，第 255 頁。《□故通議大夫鄂州刺史上柱國盧府君（翊）墓誌銘並序》，載吳鋼主編：《全唐文補遺》第二輯，三秦出版社，1995 年，第 497 頁。

〔註 117〕《唐故朝議郎行大理評事上柱國范陽盧公（方）墓誌銘並序》，載吳鋼主編：《全唐文補遺》第四輯，三秦出版社，1997 年，第 88 頁。《唐故歸州刺史盧公（璠）墓誌銘並序》，載吳鋼主編：《全唐文補遺》第一輯，三秦出版社，1994 年，第 271 頁。《唐故太常寺太祝范陽盧君（直）墓誌銘並序》，載吳鋼主編：《全唐文補遺》第一輯，三秦出版社，1994 年，第 279 頁。

〔註 118〕《舊唐書》卷九四《盧藏用傳》。

第八章　隋唐時期范陽盧氏的婚姻關係

隋唐時期，雖然統治者對世家大族採取了一系列措施進行打壓，但魏晉南北朝時所形成的門閥士族崇尚門第婚姻的觀念根深蒂固，所以在隋唐兩朝婚姻依然是衡量世家大族門第與社會地位的重要尺度，士族擇偶對門第高下仍極其重視，誠如鄭樵所說，「自隋唐而上，官有簿狀，家有譜系，官之選舉必由於簿狀，家之婚姻必由於譜系」〔註1〕。柳沖也曾評價山東士族重視婚姻，「故善言譜者，繫之地望而不惑，質之姓氏而無疑，綴之婚姻而有別。山東之人質，故尚婚婭，其信可與也」〔註2〕。把婚姻看作是衡量門第和社會聲望的標準，這已經不僅僅是世家大族所遵循的規則，而是全社會各個階層所認同的一個價值觀念。范陽盧氏是山東一流士族，其婚姻和閥閱數百年間為社會所推崇，所謂「門閥冠於五姓，軒冕盛於四朝，魏周隋唐，修之以婚姻，文之以禮樂」〔註3〕，「盧氏姓族，官婚之盛，為山東甲門」〔註4〕。本章運用統計學和社會學的方法來考察隋唐時期范陽盧氏的婚姻狀況，並分析世家大族婚姻締結的社會特徵。

〔註1〕鄭樵：《通志二十略・氏族略第一・氏族序》，北京：中華書局，1995年，第1頁。

〔註2〕《新唐書》卷一九九《柳沖傳》。

〔註3〕《唐故陝州安邑縣令范陽盧府君墓銘有序》，收入趙君平編：《邙洛碑誌三百種》，北京：中華書局，2004年，第323頁。

〔註4〕《唐故范陽盧囧墓誌銘並序》，收入趙君平編：《邙洛碑誌三百種》，北京：中華書局，2004年，第326頁。

一、唐初統治者對世家大族自相婚姻的限制

至隋唐時期，世家大族喪失了許多特權，世家大族把持政權和選舉的局面已經一去不復返了，然而由於歷史上長期的門閥觀念，士族高門仍享有較高的社會地位，因此在婚姻上門第婚姻仍然相當明顯，甚至與高門通婚一度成爲士族們競相追逐的潮流。范陽盧氏等大族爲了標識自身高貴的門第，自矜閥閱，不屑與李唐政權爲伍，採取了一種不合作的態度，不願意與雜有胡族血統的李唐皇室結親，「自魏太和中定望族，七姓子孫迭爲婚姻，後雖益衰，猶相誇尚」〔註5〕。這引起了唐太宗的憤怒，決定重新修訂氏族譜牒：

> 初，太宗嘗以山東士人尚閥閱，後雖衰，子孫猶負世望，嫁娶必多取貲，故人謂之賣昏。由是詔士廉與韋挺、岑文本、令狐德棻責天下譜諜，參考史傳，檢正眞僞，進忠賢，退悖惡，先宗室，後外戚，退新門，進舊望，右膏粱，左寒畯，合二百九十三姓，千六百五十一家，爲九等，號曰《氏族志》，而崔幹仍居第一。帝曰：「我於崔、盧、李、鄭無嫌，顧其世衰，不復冠冕，猶恃舊地以取貲，不肖子偃然自高，販鬻松檟，不解人間何爲貴之？齊據河北，梁、陳在江南，雖有人物，偏方下國，無可貴者，故以崔、盧、王、謝爲重。今謀士勞臣以忠孝學藝從我定天下者，何容納貨舊門，向聲背實，買昏爲榮耶？太上有立德，其次有立功，其次有立言，其次有爵爲公、卿、大夫，世世不絕，此謂之門户。今皆反是，豈不惑邪？朕以今日冠冕爲等級高下。」遂以崔幹爲第三姓，班其書天下。〔註6〕

然而《氏族志》並未起到相應的效果，崔盧大族的優美門風和高貴的門第仍然被社會上大多數人所豔羨，而朝中的一些新貴寒門也不以自身當朝官位爲貴，爲了攀附世家大族，就多輸財幣，大量陪送嫁妝資財和聘禮采禮，來彌補門第的落差。連太宗朝中重臣也不例外，主動找世家大族結親。史書記載，魏徵、房玄齡、李勣等權貴政要之家爭相與世家大族聯姻，於是世家大族的門第和聲望絲毫無減。

李唐皇室並非士族高門，還帶有胡族血統，因此在門第上有自卑感，也想攀附士族高門與之婚姻，文宗曾想爲莊恪太子納滎陽鄭覃之女爲妃，滎陽鄭氏居然不樂意，文宗生氣地說：「朕欲爲太子婚娶，本求汝鄭門衣冠子女爲

〔註5〕《新唐書》卷二二三上《李義府傳》。

〔註6〕《新唐書》卷九五《高儉傳》。

新婦。聞在外朝臣，皆不願共朕作親情，何也？朕是數百年衣冠，無何神堯打家羅訶去。因遂罷其選。」〔註7〕這樁婚姻最終未成，文宗皇帝也無可奈何，不得不屈從世俗的門第觀念，而只能下嫁公主與士族，「開成初，文宗欲以眞源、臨眞二公主降士族，謂宰相曰：『民間修婚姻，不計官品而上閥閱，我家二百年天子，顧不及崔、盧耶？』詔宗正卿取世家子以聞。」〔註8〕

《氏族志》的頒佈並未影響崔盧等世家大族的名聲和門第，社會上仍以與崔盧大族通婚爲榮耀，並逐漸形成了一個以太原王氏、范陽盧氏、滎陽鄭氏、清河博陵二崔、趙郡隴西二李這七大著姓爲中心的婚姻圈子，七姓之間頻繁通婚，政治上聯繫也愈加密切，李唐朝廷對世家大族的勢力極爲警惕，在《氏族志》基礎上又編訂了《姓氏錄》，「合二百三十五姓，二千二百八十七家，帝自敘所以然。以四后姓、酅公、介公及三公、太子三師、開府儀同三司、尙書僕射爲第一姓，文武二品及知政事三品爲第二姓，各以品位高下敘之，凡九等，取身及昆弟子孫，餘屬不入」，然後下詔頒佈禁婚令：

> 後魏隴西李寶，太原王瓊，滎陽鄭溫，范陽盧子遷、盧渾、盧輔，清河崔宗伯、崔元孫，前燕博陵崔懿，晉趙郡李楷，凡七姓十家，不得自爲昏；三品以上納幣不得過三百匹，四品五品二百，六品七品百，悉爲歸裝，夫氏禁受陪門財。先是，後魏太和中，定四海望族，以寶等爲冠。其後矜尚門地，故《氏族志》一切降之。王妃、主婿皆取當世勳貴名臣家，未嘗尙山東舊族。後房玄齡、魏徵、李勣復與昏，故望不減，然每姓第其房望，雖一姓中，高下縣隔。李義府爲子求昏不得，始奏禁焉。其後天下衰宗落譜，昭穆所不齒者，皆稱「禁昏家」，益自貴，凡男女皆潛相聘娶，天子不能禁，世以爲敝云。〔註9〕

然而，社會觀念和習俗並不隨一紙詔令而立即發生改變，「族望爲時所尙，終不能禁，或載女竊送夫家，或女老不嫁，終不與異姓爲婚。其衰宗落譜，昭

〔註7〕李昉等編：《太平廣記》卷一八四《氏族・莊恪太子妃》條引《盧氏雜說》，北京：中華書局，1961年，第1379頁。

〔註8〕《新唐書》卷一七二《杜兼傳》。

〔註9〕《新唐書》卷九五《高儉傳》。另見於《資治通鑒》卷二〇〇載唐高宗顯慶四年（659年）冬十月壬戌詔：「後魏隴西李寶、太原王瓊、滎陽鄭溫、范陽盧子遷、盧渾、盧輔、清河崔宗伯、崔元孫、前燕博陵崔懿、趙郡李楷等子孫，不得自爲婚姻。」

穆所不齒者，往往反自稱禁昏家，益增厚價」，不僅如此，朝中重臣也攀附高門，偷偷與世家大族通婚，如「魏徵、房玄齡、李勣家皆盛與爲婚，常左右之，由是舊望不減」〔註 10〕，禁婚並不能眞正消除世家大族通婚的門第觀念，禁婚反而導致社會上出現以被禁婚而感到榮光的新的價值觀念。而且世家大族恃高門地位，偏不與皇族通婚，甚至以躲避與皇族的婚姻爲榮，「高宗朝，以太原王、范陽盧、滎陽鄭、清河博陵二崔、趙郡隴西二李等七姓，其族望恥與諸姓爲婚，乃禁其自相姻娶。於是不敢復行婚禮，密裝飾其女以送夫家」〔註 11〕。爲了實現高門之間通婚，不公開舉行婚禮，秘密將女子送到男方家族，士族高門女子甚至終老不嫁，也不願意下嫁「異姓」。由此可見，世家大族的婚姻並不與政治地位的高低相一致，在婚姻的締結上，政治的高壓喪失了作用。禁婚事件說明從魏晉以來形成的一個高門大姓之間的婚姻圈子，直到唐初還異常穩固，牢不可破，以至於唐朝皇室也無力打破，而只能用詔令強行禁止。

二、隋唐時期范陽盧氏婚姻關係統計分析

爲了更爲準確地把握范陽盧氏婚姻締結的社會特徵，有必要首先對范陽盧氏的姻親對象分佈情況進行列表統計，近年來大量出土的墓誌材料中婚姻記載較爲明確，這就爲我們的統計研究提供了一個可靠的樣本〔註 12〕。統計表格列爲三個，表七〇爲隋唐時期范陽盧氏男子婚娶情況統計表，表七一爲隋唐時期范陽盧氏女子婚嫁情況統計表，表七二爲隋唐時期范陽盧氏婚媾對象分佈表。

〔註 10〕《資治通鑒》卷二〇〇載唐高宗顯慶四年（659 年）冬十月，北京：中華書局，1956 年，第 6432 頁。

〔註 11〕《太平廣記》卷一八四《氏族・七姓》條引《國史異纂》，第 1377 頁。

〔註 12〕該項統計所使用材料主要來源於正史、《全唐文》、《文苑英華》、《全唐文補遺》第一至第九輯以及千唐誌齋新藏專輯（陝西省古籍整理辦公室編、吳鋼主編、三秦出版社陸續出版）、《唐代墓誌彙編》上下冊（周紹良主編、趙超副主編，上海古籍出版社，1992 年）、《唐代墓誌彙編續集》（周紹良、趙超主編，上海古籍出版社，2001 年 12 月）、《洛陽新獲墓誌》（洛陽市第二文物工作隊，李獻奇、郭引強編，文物出版社，1996 年 10 月）、《邙洛碑誌三百種》（趙君平編，北京：中華書局，2004 年 7 月）、《河洛墓刻拾零》（趙君平、趙文成編，北京圖書館出版社，2007 年 7 月）、《洛陽出土鴛鴦誌輯錄》（郭茂育、趙水森編著，國家圖書館出版社，2012 年 10 月）、《大唐西市博物館藏墓誌》（胡戟、榮新江主編，北京大學出版社，2012 年 11 月）等材料。

表七〇：隋唐時期范陽盧氏男子婚娶情況統計表

序號	姓　名	婚娶對象	資料來源
1	盧復（知遠之子）	隴西李氏	《全唐文補遺》第三輯 88 頁《大唐故譙郡城父縣尉盧府君（復）墓誌銘》
2	盧沇	隴西李氏 李恬之女	《全唐文補遺》第三輯 142 頁《唐故朝散大夫豪郢二州刺史上柱國盧府君（沇）夫人隴西李氏墓誌銘並序》
3	盧綬	王氏王遂女 南陽張氏張獻甫女	《全唐文補遺》第三輯 155 頁《大唐故盧府君（綬）墓誌銘》
4	盧雄	博陵崔氏諱熖	《全唐文補遺》第三輯 171 頁《唐鄉貢進士盧君（雄）夫人博陵崔氏（熖）墓誌》
5	盧招	博陵崔氏	《唐代墓誌彙編》天寶 252《有唐登仕郎行魏郡冠氏縣尉雲騎尉盧公墓誌銘並序》、《全唐文補遺》第三輯 94 頁《有唐登仕郎行魏郡冠氏縣尉雲騎尉盧公（招）墓誌銘並序》
6	盧岑	博陵崔氏	《全唐文補遺》第三輯 205 頁《有唐故河中府參軍范陽盧公（岑）改葬墓誌銘並序》，該誌又見《唐代墓誌彙編續集》開成 011
7	盧景唐之父	天水趙氏	《全唐文補遺》第三輯 292 頁《大唐范陽盧公故夫人天水郡趙氏墓誌銘並序》
8	盧□	隴西李氏諱灌頂	《全唐文補遺》第三輯 292 頁《大唐故銀青光祿大夫尚書左丞盧君夫人李氏（灌頂）墓誌銘並序》
9	盧□	博陵崔承嗣之女	《全唐文補遺》第五輯 390 頁《盧君妻崔氏墓誌》
10	盧瑗	隴西李氏，皇建州刺史李皆之女	《全唐文補遺》第四輯 88 頁《唐故朝議郎行大理評事上柱國范陽盧公（方）墓誌銘並序》

序號	姓　名	婚娶對象	資料來源
11	盧方	清河崔氏 崔濟之女	《全唐文補遺》第四輯 88 頁《唐故朝議郎行大理評事上柱國范陽盧公（方）墓誌銘並序》
12	盧侶，成軌之元子	河南獨孤氏	《全唐文補遺》第四輯 95 頁《唐故朝散大夫魏州貴鄉縣令盧公（侶）墓誌銘並序》，該誌又見《唐代墓誌彙編續集》元和 053
13	盧□，字子騖	博陵崔氏	《全唐文補遺》第四輯 109 頁《唐故鄉貢進士范陽盧府君（子騖）墓誌》
14	盧伯卿	清河崔氏 崔放之女	《全唐文補遺》第四輯 115 頁《唐河中府猗氏縣主簿盧公（伯卿）故夫人清河崔氏墓誌銘並序》、《全唐文補遺》第四輯 116 頁《（上殘缺）從事監察御史裏行李公（項）妻范陽盧氏墓誌銘並序》
15	盧昂，字子皐	清河房氏 房光庭之女	《全唐文補遺》第四輯 115 頁《唐故中大夫澧州刺史賜紫金魚袋范陽盧府君（昂）墓誌銘並序》
16	盧瀍	□陽郡路氏	《全唐文補遺》第四輯 187 頁《唐范陽郡故盧氏夫人墓誌銘並序》
17	盧子暮	滎陽鄭氏鄭僎女	《全唐文補遺》第四輯 200 頁《唐故盧氏（子暮）夫人墓誌銘》
18	盧公則	太原王傅之之女 姑臧李夔之女	《全唐文補遺》第四輯 218 頁《唐信州玉山縣令范陽盧府君（公則）墓誌銘並序》
19	盧汶（公弼之父）	博陵崔氏 崔安令之女	《唐代墓誌彙編》咸通 058《唐故范陽盧府君墓誌銘並序》、吳鋼主編《全唐文補遺》第四輯 237 頁《唐故范陽盧府君（公弼）墓誌銘並序》
20	盧知宗	先娶滎陽鄭氏 鄭德朗之女 後娶滎陽鄭氏夫人之堂妹鄭顒之女	《全唐文補遺》第四輯 255 頁《唐故河中少尹范陽盧府君（知宗）墓誌銘並序》
21	盧萬春	清河崔氏 崔子治第二女	《全唐文補遺》第四輯 344 頁《隋故東宮左親侍盧君（萬春）墓誌銘》

序號	姓　名	婚娶對象	資料來源
22	盧稹	吳興姚氏	《全唐文補遺》第四輯 499 頁《唐東都留守晏設使朝散大夫檢校太子中允上柱國朱敬之亡妻范陽盧夫人（子玉）墓誌銘並序》
23	盧宏	博陵崔氏 崔授之女	《全唐文補遺》第四輯 223 頁《唐故宣州宣城縣尉范陽盧府君（宏）並夫人博陵崔氏墓誌銘並序》
24	盧滿	河東□□	《全唐文補遺》第六輯 430 頁《大唐故眉州通儀縣尉上護軍賞緋魚袋范陽盧府君（滿）墓誌□男道屍柩同殯》
25	盧瓛	趙郡李晉 李道謙之女	《全唐文補遺》第六輯 44 頁《盧瓛妻李晉墓誌》、《邙洛碑誌三百種》140 頁《唐盧君妻□晉墓誌》[註 13]
26	盧僎三從兄	滎陽鄭氏，皇朝祠部郎中鄭從簡之女	《全唐文補遺》第六輯 64 頁《唐故（盧君妻）滎陽郡夫人鄭氏墓誌銘並敘》
27	盧嶠	清河崔氏	《全唐文補遺》第六輯 106 頁《唐故給事郎守永州司馬賜緋魚袋范陽盧府君（嶠）墓誌銘並序》、《全唐文補遺》第四輯 75 頁《唐故永州□盧司馬（嶠）夫人崔氏墓誌銘並序》
28	盧光遠 盧元莊之子	扶風馬氏 馬士會之女	《全唐文補遺》第六輯 107 頁《唐故太子司議郎盧府君（寂）墓誌銘並序》
29	盧寂 盧光遠之次子	河東裴氏 裴子餘之女	《全唐文補遺》第六輯 107 頁《唐故太子司議郎盧府君（寂）墓誌銘並序》
30	盧軺	滎陽鄭氏 太子賓客祗德之女	《全唐文補遺》第六輯 173 頁《唐故范陽盧氏（軺）滎陽鄭夫人墓誌銘》、《全唐文補遺》第六輯 189 頁《唐故朝議郎使持節均州諸軍事守均州刺史范陽盧府君（軺）墓誌

[註 13] 該誌並未言明「盧君妻□晉」之姓氏，僅言及地望爲趙郡平棘，但查諸《新唐書》卷七二上《宰相世系表・趙郡李氏》，李弘節、李道謙父子出自趙郡李氏，因此「盧君妻□晉」必定爲「盧君妻李晉」，亦出自趙郡李氏。據《舊唐書》卷九四《盧藏用傳》，其父名爲盧瓛。

序號	姓　名	婚娶對象	資料來源
			銘》、《河洛墓刻拾零》下冊 593 頁《唐故范陽盧氏滎陽鄭夫人墓誌銘》
31	盧倜	渤海封氏，齊州錄事參軍猗之長女	《全唐文補遺》第六輯 138 頁《唐故大理評事賜緋魚袋范陽盧府君（倜）墓誌》
32	盧處約	姑臧李氏	《全唐文補遺》第六輯 189 頁《唐故朝議郎使持節均州諸軍事守均州刺史范陽盧府君（軺）墓誌銘》
33	盧從範	滎陽鄭氏，魏州昌樂縣主簿鄭迴之女	《全唐文補遺》第六輯 183 頁《唐故（鄭頎妻）范陽盧夫人墓誌銘並序》
34	盧全貞	趙郡李氏	《全唐文補遺》第六輯 441 頁《唐故朝議郎平原郡長河縣令盧府君（全貞）墓誌銘並序》
35	盧榮	徽族彭城劉氏	《全唐文補遺》第六輯 489 頁《唐故盧府君（榮）墓誌銘並序》
36	盧懷俊	河東薛氏 薛元簡之女	《全唐文補遺》第六輯 412 頁《唐故舒州太湖縣丞盧府君（懷俊）墓誌銘》、《唐代墓誌彙編續集》開元 091《唐故舒州太湖縣丞盧府君墓誌銘》
37	盧仲璠	滎陽鄭氏 鄭行恂之女	《全唐文補遺》第六輯 440 頁《唐故宣德郎洛州陽翟縣尉盧府君（仲璠）夫人滎陽鄭氏墓誌銘並序》
38	盧嶷之父	清河房麗娘	《全唐文補遺》第一輯 166 頁《唐御史大夫太原府少尹上柱國范陽盧君（明遠）墓誌銘並序》
39	盧明遠	弘農楊氏 楊承緒之女	《全唐文補遺》第一輯 166 頁《唐御史大夫太原府少尹上柱國范陽盧君（明遠）墓誌銘並序》
40	盧含，字子章	隴西李氏 李熹之女	《全唐文補遺》第一輯 182 頁《唐故東平郡壽張縣令盧公（含）墓誌銘並序》
41	盧自省，字子愼	吏部宋公之女	《全唐文補遺》第一輯 189 頁《大唐故永王府錄事參軍盧府君(自省)墓誌銘並序》

序號	姓　名	婚娶對象	資料來源
42	盧瞻	清河崔氏	《全唐文補遺》第一輯 236 頁《唐太常侍奉禮郎盧瞻故妻清河崔氏夫人墓誌》
43	盧翊	高平徐氏	《全唐文補遺》第一輯 249 頁《大唐故銀青光祿大夫檢校太子賓客上柱國范陽郡開國子兼監察御史盧公（翊）墓誌銘》
44	盧踐言	隴西李氏 李璹之女	《全唐文補遺》第一輯 337 頁《唐故京兆府涇陽縣尉范陽盧君（踐言）墓銘並序》
45	盧琬	清河崔氏 崔顒之女	《全唐文補遺》第一輯 299～300 頁《范陽盧府君（景修）墓誌》
46	盧謙	隴西李氏	《全唐文補遺》第一輯 276 頁《魏氏（稱）繼室范陽盧氏墓誌》
47	盧直	清河崔氏 崔弈之女	《全唐文補遺》第一輯 279 頁《唐故太常寺太祝范陽盧君（直）墓誌》、《全唐文補遺》第一輯 300 頁《唐故試太常寺太祝范陽盧府君妻清河崔夫人墓誌》
48	盧景明	清河崔氏	《全唐文補遺》第一輯 385 頁《唐故懷州錄事參軍清河崔府君後夫人范陽盧氏墓誌銘並序》
49	盧澤	滎陽鄭氏 鄭少微之女	《全唐文補遺》第一輯 385 頁《唐故懷州錄事參軍清河崔府君後夫人范陽盧氏墓誌銘並序》
50	盧倓	滎陽鄭氏 鄭少微之孫	《全唐文補遺》第一輯 385 頁《唐故懷州錄事參軍清河崔府君後夫人范陽盧氏墓誌銘並序》
51	盧公亮	清河崔氏	《全唐文補遺》第一輯 385 頁《唐故懷州錄事參軍清河崔府君後夫人范陽盧氏墓誌銘並序》
52	盧審矩	清河崔氏	《全唐文補遺》第一輯 385 頁《唐故懷州錄事參軍清河崔府君後夫人范陽盧氏墓誌銘並序》
53	盧晏	滎陽鄭氏 鄭少微之女	《全唐文補遺》第一輯 294 頁《唐故滑州司法參軍范陽盧君（初）墓誌銘並序》、《全唐文補遺》第一輯

序號	姓　名	婚娶對象	資料來源
			319 頁《唐故知鹽鐵轉運鹽城監事殿中侍御史內供奉范陽盧府君（伯卿）墓誌銘並序》
54	盧初	姑臧李氏 李揆之女	《全唐文補遺》第一輯 294 頁《唐故滑州司法參軍范陽盧君（初）墓誌銘並序》、《全唐文補遺》第一輯 319 頁《唐故知鹽鐵轉運鹽城監事殿中侍御史內供奉范陽盧府君（伯卿）墓誌銘並序》
55	盧伯卿	清河崔氏 崔放之女	《全唐文補遺》第一輯 319 頁《唐故知鹽鐵轉運鹽城監事殿中侍御史內供奉范陽盧府君（伯卿）墓誌銘並序》、《全唐文補遺》第一輯 294 頁《唐故滑州司法參軍范陽盧君（初）墓誌銘並序》
56	盧逵	穎川陳氏 陳少游之女	《全唐文補遺》第一輯 299 頁《唐前揚州海陵縣令劉尚賓夫人范陽盧氏誌銘》
57	盧倕	淮南李公之女	《全唐文補遺》第一輯 318 頁《唐故朝請大夫尚書刑部郎中上柱國范陽盧府君（就）墓誌銘並序》
58	盧就	榮陽鄭氏	《全唐文補遺》第一輯 318 頁《唐故朝請大夫尚書刑部郎中上柱國范陽盧府君（就）墓誌銘並序》
59	盧約	清河崔氏	《全唐文補遺》第七輯 142～143 頁《唐故太子司議郎分司東都范陽盧府公（約）夫人清河崔氏祔葬墓誌銘並序》
60	盧頌	博陵崔氏	《全唐文補遺》第三輯 205 頁《有唐故河中府參軍范陽盧公（岑）改葬墓誌銘並序》
61	盧岑	博陵崔氏	《全唐文補遺》第三輯 205 頁《有唐故河中府參軍范陽盧公（岑）改葬墓誌銘並序》
62	盧全善	潁川陳氏	《唐代墓誌彙編》天寶 074《大唐潁川郡夫人三原縣令盧全善故夫人陳氏墓誌銘並序》

序號	姓　名	婚娶對象	資料來源
63	盧緘	清河崔氏	《全唐文補遺》第一輯 369 頁《有唐盧氏故崔夫人墓銘並序》
64	盧瞻	清河崔氏	《全唐文補遺》第一輯 236 頁《唐太常寺奉禮郎盧瞻故妻清河崔氏夫人墓誌》
65	盧璠	先娶清河崔氏 再娶清河崔氏	《全唐文補遺》第一輯 271 頁《唐故歸州刺史盧公（璠）墓誌銘並序》、《全唐文補遺》第一輯 263 頁《劍南東川節度推官殿中侍御史內供奉盧公夫人崔氏（元二）墓誌銘並序》
66	盧文構	隴西李氏	《唐代墓誌彙編》武德 004《(盧文構）夫人諱月相墓誌》
67	盧府君	長樂馮氏	《唐代墓誌彙編》貞觀 089《盧府君夫人馮氏墓誌》
68	盧君	李氏	《唐代墓誌彙編》光宅 006《大唐故銀青光祿大夫尚書左丞盧君夫人李氏墓誌銘並序
69	盧調	琅琊王氏	《唐代墓誌彙編》開元 028《大唐處士范陽盧府君墓誌銘並序》
70	盧思莊	博陵崔氏 崔敬嗣之女	《唐代墓誌彙編》開元 262《故朝散大夫行郢州司馬盧府君墓誌銘並序》、吳鋼主編《全唐文補遺》第二輯 474 頁《故朝散大夫行郢州司馬盧府君（思莊）墓誌銘並序》
71	盧行毅	隴西辛氏	《唐代墓誌彙編》開元 281《唐故鼎州三原縣令盧府君夫人辛氏墓誌銘並序》，又見吳鋼主編《全唐文補遺》第二輯 477 頁《唐故鼎州三原縣令盧府君夫人辛氏墓誌銘並序》
72	盧全操	弘農楊氏	《唐代墓誌彙編》開元 421《太中大夫使持節房州諸軍事房州刺史上柱國魏縣開國子盧府君誌銘》、《全唐文補遺》第二輯 507 頁《太中大夫使持節房州諸軍事房州刺

序號	姓　名	婚娶對象	資料來源
			史上杜國魏縣開國子盧府君（全操）銘誌並序》
73	盧□	趙郡李氏	《唐代墓誌彙編》開元 540《長河宰盧公李夫人墓誌文》
74	盧峻	京兆杜氏	《全唐文補遺》第七輯 163 頁《盧峻墓誌》，秦珠：《唐末盧峻墓誌銘》，載《考古與文物》1983 年第 1 期。
75	盧氏	清河崔氏	《太平廣記》卷八二《異人二》引《異聞集》
76	盧惕	太原王澄之女	《唐故殿中侍御史內供奉范陽盧公夫人太原王氏墓誌銘並序》〔註 14〕，千唐誌齋博物館藏誌
77	盧仲通	太原王恕之女	《唐揚州倉曹參軍王府君（恕）墓誌銘》，載《白氏長慶集》卷四二。又見《文苑英華》卷九五八《揚州倉曹參軍王府君墓誌銘》
78	盧正均	襄陽杜審言之女	杜甫《唐故范陽太君盧氏墓誌》，載於《杜工部集》卷二〇。
79	盧正言	隴西李氏 李玄挺長女	《全唐文補遺》（千唐誌齋新藏專輯）158 頁《大唐故右監門衛將軍上柱國贈銀青光祿大夫兗州都督謚曰光范陽盧府君（正言）墓誌銘並序》
80	盧有鄰	隴西李氏 李謇之第三女	《全唐文補遺》（千唐誌齋新藏專輯）162 頁《大唐故文林郎守徐州沛縣主簿范陽盧府君（有鄰）墓誌銘並序》
81	盧均芳	崔氏	《全唐文補遺》（千唐誌齋新藏專輯）208～209 頁《大唐故北海郡千乘縣令盧府君（均芳）墓誌並序》

〔註 14〕該誌爲千唐誌齋博物館新搜集的墓誌，目前尚未發表，筆者從曲阜師大王洪軍教授手抄本中獲得誌文。

序號	姓　名	婚娶對象	資料來源
82	盧首賓	先娶趙郡李氏 後娶清河崔氏	《全唐文補遺》（千唐誌齋新藏專輯）209～210 頁《故上黨郡涉縣令盧府君（首賓）墓誌並序》
83	盧涗	清河崔庭實第三女	《全唐文補遺》（千唐誌齋新藏專輯）241 頁《大燕故魏府元城縣尉盧府君（涗）墓誌序》
84	盧瑀	河東裴氏 裴公儉次女	《全唐文補遺》（千唐誌齋新藏專輯）273 頁《唐故恭陵臺丞盧府君（瑀）墓誌銘並序》
85	盧元裳	隴西李氏 李夷簡之長女	《全唐文補遺》（千唐誌齋新藏專輯）335 頁《唐故隴西李夫人（盧元裳妻）墓誌銘並序》
86	盧士珩	清河崔氏 滎陽鄭氏	《全唐文補遺》（千唐誌齋新藏專輯）336 頁《唐故蘇州長洲縣尉范陽盧府君（士珩）墓誌銘並序》
87	盧廣	姑臧李氏 滎陽鄭氏	《全唐文補遺》（千唐誌齋新藏專輯）331 頁《唐故越州剡縣尉盧府君（廣）夫人隴西李氏合祔墓誌銘並序》
88	盧仲文	隴西李氏 李榮實之女	《全唐文補遺》（千唐誌齋新藏專輯）347 頁《唐故澤州晉城縣尉范陽盧府君（仲文）墓誌銘並述》
89	盧氏	隴西李氏 李綜之第九女	《全唐文補遺》（千唐誌齋新藏專輯）364 頁《唐故儒林郎守太府寺主簿盧府君夫人隴西李氏（眞）墓誌銘並序》
90	盧清（仲權之父）	滎陽鄭氏	《全唐文補遺》（千唐誌齋新藏專輯）373 頁《大唐故宣德郎前守蘇州海鹽縣令繪並前妻故隴西李氏合祔墓誌文自敘》
91	盧仲權	太原王氏王益之女	《全唐文補遺》（千唐誌齋新藏專輯）373 頁《大唐故宣德郎前守蘇州海鹽縣令繪並前妻故隴西李氏合祔墓誌文自敘》
92	盧繪	隴西李氏 李士龍之女	《全唐文補遺》（千唐誌齋新藏專輯）373 頁《大唐故宣德郎前守蘇

序號	姓　名	婚娶對象	資料來源
		趙郡李氏 李敏德之女	州海鹽縣令繪並前妻故隴西李氏合祔墓誌文自敘》、《河洛墓刻拾零》下冊 566～567 頁《唐盧繪夫人李氏墓誌並蓋並墓表》
93	盧重	隴西李氏 李夷簡之女	《全唐文補遺》（千唐誌齋新藏專輯）378 頁《唐故太原府陽曲縣令盧府君（重）墓誌銘並序》
94	盧舒之子	隴西李氏 李玄成之女	《全唐文補遺》第九輯 416 頁《唐故范陽盧君（重）墓誌銘並序》、《洛陽新出土墓誌釋錄》312 頁《唐故范陽盧君（重）墓誌銘並序》
95	盧重（與上揭盧重非同一人）	隴西李氏 李景讓之女	《全唐文補遺》第九輯 416 頁《唐故范陽盧君（重）墓誌銘並序》、《洛陽新出土墓誌釋錄》312 頁《唐故范陽盧君（重）墓誌銘並序》
96	盧氏	長樂馮氏 馮怦之女	《千唐誌齋藏誌》上冊圖版二七《大唐吏部將仕郎范陽盧府君妻馮氏墓誌銘》、《唐代墓誌彙編》貞觀 089《大唐吏部將仕郎范陽盧府君妻馮氏墓誌銘》
97	盧殷	先娶滎陽鄭氏 後娶隴西李氏	《韓昌黎文集注釋》〔註 15〕下冊卷六 26～27 頁《登封縣尉盧殷墓誌》
98	盧行簡之父	敦煌張氏	《韓昌黎文集注釋》下冊卷六 49～50 頁《襄陽盧丞墓誌銘》
99	盧貽	上黨苗氏	《韓昌黎文集注釋》下冊卷六 302 頁《河南府法曹參軍盧府君夫人苗氏墓誌銘》
100	盧照己	太原王氏 王弘安之女	洛陽市第二文物工作隊：《洛陽唐盧照己墓發掘簡報》，載《文物》2007 年第 6 期，第 5～8 頁。
101	盧赤松	蘭陵蕭氏	《邙洛碑誌三百種》67 頁《大唐太子率更令柱國范陽郡開國公盧公（赤松）墓誌》，2001 年 3 月河南洛陽孟津縣出土

〔註 15〕韓愈著，閻琦校注：《韓昌黎文集注釋》，三秦出版社，2004 年。

序號	姓　名	婚娶對象	資料來源
102	盧□	弘農楊氏	《邙洛碑誌三百種》223 頁《唐盧君妻楊氏墓誌》
103	盧嵩	河東裴氏 裴倩之女	《邙洛碑誌三百種》260 頁《唐盧嵩妻裴氏墓誌》、《全唐文補遺》第七輯 67 頁《唐故華州司法參軍范陽盧公（嵩）墓誌並序》、《大唐西市博物館藏墓誌》三四〇《盧嵩妻裴氏墓誌》
104	盧湘	先娶博陵崔氏 後娶滎陽鄭氏	《邙洛碑誌三百種》262 頁《唐故朝散大夫監察御史裏行上柱國賜魚袋盧公墓誌銘並敘》
105	盧從度	滎陽鄭氏	《邙洛碑誌三百種》323 頁《唐故陝州安邑縣令范陽盧府君墓銘有序》
106	盧儔	隴西李氏	《邙洛碑誌三百種》326 頁《唐故范陽盧囧墓誌銘並序》
107	盧正勤	隴西李氏	《河洛墓刻拾零》上冊 190 頁《大唐故洺州邯鄲縣令范陽盧正勤夫人隴西李氏墓誌銘並序》
108	盧悅	滎陽鄭氏	《河洛墓刻拾零》上冊 300 頁《大唐故司農寺丞盧府君（悅）墓誌銘並序》
109	盧嵒	博陵崔氏 崔釋之之女	《河洛墓刻拾零》下冊 439 頁《大唐故鄧州穰縣丞盧府君（嵒）墓誌銘並序》、《河洛墓刻拾零》下冊 469 頁《唐故太子司議郎兼河中府倉曹參軍鄧州穰縣丞范陽盧府君（嵒）夫人博陵崔氏合祔墓誌銘並序》
110	盧楫	琅琊王氏	《河洛墓刻拾零》下冊 441 頁《大唐故盧府君（楫）夫人琅琊王氏墓誌銘並序》
111	盧克乂	河東裴氏	《河洛墓刻拾零》下冊 462 頁《唐大理司直盧君故夫人河東裴氏墓誌銘並敘》、《大唐西市博物館藏墓誌》三二五《盧克乂墓誌》

序號	姓　名	婚娶對象	資料來源
112	盧頊	隴西李氏	《河洛墓刻拾零》下冊463頁《唐前鄉貢進士范陽盧頊故妻隴西李氏墓誌銘並敘》
113	盧弼	先娶隴西李氏 後娶清河崔氏	《河洛墓刻拾零》下冊478頁《唐故和州含山縣主簿盧府君（弼）墓誌銘並序》
114	盧臺	隴西李氏	《河洛墓刻拾零》下冊516頁《唐故范陽盧夫人墓誌銘並序》
115	盧士鞏	滎陽鄭氏 鄭晃之長女	《河洛墓刻拾零》下冊532頁《唐故朝散大夫守鄭州長史范陽盧府君夫人滎陽鄭氏合祔墓誌銘並敘》
116	盧邵	滎陽鄭氏 鄭圖進之次女	《河洛墓刻拾零》下冊532頁《唐故朝散大夫守鄭州長史范陽盧府君夫人滎陽鄭氏合祔墓誌銘並敘》
117	盧宗和	隴西李氏 李行約之女	《河洛墓刻拾零》下冊543頁《唐故文林郎前鄭州中牟縣尉范陽盧君（宗和）墓誌銘》、《河洛墓刻拾零》下冊628頁《唐故范陽盧府君故夫人李氏墓誌銘並序》
118	盧嘉猷	太原王氏 王臧之女	《河洛墓刻拾零》下冊545頁《唐故河中府士曹參軍盧府君（嘉猷）墓誌銘並敘》
119	盧氏	滎陽鄭氏 鄭文通之孫女	《河洛墓刻拾零》下冊617頁《唐故宣州當塗縣令盧府君故夫人滎陽鄭氏合祔墓誌銘並序》
120	盧播	隴西李氏	《河洛墓刻拾零》下冊 623～624頁《唐故倉部郎中鄭公盧夫人合祔墓誌銘並序》
121	盧藏密	清河崔氏	《河洛墓刻拾零》下冊 623～624頁《唐故倉部郎中鄭公盧夫人合祔墓誌銘並序》
122	盧愼修	隴西絳郡李氏	《河洛墓刻拾零》下冊 623～624頁《唐故倉部郎中鄭公盧夫人合祔墓誌銘並序》
123	盧後閔	滎陽鄭氏 鄭魴之女	《河洛墓刻拾零》下冊 623～624頁《唐故倉部郎中鄭公盧夫人合祔墓誌銘並序》

序號	姓　名	婚娶對象	資料來源
124	盧岳	隴西李氏	《全唐文》卷七八四《陝虢觀察使盧公墓誌銘》、《文苑英華》卷九三九《陝虢觀察使盧公墓誌銘》
125	盧元裕	滎陽鄭氏	《文苑英華》卷九四二《太子賓客盧君墓誌銘》
126	盧士瓊	先娶清河崔敏之女 後娶滎陽鄭勖之女	《文苑英華》卷九五七《河南府司錄事參軍盧君墓誌銘》
127	盧舒	清河崔氏 崔異之女	《洛陽出土鴛鴦誌輯錄》29～2《唐故使持節渠州諸軍事渠州刺史充本州島團練守捉使崔府君夫人滎陽鄭氏墓誌銘並序》
128	盧嵩	清河崔氏 崔異之女	《洛陽出土鴛鴦誌輯錄》29～2《唐故使持節渠州諸軍事渠州刺史充本州島團練守捉使崔府君夫人滎陽鄭氏墓誌銘並序》
129	盧崇嗣	涿郡段氏 段君逸之女	《大唐西市博物館藏墓誌》一六〇《盧崇嗣妻段夫人墓誌》
130	盧眺	清河崔氏 崔思貞之女	《大唐西市博物館藏墓誌》二六五《盧眺墓誌》
131	盧沼，克乂之父	隴西姑臧李氏 李成休之女	《大唐西市博物館藏墓誌》三二五《盧克乂墓誌》
132	盧沐	滎陽鄭氏 鄭鎮之女	《大唐西市博物館藏墓誌》三七五《盧沐夫人鄭氏墓誌》
133	盧延嗣	滎陽鄭氏 鄭孺立之女	《大唐西市博物館藏墓誌》四七六《盧岳墓誌》

表七一：隋唐時期范陽盧氏女子婚嫁情況統計表

序號	盧氏女子	父　祖	夫　家	資料來源
1	盧氏		趙郡李士謙	《隋書》卷七七《李士謙傳》
2	范陽盧氏	曾祖綸，祖處行，父令節	大周并州司功王公	《唐代墓誌彙編》長安 048《大周并州司功王公故夫人盧氏墓誌銘並序》、《全唐文補遺》第五輯 271 頁《大周并州司功王公故夫人盧氏墓誌銘並序》

序號	盧氏女子	父　祖	夫　家	資料來源
3	盧氏	曾祖子眞，祖炅，父群	隴西李氏	《全唐文補遺》第三輯 170 頁《唐故殿中侍御史隴西李府君夫人范陽盧氏墓誌銘並序》
4	盧氏	曾祖漸，祖頌，父岑	博陵崔實	《全唐文補遺》第三輯 205 頁《有唐故河中府參軍范陽盧公（岑）改葬墓誌銘並序》，該誌又見《唐代墓誌彙編續集》開成 011
5	盧氏	景唐、景嗣、景思之妹	宋氏	《全唐文補遺》第三輯 292 頁《大唐范陽盧公故夫人天水郡趙氏墓誌銘並序》
6	范陽盧氏	祖文機 父玄晏 兄永	衡氏	《全唐文補遺》第四輯 48 頁《大唐故汴州尉氏縣令衡公前夫人范陽盧氏墓誌銘並序》
7	范陽盧氏	祖寰 父政，兄瑗	清河崔氏，處州刺史崔濟	《全唐文補遺》第四輯 88 頁《唐故朝議郎行大理評事上柱國范陽盧公（方）墓誌銘並序》，該誌又見《唐代墓誌彙編續集》大和 026
8	范陽盧氏	曾祖政 祖瑗，父方	河中府參軍事滎陽鄭謇	《全唐文補遺》第四輯 88 頁《唐故朝議郎行大理評事上柱國范陽盧公（方）墓誌銘並序》，該誌又見《唐代墓誌彙編續集》大和 026
9	范陽盧氏	曾祖政 祖瑗，父方	前右領軍冑曹參軍河東裴思敏	《全唐文補遺》第四輯 88 頁《唐故朝議郎行大理評事上柱國范陽盧公（方）墓誌銘並序》，該誌又見《唐代墓誌彙編續集》大和 026
10	范陽盧氏	祖初 父伯卿	姑臧李氏，監察御史裏行李項	《全唐文補遺》第四輯 116 頁《（上殘缺）從事監察御史裏行李公（項）妻范陽盧氏墓誌銘並序》
11	范陽盧氏	曾祖恂 祖雲，父瀍	雁門郡邵公	《全唐文補遺》第四輯 187 頁《唐范陽郡故盧氏夫人墓誌銘並序》
12	范陽盧氏	曾祖盧休彩 祖盧清 父盧公則	左金吾衛錄事參軍太原郭顧荇	《全唐文補遺》第四輯 218 頁《唐信州玉山縣令范陽盧府君（公則）墓誌銘並序》
13	范陽盧氏	曾祖廣 祖商 父知宗	鄉貢進士李承務	《全唐文補遺》第四輯 255 頁《唐故河中少尹范陽盧府君（知宗）墓誌銘並序》

序號	盧氏女子	父　祖	夫　家	資料來源
14	盧子玉	父盧稹	唐東都留守晏設使朝散大夫檢校太子中允上柱國朱敬之	《全唐文補遺》第四輯 499 頁《唐東都留守晏設使朝散大夫檢校太子中允上柱國朱敬之亡妻范陽盧夫人（子玉）墓誌銘並序》
15	盧八	盧元愔之仲女	博陵崔氏，揚州大都督府揚子縣令崔府君	《全唐文補遺》第四輯 453 頁《唐故揚州大都督府揚子縣令博陵崔府君之夫人范陽盧氏（八）墓誌銘並序》
16	范陽盧氏	曾祖處邁 祖同吉 父叔慈	清河崔氏 蜀郡蜀縣令清河崔府君	《全唐文補遺》第六輯 86 頁《唐故蜀郡蜀縣令清河崔府君夫人范陽盧氏墓誌銘並序》，《唐代墓誌彙編續集》天寶 096
17	盧環	盧寂之孟女	河東柳寥 河陽尉	《全唐文補遺》第六輯 107 頁《唐故太子司議郎盧府君（寂）墓誌銘並序》
18	盧氏	盧寂之仲女	博陵崔蒙 石邑丞	《全唐文補遺》第六輯 107 頁《唐故太子司議郎盧府君（寂）墓誌銘並序》
19	盧氏	盧寂之季女	河東薛當 故陝縣丞	《全唐文補遺》第六輯 107 頁《唐故太子司議郎盧府君（寂）墓誌銘並序》
20	范陽盧氏		前京兆府長安縣尉柴少儀	《全唐文補遺》第六輯 407 頁《大唐前京兆府長安縣尉柴少儀故妻范陽盧氏誌文》
21	盧氏	盧倜之女	清河崔震	《全唐文補遺》第六輯 138 頁《唐故大理評事賜緋魚袋范陽盧府君（倜）墓誌》
22	范陽盧夫人	盧從範之女	滎陽鄭頎，相國贈太師鄭絪之孫，尚書右丞鄭憲之子。	《全唐文補遺》第六輯 183 頁《唐故（鄭頎妻）范陽盧夫人墓誌銘並序》
23	范陽盧夫人	盧貞慶之女	司馬氏	《全唐文補遺》第六輯 402 頁《大唐正議大夫使持節仙州諸軍事守仙州刺史上柱國司馬公故夫人范陽郡君盧氏墓誌銘並序》

序號	盧氏女子	父　祖	夫　家	資料來源
24	盧梵兒	盧金友之女	博陵崔渾	《全唐文補遺》第一輯108頁《盧梵兒墓誌》
25	范陽盧氏	盧擢第二女	唐試大理評事鄭氏	《全唐文補遺》第一輯226頁《唐試大理評事鄭公故夫人范陽盧氏墓誌銘並序》
26	范陽盧氏	盧允之女	唐金州刺史鄭公	《全唐文補遺》第一輯226頁《唐金州刺史鄭公故夫人范陽盧氏墓誌銘》
27	盧氏	盧宗之女	桂州刺史兼御史中丞孫成	《全唐文補遺》第一輯353頁《唐故桂州刺史兼御史中丞孫府君（成）夫人范陽郡君盧氏墓誌銘並序》
28	盧氏	盧進賢之女	清河崔氏	《全唐文補遺》第一輯263頁《劍南東川節度推官殿中侍御史內供奉盧公夫人崔氏（元二）墓誌銘並序》
29	盧氏	盧播之女	隴西李元實	《全唐文補遺》第一輯271頁《唐故歸州刺史盧公（播）墓誌銘並序》
30	范陽盧氏	盧謙之女	魏稱繼室	《全唐文補遺》第一輯276頁《魏氏（稱）繼室范陽盧氏墓誌》
31	盧氏	盧直之長女	滎陽鄭秉彝	《全唐文補遺》第一輯279頁《唐故太常寺太祝范陽盧君（直）墓誌》、《全唐文補遺》第一輯300頁《唐故試太常寺太祝范陽盧府君妻清河崔夫人墓誌》
32	盧氏	北祖大房 盧逵之女 盧澗之姊	前揚州海陵縣令劉尚賓	《全唐文補遺》第一輯299頁《唐前揚州海陵縣令劉尚賓夫人范陽盧氏誌銘》
33	盧氏	盧就之女	趙郡李氏	《全唐文補遺》第一輯318頁《唐故朝請大夫尚書刑部郎中上柱國范陽盧府君（就）墓誌銘並序》
34	盧氏	盧伯卿長女	博陵崔礎	《全唐文補遺》第一輯319頁《唐故知鹽鐵轉運鹽城監事殿中侍御史內供奉范陽盧府君（伯卿）墓誌銘並序》
35	盧氏	盧伯卿次女	趙郡李頊	《全唐文補遺》第一輯319頁《唐故知鹽鐵轉運鹽城監事殿中侍御

序號	盧氏女子	父　祖	夫　家	資料來源
				史內供奉范陽盧府君（伯卿）墓誌銘並序》
36	范陽盧氏	河南府密縣主簿去惑之女	武功蘇恩	《全唐文補遺》第一輯 322～323頁《唐故宣威將軍守左金吾衛大將軍員外置同正員兼試殿中監上柱國賜紫金魚袋蘇府君（恩）夫人范陽盧氏墓誌銘並序》
37	盧氏	盧公載之女	清河崔肇	《全唐文補遺》第一輯 385 頁《唐故懷州錄事參軍清河崔府君後夫人范陽盧氏墓誌銘並序》
38	盧氏	盧瑾之女	清河崔丕	《全唐文補遺》第七輯 142～143頁《唐故太子司議郎分司東都范陽盧府公（約）夫人清河崔氏祔葬墓誌銘並序》
39	盧氏	盧岑之女	博陵崔實	《全唐文補遺》第三輯 205 頁《有唐故河中府參軍范陽盧公（岑）改葬墓誌銘並序》
40	盧氏	盧嶠之女	清河崔延贄	《全唐文補遺》第四輯 75 頁《唐故永州□盧司馬（嶠）夫人崔氏墓誌銘並序》
41	盧氏	盧嶠之女	滎陽鄭纘	《全唐文補遺》第四輯 75 頁《唐故永州□盧司馬（嶠）夫人崔氏墓誌銘並序》
42	盧氏	盧福會之女	清河崔庭實	《全唐文補遺》第四輯 75 頁《唐故永州□盧司馬（嶠）夫人崔氏墓誌銘並序》
43	盧氏	盧知宗之女	隴西李氏，後改嫁隴西封氏	《全唐文補遺》第四輯 255 頁《唐故河中少尹范陽盧府君（知宗）墓誌銘並序》
44	盧氏	盧匡伯之女	趙郡李璋	《全唐文補遺》第一輯 384 頁《唐范陽盧夫人墓誌銘》
45	盧氏		趙郡李綘	《全唐文補遺》第一輯 384 頁《唐范陽盧夫人墓誌銘》
46	盧八娘		辛仲連	《唐代墓誌彙編》長安 011《長安二年□十九日□參軍辛仲連妻盧八娘之墓》

序號	盧氏女子	父祖	夫家	資料來源
47	盧氏		清河崔渙	《唐代墓誌彙編》開成 018《唐故邢州南和縣令清河崔府君墓誌銘》
48	盧氏	盧愼盈之女	河內司馬氏	《唐代墓誌彙編》開元 165《大唐故中書侍郎贈衛尉卿河內司馬府君妻范陽郡君盧氏墓誌銘並序》、吳鋼主編《全唐文補遺》第二輯 453 頁《大唐故中書侍郎贈衛尉卿河內司馬府君妻范陽郡君盧氏墓誌銘並序》
49	盧氏	盧思莊之女	楊怨	《唐代墓誌彙編》開元 262《故朝散大夫行郢州司馬盧府君墓誌銘並序》、吳鋼主編《全唐文補遺》第二輯 474 頁《故朝散大夫行郢州司馬盧府君（思莊）墓誌銘並序》
50	盧氏	盧齊曾之女	廣平宋應	《唐代墓誌彙編續集》天寶 104《唐故殿中省進馬宋公墓誌銘並序》
51	盧氏		清河崔泰之	《唐代墓誌彙編》元和 089《唐隴西郡君夫人墓誌銘》
52	盧氏		清河崔愼由	《唐代墓誌彙編續集》咸通 053《唐太子太保分司東都贈太尉清河崔（愼由）府君墓誌》
53	盧氏	盧處約之女	清河崔彥方	《洛陽新獲墓誌》128 頁圖版一二二《唐故朝請大夫前守太子詹事柱國清河崔公（敬嗣）墓誌銘並序》
54	盧氏	盧鼎之女	清河崔氏	《洛陽新獲墓誌》127 頁圖版一二一《唐故朝散大夫前使持節澧州諸軍事守澧州刺史柱國清河崔公（芸卿）墓誌銘並序》
55	盧氏		襄陽杜閒	《全唐文》卷二三〇張說《贈陳州刺史義陽王神道碑銘》
56	盧氏		清河崔微	《全唐文》卷七八五《崔少尹夫人盧氏墓誌銘》
57	盧氏		清河崔泳	《全唐文》卷七八五《陸渾尉崔君（泳）墓誌銘》
58	盧氏		清河崔稹	《全唐文》卷六八二《崔相國群加廟碑》

序號	盧氏女子	父　祖	夫　家	資料來源
59	盧氏	盧彤之女	清河崔敏	《唐故朝散大夫永州刺史崔（敏）公墓誌》，載《柳宗元全集》。另見《文苑英華》卷九五三《朝散大夫永州刺史崔公（敏）墓誌銘》
60	盧氏		襄陽杜審言	杜甫《唐故范陽太君盧氏墓誌》，載《杜工部集》卷二〇。
61	盧氏	盧廣之長女	隴西李宣	《全唐文補遺》（千唐誌齋新藏專輯）331 頁《唐故越州剡縣尉盧府君（廣）夫人隴西李氏合祔墓誌銘並序》
62	盧氏	盧廣次女	弘農楊同志	《全唐文補遺》（千唐誌齋新藏專輯）331 頁《唐故越州剡縣尉盧府君（廣）夫人隴西李氏合祔墓誌銘並序》
63	盧氏	盧廣第三女	博陵崔誼	《全唐文補遺》（千唐誌齋新藏專輯）331 頁《唐故越州剡縣尉盧府君（廣）夫人隴西李氏合祔墓誌銘並序》
64	盧氏	盧俠長女	隴西李炎	《全唐文補遺》（千唐誌齋新藏專輯）350 頁《唐故昭州平樂縣尉盧府君（俠）墓誌銘並序》
65	盧氏	盧俠第三女	趙郡李昕	《全唐文補遺》（千唐誌齋新藏專輯）350 頁《唐故昭州平樂縣尉盧府君（俠）墓誌銘並序》
66	盧氏	盧鎮之長女	敦煌張澹	《全唐文補遺》（千唐誌齋新藏專輯）369 頁《和州烏江縣令敦煌張公（澹）故夫人范陽盧氏墓誌銘並序》
67	盧氏	盧重之長女	潞□夫	《全唐文補遺》（千唐誌齋新藏專輯）378 頁《唐故太原府陽曲縣令盧府君（重）墓誌銘並序》
68	盧氏	盧重次女	陽曲縣尉董居簡	《全唐文補遺》（千唐誌齋新藏專輯）378 頁《唐故太原府陽曲縣令盧府君（重）墓誌銘並序》
69	盧氏	盧重第三女	寶雞縣尉程思近	《全唐文補遺》（千唐誌齋新藏專輯）378 頁《唐故太原府陽曲縣令盧府君（重）墓誌銘並序》

序號	盧氏女子	父　祖	夫　家	資料來源
70	盧氏	盧重第四女	汜水縣尉崔希古	《全唐文補遺》（千唐誌齋新藏專輯）378 頁《唐故太原府陽曲縣令盧府君（重）墓誌銘並序》
71	盧氏	盧承基之孫盧元衡之女	隴西李景獻	《全唐文補遺》第九輯 365～366 頁《大唐故景城郡錄事參軍上柱國隴西李府君（景獻）墓誌銘並序》
72	盧談	盧正言之孫盧朓之女	清河崔同	《全唐文補遺》第九輯 367～368 頁《唐故盧夫人（談）墓誌銘並序》、《邙洛碑誌三百種》218 頁《唐盧談墓誌》
73	盧氏		趙郡李氏，江夏李彬之	《全唐文補遺》第九輯 421～422 頁《唐故范陽盧君亡妻隴西李氏合祔墓誌銘並序》、《洛陽新出土墓誌釋錄》320 頁《唐故范陽盧君亡妻隴西李氏合祔墓誌銘並序》
74	盧氏		滎陽鄭瀾	《全唐文補遺》第九輯 421～422 頁《唐故范陽盧君亡妻隴西李氏合祔墓誌銘並序》、《洛陽新出土墓誌釋錄》320 頁《唐故范陽盧君亡妻隴西李氏合祔墓誌銘並序》
75	盧氏	盧士閱之女	滎陽鄭紀	《千唐誌齋藏誌》下冊圖版一一五二《唐故宋州碭山縣令滎陽鄭府君（紀）故范陽盧氏夫人墓誌銘並序》
76	盧氏	盧行簡之姊妹	崔叔寶	《韓昌黎文集注釋》下冊卷六 49～50 頁《襄陽盧丞墓誌銘》
77	盧氏	盧徹之女	扶風馬氏	《韓昌黎文集注釋》下冊卷六 129～130 頁《扶風郡夫人墓誌銘》
78	盧氏	盧貽之女	昌黎韓愈	《韓昌黎文集注釋》下冊卷六 302 頁《河南府法曹參軍盧府君夫人苗氏墓誌銘》
79	盧氏	盧貽之女	唐充	《韓昌黎文集注釋》下冊卷六 321 頁《河南緱氏主簿唐充妻盧氏墓誌銘》
80	盧氏	盧湘之長女	苗粲	《邙洛碑誌三百種》262 頁《唐盧湘墓誌並蓋》

序號	盧氏女子	父　祖	夫　家	資料來源
81	盧氏	盧湘之幼女	榮陽鄭達	《邙洛碑誌三百種》262 頁《唐盧湘墓誌並蓋》
82	盧氏		渤海封隨	《邙洛碑誌三百種》318 頁《唐封隨及妻盧氏墓誌》
83	盧氏	盧從度之次女	榮陽鄭宣遠	《邙洛碑誌三百種》323 頁《唐故陝州安邑縣令范陽盧府君墓銘有序》
84	盧氏	盧楫之長女	張景佚	《河洛墓刻拾零》下冊 441 頁《大唐故盧府君（楫）夫人琅琊王氏墓誌銘並序》
85	盧氏	盧楫之次女	李承恩	《河洛墓刻拾零》下冊 441 頁《大唐故盧府君（楫）夫人琅琊王氏墓誌銘並序》
86	盧氏	盧楫之三女	趙良弼	《河洛墓刻拾零》下冊 441 頁《大唐故盧府君（楫）夫人琅琊王氏墓誌銘並序》
87	盧氏	盧楫之四女	李權非	《河洛墓刻拾零》下冊 441 頁《大唐故盧府君（楫）夫人琅琊王氏墓誌銘並序》
88	盧氏		趙郡李苕	《河洛墓刻拾零》下冊 454 頁《唐故殿中侍御史趙郡李公（苕）墓誌銘並序》
89	盧氏		清河崔泳	《河洛墓刻拾零》下冊 462 頁《唐大理司直盧君故夫人河東裴氏墓誌銘並敘》
90	盧氏		河東裴堪	《河洛墓刻拾零》下冊 462 頁《唐大理司直盧君故夫人河東裴氏墓誌銘並敘》
91	盧氏	盧起之女	隴西李玄就	《河洛墓刻拾零》下冊 488 頁《唐湖州長城縣尉李公亡夫人范陽盧氏墓誌銘並序》、《大唐西市博物館藏墓誌》三三五《李玄就夫人盧氏墓誌》
92	盧氏	盧臺之女	隴西李宗本	《河洛墓刻拾零》下冊 516 頁《唐故范陽盧夫人墓誌銘並序》

序號	盧氏女子	父　祖	夫　家	資料來源
93	盧氏	盧士鞏之長女	滎陽鄭氏	《河洛墓刻拾零》下冊 532 頁《唐故朝散大夫守鄭州長史范陽盧府君夫人滎陽鄭氏合祔墓誌銘並敘》
94	盧氏	盧士鞏之次女	太原王氏	《河洛墓刻拾零》下冊 532 頁《唐故朝散大夫守鄭州長史范陽盧府君夫人滎陽鄭氏合祔墓誌銘並敘》
95	盧氏	盧嘉猷次女	太原王鋌	《河洛墓刻拾零》下冊 545 頁《唐故河中府士曹參軍盧府君（嘉猷）墓誌銘並敘》
96	盧氏	盧嘉猷之女	隴西李忲	《河洛墓刻拾零》下冊 545 頁《唐故河中府士曹參軍盧府君（嘉猷）墓誌銘並敘》
97	盧氏	盧嘉猷之女	裴鉷	《河洛墓刻拾零》下冊 545 頁《唐故河中府士曹參軍盧府君（嘉猷）墓誌銘並敘》
98	盧氏	盧嘉猷之女	李宗義	《河洛墓刻拾零》下冊 545 頁《唐故河中府士曹參軍盧府君（嘉猷）墓誌銘並敘》
99	盧氏	盧嘉猷之女	裴渙	《河洛墓刻拾零》下冊 545 頁《唐故河中府士曹參軍盧府君（嘉猷）墓誌銘並敘》
100	盧氏	盧嘉猷之女	鄭識	《河洛墓刻拾零》下冊 545 頁《唐故河中府士曹參軍盧府君（嘉猷）墓誌銘並敘》
101	盧氏	盧嘉猷之女	裴中行	《河洛墓刻拾零》下冊 545 頁《唐故河中府士曹參軍盧府君（嘉猷）墓誌銘並敘》
102	盧氏	盧嘉猷之女	河東裴中孚	《河洛墓刻拾零》下冊 545 頁《唐故河中府士曹參軍盧府君（嘉猷）墓誌銘並敘》
103	盧氏	盧播之孫女 盧將明之女	李氏	《河洛墓刻拾零》下冊 552 頁《唐故滑州酸棗縣令李府君夫人墓誌銘並序》
104	盧氏	盧處約長女	清河崔氏	《河洛墓刻拾零》下冊 556 頁《唐故楚州營田巡官將仕郎徐州彭城縣主簿范陽盧府君（處約）墓誌銘並序》

序號	盧氏女子	父　祖	夫　家	資料來源
105	盧氏	盧處約次女	扶風竇氏	《河洛墓刻拾零》下冊556頁《唐故楚州營田巡官將仕郎徐州彭城縣主簿范陽盧府君（處約）墓誌銘並序》
106	盧氏	盧處約少女	博陵崔氏	《河洛墓刻拾零》下冊556頁《唐故楚州營田巡官將仕郎徐州彭城縣主簿范陽盧府君（處約）墓誌銘並序》
107	盧氏	盧渚之女	博陵崔亮	《河洛墓刻拾零》下冊580頁《唐崔亮及妻李夫人盧夫人合祔墓誌》
108	盧氏	盧慎修之女	王迺	《河洛墓刻拾零》下冊 623～624頁《唐故倉部郎中鄭公盧夫人合祔墓誌銘並序》
109	盧氏	盧慎修之女	武翊黃	《河洛墓刻拾零》下冊 623～624頁《唐故倉部郎中鄭公盧夫人合祔墓誌銘並序》
110	盧氏	盧慎修之女	李裔	《河洛墓刻拾零》下冊 623～624頁《唐故倉部郎中鄭公盧夫人合祔墓誌銘並序》
111	盧氏		滎陽鄭長言	《河洛墓刻拾零》下冊 623～624頁《唐故倉部郎中鄭公盧夫人合祔墓誌銘並序》
112	盧氏	盧侑之女	鄭叔則	《文苑英華》卷九三九《福建觀察使鄭公墓誌銘》
113	盧氏		趙郡李氏	《文苑英華》卷九四三《刑部郎中李府君墓誌銘》
114	盧氏		博陵崔玄亮	《文苑英華》卷九五四《虢州刺史贈禮部尚書崔公墓誌銘》
115	盧氏		李方玄	《文苑英華》卷九五四《處州刺史李君墓誌銘》
116	盧氏	盧敷之女	趙郡李雍	《文苑英華》卷九五六《太原府司錄參軍李府君墓誌銘》
117	盧氏	盧隨之女	廬江何氏	《文苑英華》卷九六八《洛陽尉何君夫人范陽盧氏墓誌銘》

序號	盧氏女子	父　祖	夫　家	資料來源
118	盧氏	盧侑之女	李氏	《文苑英華》卷九六八《潤州丹陽縣尉李公夫人范陽盧氏墓誌銘》
119	盧婉	盧鉉之女	河東裴氏	《大唐西市博物館藏墓誌》二三二《盧婉墓誌》
120	盧氏	盧玢之孫女	潁川陳子宜	《大唐西市博物館藏墓誌》二四四《陳子宜夫人盧氏墓誌》
121	盧氏	盧士會之女	太原郭盈	《大唐西市博物館藏墓誌》四〇九《唐故范陽盧夫人墓誌銘並序》
122	盧虔懿	盧弘止之女	京兆韋審已	《大唐西市博物館藏墓誌》四六五《盧虔懿墓誌》

表七二：隋唐時期范陽盧氏婚媾對象分佈表

	婚媾對象	婚　娶	婚　嫁	通婚次數	所佔比例
范陽盧氏	隴西李氏	32	10	42	15.67%
	博陵崔氏	12	10	22	8.21%
	清河崔氏	27	20	47	17.54%
	趙郡李氏	5	10	15	5.60%
	太原王氏	6	2	8	2.99%
	滎陽鄭氏	26	12	38	14.18%
	南陽張氏	1		1	0.37%
	天水趙氏	1		1	0.37%
	河南獨孤氏	1		1	0.37%
	清河房氏	1		1	0.37%
	□陽郡路氏	1		1	0.37%
	吳興姚氏	1		1	0.37%
	扶風馬氏	1	1	2	0.75%
	河東裴氏	4	4	8	2.99%
	渤海封氏	1	1	2	0.75%
	彭城劉氏	1		1	0.37%
	河東薛氏	1	1	2	0.75%
	弘農楊氏	3	1	4	1.49%

	婚媾對象	婚　娶	婚　嫁	通婚次數	所佔比例
范陽盧氏	高平徐氏	1		1	0.37%
	潁川陳氏	2	1	3	1.12%
	長樂馮氏	2		2	0.75%
	琅琊王氏	2		2	0.75%
	京兆杜氏	1		1	0.37%
	襄陽杜氏	2	2	4	1.49%
	雁門邵氏		1	1	0.37%
	太原郭氏		2	2	0.75%
	河東柳氏		1	1	0.37%
	河內司馬氏		2	2	0.75%
	武功蘇氏		1	1	0.37%
	敦煌張氏	1	1	2	0.75%
	隴西辛氏	1		1	0.37%
	隴西封氏		1	1	0.37%
	蘭陵蕭氏	1		1	0.37%
	上黨苗氏	1		1	0.37%
	廣平宋氏		1	1	0.37%
	昌黎韓氏		1	1	0.37%
	扶風竇氏		1	1	0.37%
	廬江何氏		1	1	0.37%
	京兆韋氏		1	1	0.37%
	其他	6	34	40	14.93%
合計		145	123	268	100.00%

以上三個表格並非也不可能是范陽盧氏成員婚姻締結的所有數據，僅爲依據現有材料整理出來的其中一小部分，但已經足以構成一個統計樣本，窺一斑而知全豹，通過以上三個表格，我們可以看出以下幾個問題：

其一，隋唐時期范陽盧氏的婚姻締結對象絕大多數是士族高門，地望不明的婚媾家族僅僅占到 14.93%，可見郡望門第仍然是范陽盧氏婚姻中最重要的因素。

其二，范陽盧氏姻親的對象雖然以士族高門爲主，但是分佈極爲不均衡，通婚對象以隴西李氏、清河崔氏、滎陽鄭氏這幾個世家大族爲首選，范陽盧氏與這三個大族的婚姻比例占到了 47.39%，幾乎達到一半，通婚如此頻繁，反映出隋唐時期范陽盧氏和隴西李氏、清河崔氏三家關係非比尋常，究其原因應是其在門第、政治地位、家族歷史、門風等方面最爲接近。而該統計結果與出土墓誌所載「夫人范陽人也……自固安至夫人十一代，皆出於崔李鄭三族」〔註 16〕正相吻合。

其三，對比范陽盧氏男子婚娶和女子婚嫁情況，可以發現男子婚娶的對象對門第的要求更爲顯著，范陽盧氏迎娶的女子大都出自士族高門，而女子則似乎要稍微寬鬆一些，外嫁女子中有 34 例是地望不明的家族。

其四，隋唐時期范陽盧氏家族成員中暫未發現與皇室通婚的記載，這當與李唐皇室打壓山東士族，頒佈「禁婚家」的詔令有關。

三、隋唐時期范陽盧氏婚姻特徵分析

（一）形成了一個相對固定的婚姻締結圈

從上揭統計表可以直觀地看出，范陽盧氏的婚姻對象大都爲士族出身，而且集中隴西李氏、博陵崔氏、清河崔氏、趙郡李氏、太原王氏、滎陽鄭氏這些名門望族，與這六個家族通婚比例高達 64.19%，而這些望族都屬於唐高宗顯慶四年（659）禁婚詔令中所禁止自爲婚姻的七姓十家。這說明自魏晉以後形成的高門大姓之間的婚姻締結圈，直到唐代還十分穩固，甚至於唐朝皇室頒佈詔令都未能禁止。「中宗時，復詔五姓四十四人之後相爲婚姻，蓋忌其盛也」〔註 17〕。幾百年形成的傳統早已約定俗成，沉澱爲社會觀念和婚姻制度，硬性取締的結果只會適得其反。果不其然，禁婚的結果反而是承認了世家大族的高門地位，這等於是強化了社會對於門第觀念的認可。「其後天下衰宗落譜，昭穆所不齒者，皆稱『禁婚家』，益自貴」〔註 18〕，以擡高自己的門第。「自後魏甄明氏族，山東鼎甲，相爲婚姻，故我盧宗與李氏世爲姻舊」〔註

〔註 16〕《唐故桂州刺史兼御史中丞孫府君故夫人范陽郡君盧氏墓誌銘並序》，載周紹良主編、趙超副主編：《唐代墓誌彙編》永貞 006，上海古籍出版社，1992 年，第 1944～1945 頁。

〔註 17〕陳鵬：《中國婚姻史稿》，北京：中華書局，1990 年 8 月版，第 64 頁。

〔註 18〕《新唐書》卷九五《高儉傳》。

〔註 19〕《唐盧繪夫人李氏墓誌並蓋並墓表》，載趙君平、趙文成編：《河洛墓刻拾零》下冊，北京圖書館出版社，2007 年，第 566～567 頁。

19〕，此墓誌銘文反映出當時唐代山東士族的婚姻觀念。另有一則墓誌如此形容范陽盧氏與崔、李、鄭三姓的密切姻親關係：「夫人范陽人也，其先有若北中郎植以經術重東漢，固安公度世以才業翊元魏。自固安至夫人十一代，皆出於崔李鄭三族。」〔註20〕由此可見，范陽盧氏自盧度世以降，凡十一代（約200年），婚媾對象大致固定在崔、李、鄭三家。陳鵬先生在《中國婚姻史稿》中寫道：「唐時，山東士族以崔盧李鄭爲首，諸家世相婚媾，綿延不絕。」陳氏從《文苑英華》中摘錄若干唐人墓誌，研究發現「崔、盧諸姓重婚，循環重疊，亙唐代不衰。朝廷雖嫉其盛而抑之，徒益增其門望而已」〔註21〕。

（二）婚姻嫁娶中的禮法觀念不斷得到體現

世家大族的高門地位不僅體現在其政治優勢上，而且還在於其優美的門風和禮法文化上。范陽盧氏以儒學傳家，世代好學，家族成員多崇儒通經，知禮懂禮，男子多才華橫溢，女子多溫婉賢淑，體現出了家族優美的門風，這一點在婚姻上越來越被看重，有文化、有修養、懂禮法的青年才俊和端莊嫻淑的大家閨秀多成爲競相追求的對象。「盧某舊門，承守不失其初，其子女聞教訓，有幽閒之德，爲公子擇婦，宜莫如盧氏」〔註22〕，可見當時人的婚配觀念裏對范陽盧氏的門風相當推崇。《崔樅墓誌銘》：「夫人盧姓，范陽涿人也。……盧氏與崔王等五姓聯於天下。而夫人之家，又一宗之冠焉。故論道德辨族氏者，必以爲稱首。」〔註23〕《李項妻范陽盧氏墓誌銘》載：「祖初，皇朝滑州司法，娶故相左僕射姑臧李公揆女。父伯卿……夫人始十三歲，從父司封郎中（盧）商，時任河南令。故相司空李公爲太子少師，分司洛邑，常私器愛子項，欲擇伉儷於高門。亟訪於商，因爲子求（婚），夫人遂歸於項。」〔註24〕世家大族的優美家風成爲吸引其他士族求婚的最佳對象。

唐宣宗的女兒萬壽公主「將下嫁，命擇郎婿。鄭顥，相門子，首科及第，

〔註20〕《唐故桂州刺史兼御史中丞孫府君故夫人范陽郡君盧氏墓誌銘並序》，載周紹良主編、趙超副主編：《唐代墓誌彙編》永貞006，上海古籍出版社，1992年，第1944～1945頁。

〔註21〕陳鵬：《中國婚姻史稿》，北京：中華書局，1990年8月版，第128頁。

〔註22〕韓愈著，閻琦校注：《韓昌黎文集注釋》下冊卷六《扶風郡夫人墓誌銘》，三秦出版社，2004年，第129～130頁。

〔註23〕《唐故汴州雍丘縣尉清河崔府君（樅）夫人范陽盧氏合祔墓誌銘兼序》，載吳鋼主編：《全唐文補遺》第一輯，三秦出版社，1994年，第356頁。

〔註24〕《（上殘缺）從事監察御史裏行李公（項）妻范陽盧氏墓誌銘並序》，載吳鋼主編：《全唐文補遺》第四輯，三秦出版社，1997年，第116頁。

聲名籍甚，時婚盧氏。宰臣白敏中奏選尚主，顥銜之，上未嘗言。大中五年，敏中免相，爲邠寧都統。行有日，奏上曰『頃者，陛下愛女下嫁貴臣，郎婿鄭顥赴婚楚州，會有日。行次鄭州，臣堂帖追回，上副聖念。顥不樂國婚，銜臣入骨髓。臣在中書，顥無如臣何；一去玉階，必媒孽臣短，死無種矣！』」〔註 25〕鄭顥如此痛恨白敏中奏請萬壽公主下嫁自己，可見當時世家大族傾向於禮法嚴明、門風優美、與自家門第相配的家族，即使是與皇室結親成爲皇親國戚，亦「不樂國婚」。鄭顥與范陽盧氏訂婚，卻不願娶公主，原因就在於大族的禮法文化。雖然在萬壽公主下嫁之時，宣宗「詔公主執婦禮，皆如臣庶之法，戒以毋得輕夫族，毋得預時事」〔註 26〕。但萬壽公主置若罔聞，當鄭顥弟鄭顗病危時，宣宗遣使查探，卻發現萬壽公主在慈恩寺看戲，宣宗聞知十分生氣，感歎：「我怪士大夫家不欲與我家爲婚，良有以也！」然後召公主入宮，進行責備教育，「由是終上之世，貴戚皆兢兢守禮法，如山東衣冠之族」〔註 27〕。從李唐皇室開始，社會各階層對世家大族所代表的禮法文化逐步認同並自覺靠攏，這是文化上的一種遷移和傳播，也說明了世家大族禮法文化在婚姻上的影響之深。

李唐雖然貴爲皇室，卻難以與世家大族的家法門風相媲美，公主們都嬌生慣養，坐大少禮，往往刁蠻任性，恣意妄爲，不孝敬舅姑公婆，蔑視倫常禮法和婦道閨訓。太宗合浦公主下嫁房玄齡之子房遺愛，公主「得浮屠辨機金寶神枕，自言主所賜。初，浮屠廬主之封地，會主與遺愛獵，見而悅之，具帳其廬，與之亂，更以二女子從遺愛，私餉億計」〔註 28〕。身爲公主卻從事淫亂不堪行爲，絲毫沒有禮法倫常的修養。「唐宜城公主駙馬裴巽有外寵一人，公主遣閹人執之，截其耳鼻，剝其陰皮漫駙馬面上，並截其髮，令廳上判事，集僚吏共觀之。駙馬、公主一時皆被奏降，公主爲郡主，駙馬左遷也。」〔註 29〕作爲公主，如此殘暴，亦罕見。唐宣宗「欲以（於）琮尚永福公主，既而中寢，宰相請其故，上曰：『朕近與此女子會食，對朕輒折匕筯。性情如是，豈可爲士大夫妻！』」〔註 30〕而世家大族的女子自小受到良好的家庭教

〔註25〕裴庭裕撰：《東觀奏記》，北京：中華書局，1994 年，第 88～89 頁。
〔註26〕《資治通鑒》卷二四八宣宗大中二年（848 年）十一月，第 8158 頁。
〔註27〕《資治通鑒》卷二四八宣宗大中二年（848 年）十一月，第 8158 頁。
〔註28〕《新唐書》卷八三《公主本傳》。
〔註29〕張鷟：《朝野僉載・補輯》，中華書局 1979 年版，第 177 頁。
〔註30〕《資治通鑒》卷二四九宣宗大中十二年（858 年）夏四月，第 8197 頁。

育，練習「婦功」，溫柔賢淑，端莊大方，出嫁後賢惠勤快，相夫教子，孝敬舅姑公婆。所以，世家大族的女子更容易受到適婚青年的青睞。

（三）近親婚姻普遍

和魏晉北朝時期一樣，出於維護高門地位和保持純粹的高貴血統，范陽盧氏主要在幾大高門內部通婚，少數幾個家族之間婚配，又要求門當戶對、男子才學優秀、女子端莊嫻淑，婚姻範圍被限制得異常狹小，這樣就必然會有近親婚姻的發生。另外，還有一種「親上加親」的說法，意即原本有姻親關係的家庭讓其子孫之間再互相聯姻，以此來加深彼此之間的親情關係，藉以加強倫理上的關係或者政治上的聯繫。

范陽盧氏家族成員墓誌中有關近親婚姻的記載隨處可見，茲擷取幾則典型記載摘錄如下：

《劍南東川節度推官殿中侍御史內供奉盧公夫人崔氏（元二）墓誌銘並序》:「夫人諱元二，姓崔氏，清河貝人也。……夫人盧氏之出也。外祖進賢，皇河南府戶曹參軍。……年廿一，歸我仲兄、殿中侍御史播。吾兄前室，即夫人之姊也。」〔註 31〕崔元二的母親是范陽盧進賢之女，而崔元二本人又嫁給范陽盧播，並且盧播的前妻即崔元二的姐姐，這說明范陽盧氏和清河崔氏上下兩代之間頻繁婚媾。

《唐范陽盧夫人墓誌銘》:「帝十七葉，年號咸通。以二載九月廿有七日，夫人疾歿於上都永崇里所從李氏之私第。享年卌一。……夫人年十九，歸今起居郎李璋。李璋，趙郡贊皇人。元和中相國、累檢校司空、興元節度、贈太傅諱絳、諡貞公之季子。……夫人九代祖諱（與高祖神堯皇帝同），後魏左僕射，以小字陽烏，今稱閥閱者，多以陽烏房為上。曾祖諱光懿，滑州衛南縣令。祖諱渚，門下省城門郎。父匡伯，河南府洛陽縣丞。丞即（李）璋之親舅也。以宿敦世親，許垂婚媾。」〔註 32〕李璋迎娶了其舅父盧匡伯之女，這表明李璋的父親李絳也娶妻范陽盧氏，此處為又一例姑表近親婚姻。

《有唐故河中府參軍范陽盧公（岑）改葬墓誌銘並序》:「范陽盧公諱岑，字濟，涿郡人也。曾祖履悌，皇任岐州岐陽縣令。祖漸，皇贈右散騎常侍。

〔註 31〕《劍南東川節度推官殿中侍御史內供奉盧公夫人崔氏（元二）墓誌銘並序》，載吳鋼主編：《全唐文補遺》第一輯，三秦出版社，1994 年，第 263 頁。

〔註 32〕《唐范陽盧夫人墓誌銘》，載吳鋼主編：《全唐文補遺》第一輯，三秦出版社，1994 年，第 384 頁。

父頌，皇任昭應縣令。外祖博陵崔延方，皇任雲陽縣令。……公又無嗣，有女一人，適陝州硤石縣令博陵崔實，尋即世。夫人博陵崔氏，父帑，皇檢校司封郎中、河東節度判官。」〔註 33〕此誌載范陽盧氏與博陵崔氏三世爲親，盧頌及其子盧岑皆娶妻博陵崔氏，盧岑之女又嫁與博陵崔實。

《大唐故汴州尉氏縣令衡公前夫人范陽盧氏墓誌銘並序》:「夫人范陽盧氏，澮儀令文機之孫，鄮城尉玄晏之女，陽翟令永之姊也。夫人始笄，適於尉氏令衡公。公則夫人之從母之子也。」〔註 34〕此誌載范陽盧氏女嫁給其從母之子，此係姨表兄妹爲婚。《大唐故北海郡千乘縣令盧府君（均芳）墓誌並序》:「君諱均芳，字德宗，涿郡范陽人也。……夫人崔氏，幽閒令淑。其母則君之姨也。自童稚負奇節，姨有誠命，得而妻之，乃姻屬之榮觀也。」〔註 35〕此亦爲姨表婚，盧均芳和崔氏幼時奉命定親，並以之爲榮耀。

《唐故太子司議郎分司東都范陽盧府公（約）夫人清河崔氏祔葬墓誌銘並序》:「有唐大中景子歲建巳月廿一日，太子司議郎、分司東都范陽盧府公諱約構疾，歸全於東都依仁里之私第，享年六十。……外甥太原王凝，已書德業官序於前誌詳之矣。夫人清河人也。顯考丕，皇虢州湖城縣令。顯妣范陽盧氏，父瑾，皇河中□尹。山東士族例以修持門閥，比校姻媾爲光大。如夫人之內外，若仰昊穹而望烏兔，俯軒檻而聽笙鏞，有耳有目者皆知其明麗清鄉，不可得而侔矣。」〔註 36〕根據該誌記載，可以將其婚姻締結情況列如下圖顯示：

〔註 33〕《有唐故河中府參軍范陽盧公（岑）改葬墓誌銘並序》，載吳鋼主編：《全唐文補遺》第三輯，三秦出版社，1996 年，第 205 頁。該誌又見於周紹良、趙超主編：《唐代墓誌彙編續集》開成 011，上海古籍出版社，2001 年，第 930 頁。

〔註 34〕《大唐故汴州尉氏縣令衡公前夫人范陽盧氏墓誌銘並序》，載吳鋼主編：《全唐文補遺》第四輯，三秦出版社，1997 年，第 48 頁。

〔註 35〕《大唐故北海郡千乘縣令盧府君（均芳）墓誌並序》，載吳鋼主編：《全唐文補遺》（千唐誌齋新藏專輯），三秦出版社，2006 年，第 208 頁。

〔註 36〕《唐故太子司議郎分司東都范陽盧府公（約）夫人清河崔氏祔葬墓誌銘並序》，載吳鋼主編：《全唐文補遺》第七輯，三秦出版社，1999 年，第 142～143 頁。

表七三：隋唐時期范陽盧氏近親婚姻例表一

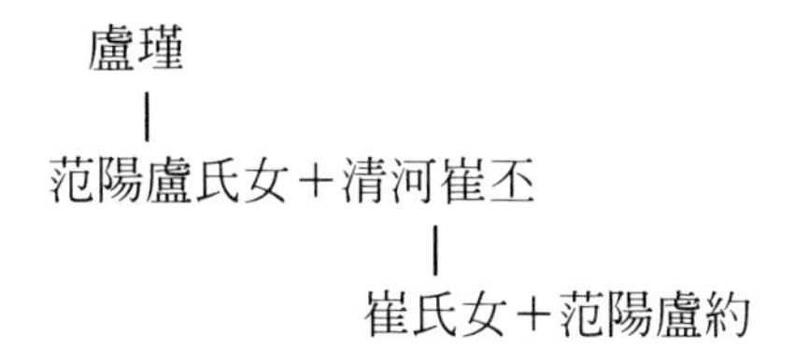

《唐故永州□盧司馬（嶠）夫人崔氏墓誌銘並序》：「夫人諱□，字□，清河武城人也。……漢末尚書琰，字季珪，即夫人十六代祖。人物推爲第一，貴族玉葉金柯。七代祖休，後魏右僕射。……曾祖合州司馬諱玄默。祖漢州德陽令諱思慶，父朝散大夫、太原祁縣令諱庭實。……外祖度支郎中、軍器監范陽盧諱福會。夫人兄弟八人，姊妹八人。各備聲華之美，時稱皆有盛名，男女異長。夫人即祁令第五女。笄年，嬪於盧君。君諱嶠，少補齊郎，歷陳州參軍、衡州司馬、郃、永二州司馬、賜緋魚袋。……夫人一男二女。男名嘉瑗，潭州長沙尉，早夭即世。瑗子小字陳三，代父縗絰，今則十歲矣。延贄才微，姑以溫公見託，即長女也。小女適故大理司直滎陽鄭纘。」〔註 37〕此誌所載婚姻近親傾向也很明顯，如圖所示：

表七四：隋唐時期范陽盧氏近親婚姻例表二

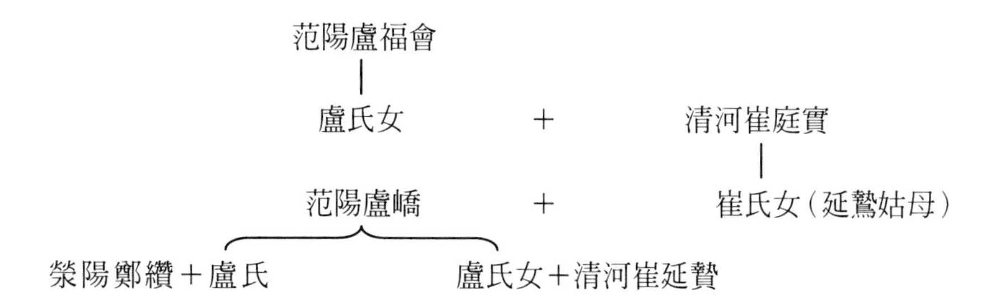

《唐故朝散大夫守鄭州長史范陽盧府君夫人滎陽鄭氏合祔墓誌銘並敘》：「有唐朝散大夫守鄭州長史范陽盧公諱士鞏，字□□。……夫人滎陽鄭氏，山東令族，與我□□。曾祖崇質，祖傑，父晃，家令寺丞。夫人即家令之長女也。閨門肅穆，婦道和柔。生二女，長適外生滎陽鄭孝綽，見任伊闕縣令。次適太原王□仲，見任洪州錄事參軍。鄭氏外孫，曰圖，進士及第，見任祕書省書郎，

〔註 37〕《唐故永州□盧司馬（嶠）夫人崔氏墓誌銘並序》，載吳鋼主編：《全唐文補遺》第四輯，三秦出版社，1997 年，第 75 頁。

二女，長適江夏李仁本。次適范陽盧邵。」〔註 38〕從此誌看，范陽盧氏與滎陽鄭氏四代中有三代互相通婚，盧士鞏娶滎陽鄭氏，盧士鞏之長女直接嫁給其外甥滎陽鄭孝綽，而鄭孝綽之孫女又嫁給范陽盧邵。用圖表表示爲：

表七五：隋唐時期范陽盧氏近親婚姻例表三

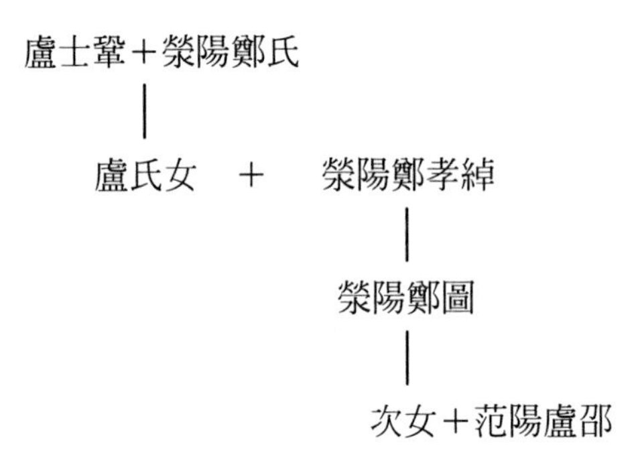

《唐故朝議郎行大理評事上柱國范陽盧公（方）墓誌銘並序》:「公諱方，字仁囿，其先范陽涿人也。……曾祖臨汝郡長史府君諱寰，大父檢校庫部郎中、太子中允、贈越州都督府君諱政，父檢校御史中丞、亳撫歙三州刺史府君諱瑗。外族隴西李氏，外祖皆，皇建州刺史。……公之季□冀，以明識利器爲侍御史、涇原節度判官。西郊綿邈，喪訃未達。嗣子宗和，泣血茹荼……夫人清河崔氏，皇處州刺史濟之子、公之姑女也。……公三男：長曰宗和，前鄭州中牟尉，次曰岌、曰崟。四女：長適公之生前河中府參軍事滎陽鄭謇，次適前右領軍冑曹參軍河東裴思敏。男自岌而下，女自裴氏而下，非夫人之出。」〔註 39〕盧方之母出自隴西李氏李皆之女，而盧方之子盧宗和又迎娶了隴西李氏李行約之女〔註 40〕；盧方與其夫人清河崔氏是姑表婚，妻子崔氏是

〔註 38〕《唐故朝散大夫守鄭州長史范陽盧府君夫人滎陽鄭氏合祔墓誌銘並敘》，載趙君平、趙文成編：《河洛墓刻拾零》下冊，北京圖書館出版社，2007 年，第 532 頁。

〔註 39〕《唐故朝議郎行大理評事上柱國范陽盧公（方）墓誌銘並序》，載吳鋼主編：《全唐文補遺》第四輯，三秦出版社，1997 年，第 88 頁，該誌又見周紹良、趙超主編：《唐代墓誌彙編續集》大和 026，上海古籍出版社，2001 年，第 900～901 頁。

〔註 40〕《唐故文林郎前鄭州中牟縣尉范陽盧君（宗和）墓誌銘》載：「君諱宗和，字子讓，世爲范陽涿人。曾祖諱政，皇太子中允，贈越州都督。祖諱瑗，皇歙州刺史。父諱方，皇大理評事。君即評事之元子也。……夫人隴西李氏，父行約，皇河南府司錄參軍。」載趙君平、趙文成編：《河洛墓刻拾零》下冊，北京圖書館出版社，2007 年，第 543 頁。

盧方姑母之女；崔濟之另一女亦嫁給長舅之子范陽盧瞻，亦爲姑表婚〔註41〕。如下圖所示：

表七六：隋唐時期范陽盧氏近親婚姻例表四

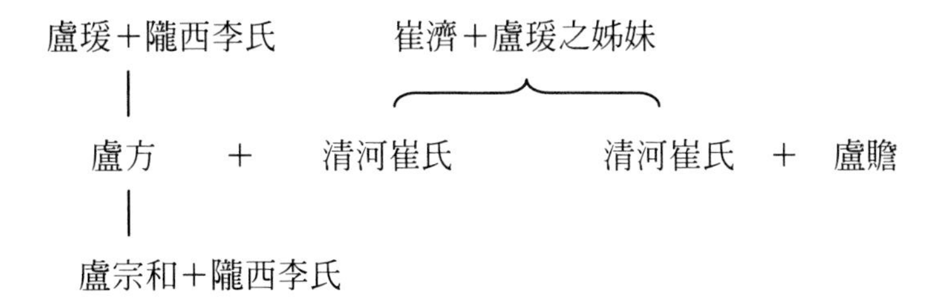

再如，《唐故懷州錄事參軍清河崔府君後夫人范陽盧氏墓誌銘並序》：「盧氏之先，出於齊高子之族，因邑命氏，代爲齊人。至漢末，徙於涿郡，遂爲涿之范陽人。歷魏晉，其宗始分爲南北。其婚閥著高於搢紳者，唯北宗焉。夫人居北宗爲大房。懷州府君即大房之出也。夫人諱□字□。曾祖景明，王屋令。曾妣清河崔氏。祖澤，殿中侍御史、華州判官。祖妣滎陽鄭氏，故刑部侍郎少微之女也。父倓，陝州夏縣尉。妣鄭氏，少微之孫，大理正朝之女。洪源茂本，儲靈炳華。是生仁懿，用表群冑。既笄而歸我季父懷州府君。柔儀順則，克葉於箴訓。生男子一人，女子子三人。及懷州即世，未終喪，而一男子曰鎮，才五齡而夭。三女子皆稚齒。……懷州有別子肇，夫人慈撫而勤教之。肇亦能立。用叔祖故懷州刺史、贈祕書監府君之胤，累調補澠池尉。娶故禮部尚書致仕范陽盧公載之女。有二孫：長曰騏驥，幼曰張三。……元女適故集賢校理范陽盧公亮，早歿。次女適故大學助教隴西李兗。少女適前雅州刺史范陽盧審矩。無匪姻族，僉得其人，美哉！」〔註42〕這則墓誌提供給我們的一個重要信息就是清河崔氏、滎陽鄭氏和范陽盧氏之間的連續數代頻繁婚媾。如下圖所示：

〔註41〕《唐太常寺奉禮郎盧瞻故妻清河崔氏夫人墓誌》：「懿夫崔氏，地望華茂。……曾祖紹，皇膳部郎中、鄆州刺史。祖貢，皇蔡州朗山尉。父濟，庫部郎中。夫人我之自出也。明懿殖德，端哲麗榮。年十九，配長舅子瞻。」載吳鋼主編：《全唐文補遺》第一輯，三秦出版社，1994年，第236頁。由此誌可知，清河崔濟娶范陽盧瞻的姑母，崔濟之女崔氏嫁給其長舅之子盧瞻，盧瞻和崔氏姑表兄妹爲婚。

〔註42〕《唐故懷州錄事參軍清河崔府君後夫人范陽盧氏墓誌銘並序》，載吳鋼主編：《全唐文補遺》第一輯，三秦出版社，1994年，第385頁。

表七七：隋唐時期范陽盧氏近親婚姻例表五

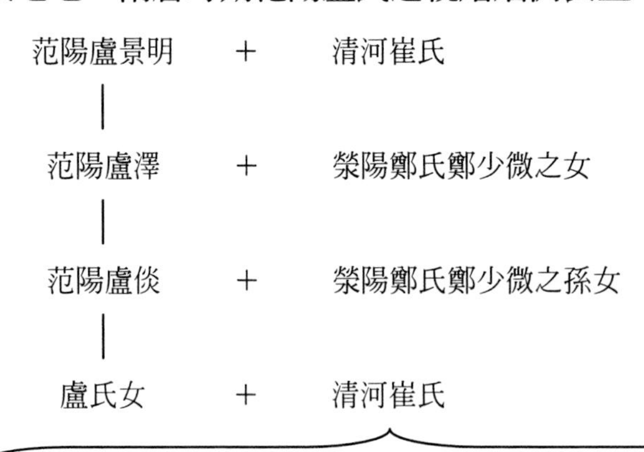

崔肇＋范陽盧公載之女　崔氏女＋范陽盧公亮　崔氏女＋隴西李兗　崔氏女＋范陽盧審矩

從此表可以看出，范陽盧澤、盧倓父子分別娶了滎陽鄭氏鄭少微的女兒和孫女，盧倓和鄭氏屬於姑表婚姻，范陽盧公亮、盧審矩和清河崔氏姊妹的婚姻亦屬於姑表婚姻。

（四）存在改嫁現象

隋唐時期范陽盧氏的婚姻中也存在著改嫁的現象，可見當時婦女的貞節觀念和從一夫的觀念不如後世那般強烈。據《唐故河中少尹范陽盧府君（知宗）墓誌銘並序》:「兄諱知宗，字弘嗣。吾家范陽涿人。……有子三人，骨氣異常，歲皆繼謝於家。女一人，婉順孝敬，親愛共美，配於鄉貢進士李承務。天乎不仁，兄構疾，因聞此女告歸於隴西氏封域。」〔註 43〕盧知宗之女適李承務，但在盧知宗死後，其女改嫁給隴西封氏。

同時，范陽盧氏也接受改嫁過來的女子。《大唐潁川郡夫人三原縣令盧全善故夫人陳氏墓誌銘並序》:「夫人諱照，字惠明，潁川長社人，陳後主叔寶之玄孫也。陳氏之先，出自嬀汭胡公之後，奄有潁川，隨運濟江，吳興著姓。曾祖莊，陳會稽王揚州牧；祖元順，皇朝散大夫考城縣令；父希沖，朝議郎，懷州司士參軍，早亡……始以外王母所歸故東海徐文公，有子曰崐，無幾爲伯父叔父所奪，改嬪於盧氏。」〔註 44〕盧全善接受了改嫁過來的潁川陳氏女。

〔註 43〕《唐故河中少尹范陽盧府君（知宗）墓誌銘並序》，載吳鋼主編：《全唐文補遺》第四輯，三秦出版社，1997 年，第 255 頁。

〔註 44〕《大唐潁川郡夫人三原縣令盧全善故夫人陳氏墓誌銘並序》，載周紹良主編、趙超副主編：《唐代墓誌彙編》天寶 074，上海古籍出版社，1992 年，第 1583 頁。

對比魏晉北朝和隋唐兩個時期的范陽盧氏的婚姻狀況，我們可以發現，兩個時期的共同點在推崇門第婚姻、近親婚姻、存在改嫁現象等方面，不同點在於隋唐時期比魏晉時期的門第觀念更爲嚴格，被稱爲「禁婚家」的「七姓十家」內部頻繁婚媾，並且排斥皇族和其他家族，形成了一個相對穩定的婚姻締結的範圍。另外，魏晉時期統治者對於大族內部的婚姻締結持支持鼓勵的態度，而隋唐政權則採取禁止打壓的政策，北朝時期范陽盧氏與皇室通婚較爲頻繁，而隋唐時期范陽盧氏與皇室則未見婚媾的記載。

第九章　中古時期范陽盧氏的宗教信仰

宗教，實質上就是一種信仰，一種精神寄託和追求。考察宗教的產生，我們認爲宗教起源於對大自然和宇宙的敬畏，我們把可知的世界交給科學，把未知的世界交給宗教，科學和宗教一起才構成了人類完整的精神圖景。曾有許多人認爲，宗教是下層人民的信仰，是下層人民面對生活的疾苦和人生的無奈而信奉的神祗。其實則不然，不光是下層人民，所有人都會有自己的信仰，因爲人面對自然、面對天地萬物，是渺小的，在天地自然的無限性中體現出人的有限性，比如生老病死等很多事情並非人類自身所能操控。人類對於世界的認知在不斷積累進步，但已知的邊界有多廣大，就意味著未知的邊界有多廣大，已知與未知之間其實是同一個邊界，故此始終有一個未知的世界籠罩在人類的上空。

中古時期，來自印度的佛教傳入中國並開始盛行，廣泛傳播，寺院林立，僧徒各地講學弘法，佛教開始在中華大地生根發芽，並逐漸中國化。道教也拈出了仙芝一朵，把大批塵緣之人引進山林，道教是中國的本土宗教，兩晉南北朝時期經過葛洪、陸修靜、陶弘景和寇謙之的改革和發展，道教影響力也逐漸擴大，上層士大夫和民間勞苦大眾信仰者眾多。因此中古時期，上至宮廷大內，下至山野草莽，無論年老翁婦，還是閨中賢淑，甚至孺子孩童，都會拜佛念經，求仙問道，經書日誦，青燈常燃。某種程度上說，中古時期是一個思想上異彩紛呈的時代，儒學不再一枝獨秀，釋道二教競相爭鳴，世家大族作爲文化士族，大都以儒學傳家，釋道濟世，談玄、論道、說法、誦經成爲世家大族家庭成員的日常課業。敦煌變文是反映中古時期佛教傳播的一種俗講文學，這些文獻資料因深人民間大眾，更能反映當時社會佛教信仰和傳播狀況。其中一則敦煌變文記載：

不論崔盧柳鄭，莫說姓薛姓裴，
僧家和合爲門，到處悉皆一種。
尊化存其夏臘，任軍（運）已遣榮枯。
同向解脱門中，合受如斯覆陰（蔭）。
一縷袈娑身上掛，堪與門徒長福田。
身披縷褐福田衣，堪與門徒作所歸，
戒似天邊秋夜月，防非止惡要精持。
僧家只合爲和順，也不行藏說是非，
唯有出家佛弟子，和合所以得如斯。〔註1〕

這則變文反映出不論崔盧高門大族，還是普通寒庶，在佛教面前都是佛門弟子。范陽盧氏作爲一流高門，以文化著稱的士族，信仰佛道二教的成員眾多，而且不分男女老幼，皆迷戀空門。范陽盧氏不少人物與高僧來往，甚至躬身落髮爲僧，出家爲道，亦有隱逸不仕者。

一、范陽盧氏家族的佛教信仰

佛教自西漢末年傳入東土，白馬寺肇其基業，迦葉摩騰和竺法蘭翻譯佛經，佛教在中華大地開始廣爲傳播，僧徒眾多。而漢帝國崩潰以後，三國鼎立，繼而五胡亂華，社會動蕩不安，中華大地呈長期分裂無序狀態，給中國士大夫階層造成創傷，他們對時局、世事以及人生產生迷茫和困惑，玄學的興起也反映出魏晉時期士人思想的困頓與追尋，佛教也正因此而契合了當時中國人精神上的需求，如吉川忠夫所言「六朝士大夫，爲了接近終極眞理，爲了盡理窮事，在各種各樣的價值中發現了意義，而且還對超越了日常的、經驗的世界之永恒的東西抱有強烈的衝動。也正是這種情況，成爲使之比較容易接受作爲外來宗教的佛教的條件」〔註2〕。

范陽盧氏以儒學傳家，世代治詩禮之學，但在釋氏東來以後，不少盧氏成員也開始接觸、研究或信仰佛學。北朝時的碩儒盧景裕在佛學上造詣頗深，他「好釋氏，通其大義。天竺胡沙門道悕每論諸經論，輒託景裕爲之序。景

〔註1〕《敦煌變文集》卷五《佛說阿彌陀經講經文》，王重民等編，人民文學出版社，1984年，第453頁。

〔註2〕〔日〕吉川忠夫著，王啓發譯：《六朝精神史研究》，江蘇人民出版社，2012年1月版，第13頁。

裕之敗也，繫晉陽獄，至心誦經，枷鎖自脫。是時又有人負罪當死，夢沙門教講經，覺時如所夢，默誦千遍，臨刑刀折，主者以聞，赦之。此經遂行於世，號曰《高王觀世音》。〔註3〕，盧景裕於佛經、儒經皆有成就。

盧公弼家族連續數代信仰佛法，男女皆誦經念佛，據《唐故范陽盧府君（公弼）墓誌銘並序》：「府君姓盧氏，諱公弼，字子成，其先范陽人也。南祖大房……府君道本中庸，性無外飾。文學餘事，誠信馭心。從容名教之間，雍睦閨門之內。跡遠名利，薄拘簪笏……晚歲乃深知道要，窮釋氏之源，究無爲之理。每參禪訪道，或通止觀門義，或授心地一言。潔素捫心，了然解寤。佛經僧紀統三乘之典，無不詠歌遊歎，畢而不足。」〔註4〕據此誌，盧公弼深寤佛法，參禪窮經，其子女也跟隨信仰釋氏，這是一個有著佛教信仰的家庭，誌載「長女早稟宿願，悟佛理，不樂於俗。乃捨割緣愛，披衣就師。次女幼未笄，亦能修女師之訓。」

翻檢史料，范陽盧氏中信仰佛教的不在少數，佛教教義和戒律已經有滲透到世家大族日常生活的趨勢。《唐信州玉山縣令范陽盧府君（公則）墓誌銘並序》記載盧公則「立性唯仁。志樂修善，得色空之妙理；常讀佛經，識究竟之眞原。不忍損生命爲念。孝乃敦於親族，義常著於交友。必誠必信，可大可久」〔註 5〕。《唐故太子司議郎盧府君（寂）墓誌銘並序》：「府君諱寂，字子靜，范陽涿人也，即北齊黃門侍郎思道之耳孫。曾祖承基，皇主客郎中、郢州刺史。祖元莊，沔、普、嘉三州刺史。父光遠，京兆府奉先縣丞。妣扶風馬氏，父士會，南州刺史。公奉先之次子也……年高卜性，胤天惟三，二宗儒學，一從釋氏。」〔註6〕《唐故昭州平樂縣尉盧府君（俠）墓誌銘並序》載盧俠之第二女：「依釋門，假佛慈，以報罔極。」〔註 7〕《和州烏江縣令敦煌張公（澹）故夫人范陽盧氏墓誌銘並序》記載范陽盧氏夫人先後生下四個孩子，然「天命不育」，相繼夭折，「遂常棲心於佛理，味寂滅爲善喻。每晨朝，盥體易服，頂像如來眞容，或念或讀，不勞不息，十有四五年矣，未嘗

〔註 3〕《魏書》卷八四《儒林傳附盧景裕傳》。

〔註 4〕吳鋼主編：《全唐文補遺》第四輯，三秦出版社，1997 年，第 237 頁。又見周紹良主編、趙超副主編：《唐代墓誌彙編》咸通 058，上海古籍出版社，1992 年 11 月版，第 2423～2424 頁。

〔註 5〕吳鋼主編：《全唐文補遺》第四輯，三秦出版社，1997 年，第 218 頁。

〔註 6〕吳鋼主編：《全唐文補遺》第六輯，三秦出版社，1999 年，第 107 頁。

〔註 7〕吳鋼主編：《全唐文補遺》（千唐誌齋新藏專輯），三秦出版社，2006 年，第 350 頁。

一日暫闕。誓心日將就歲，必限僧齊。而自佛室釋卷，乃歸私室憩息也。」〔註8〕能夠堅持每日念佛誦經長達十四五年之久，可見佛教之於其影響之深。《大唐故宣德郎前守蘇州海鹽縣令繪並前妻故隴西李氏合祔墓誌文自敘》載盧繪「生涯未立，不可以相依倚，州洛舊居荒涼，不免寄遇海邑。繪平生闇劣，別無異能，早歸釋宗眞理，由是大小乘典教，五千軸備獲。搜楊必課，沈愚景行。諸佛三大祗劫，未足爲多」〔註9〕。

當人們遭遇不幸，命運多舛之時，總會訴諸宗教來獲得心靈的慰藉和靈魂的安寧；當人們對社會現實不滿、對社會絕望之時，也同樣會在宗教的王國裏來撫慰自己桀驁的靈魂，尋求一個安放自己心靈的精神家園。古今莫不如是。

由於女性依賴性較強，渴望平安祥和的生活，因此宗教對於婦女總會有一種特殊的吸引力。佛教在中原經歷了幾百年的傳播，已經有了大批的信徒，並且佛教的教義和儀式已經滲入人們的日常生活，在家燒香拜佛對於婦女來說成爲了一項日常生活內容，史料中有不少婦女誦經拜佛的史實，滎陽鄭頎妻子盧夫人每日焚香拜佛，誦讀佛經，《唐故（鄭頎妻）范陽盧夫人墓誌銘並序》載：「夫人居常則焚香淨室，誦讀佛書，或手自繕寫，幾盈秩笥。性合於道德，理契於眞宗。奉金仙爲可久之師，期積善有無疆之慶。」〔註10〕《盧璥妻李晉墓誌》：「夫人諱晉，字行昭，趙郡平棘人……開元八年，從（盧）微明宰濬儀，崇信釋典，深悟泡幻，常口誦金剛般若經。」〔註11〕《唐故懷州錄事參軍清河崔府君後夫人范陽盧氏墓誌銘並序》：「盧氏之先，出於齊高子之族，因邑命氏，代爲齊人。至漢末，徙於涿郡，遂爲涿之范陽人。歷魏晉，其宗始分爲南北。其婚閥著高於搢紳者，唯北宗焉。夫人居北宗爲大房。懷州府君即大房之出也。夫人諱□字□。曾祖景明，王屋令。曾妣清河崔氏。祖澤，殿中侍御史、華州判官。祖妣滎陽鄭氏，故刑部侍郎少微之女也。父倓，陝州夏縣尉。妣鄭氏，少微之孫，大理正朝之女。……雅逵釋氏，當窮

〔註8〕吳鋼主編：《全唐文補遺》（千唐誌齋新藏專輯），三秦出版社，2006年，第369頁。

〔註9〕吳鋼主編：《全唐文補遺》（千唐誌齋新藏專輯），三秦出版社，2006年，第373頁。

〔註10〕吳鋼主編：《全唐文補遺》第六輯，三秦出版社，1999年，第183頁。

〔註11〕吳鋼主編：《全唐文補遺》第六輯，三秦出版社，1999年，第44頁。

酷而無尤怨。」〔註 12〕《唐前揚州海陵縣令劉尙賓夫人范陽盧氏誌銘》:「夫人范陽盧氏，北祖大房。曾祖嵩，陽武令。祖察，丹□尉。父逵，殿中侍御史內供奉、賜緋魚袋、知河中度支院。外族潁川陳氏，故淮南節度使、檢校司徒同中書門下平章事，贈太尉少□，夫人外祖也。夫人殿中之次女，陳夫人之長女。……夫人奉教空門，信崇釋理，虔誠經像，悲此幻影，豈是先知其壽不永。……大和五年五月廿二日，歿於泗州開元寺。」〔註 13〕《有唐盧氏（緘）故崔夫人墓銘並序》:「亡室夫人，其先受封清河。官婚門範，爲中夏甲姓。……選求配偶，志傾中外。時（盧）緘眇末幽陋，樹立無涯，相國眷深外屬，許以姻好。……後數歲，緘登進士第，補官麟閣，佐戎商州防禦使，授涇陽尉，爲版圖巡職，奏許昌荊南記室從事官，轉協律評事，再爲使銜御史。升朝，拜殿中侍御史，轉侍御史尚書都官外郎。……夫人習禮言詩，尤專論語。崇奉釋教，深味佛經。誦讀講磨，咸得要妙。洞知聲律，不學而能。箏笥雅琴，皆所盎善。……夫人歸誠慈氏，託志空門，將終，加號曰上乘。」〔註 14〕

范陽盧氏族人不僅多與僧人來往，亦有躬身出家爲僧者，比如任城王湝妃盧氏，出家爲尼，史載:「任城王湝，神武第十子也。少明慧。天保初封。……妃盧氏賜斛斯徵，蓬首垢面，長齋不言笑。徵放之，乃爲尼。」〔註 15〕盧昂之子出家爲僧，法名守眞，《唐故中大夫澧州刺史賜紫金魚袋范陽盧府君（昂）墓誌銘並序》:「……府君諱昂，字子皐。……冢嗣長，故河西縣令。次廣，河南縣丞，贈右司□□。別子一人，僧號守眞。右司之孤工部郎中商，總角伶俜，稟慶先世。」〔註 16〕《唐故潤州昭代寺比邱尼元應墓誌銘（並序）》載:比邱尼元應「俗姓盧氏，世閥華峻，倬於漢魏，以至北齊，黃門侍郎思道，即六代祖也。曾祖悌，隱居不仕。祖暄，皇中散大夫邠王友，贈祕書監。父澐，皇中散大夫，婺州刺史。惟先人叔父，迭領名藩，出也作民父母，入也爲王卿士，再世出於裴，而舅族多賢，繼貳六官，聯居九牧，中外纓冕之盛，冠於士林。儲是德慶，宜有淑喆，初以既

〔註 12〕吳鋼主編:《全唐文補遺》第一輯，三秦出版社，1994 年，第 385 頁。

〔註 13〕吳鋼主編:《全唐文補遺》第一輯，三秦出版社，1994 年，第 299 頁。

〔註 14〕吳鋼主編:《全唐文補遺》第一輯，三秦出版社，1994 年，第 369 頁。

〔註 15〕《北齊書》卷一〇《任城王湝傳》。

〔註 16〕吳鋼主編:《全唐文補遺》第四輯，三秦出版社，1997 年，第 115 頁。

笄之年，歸隴西李君晉卿，仕至東陽決曹掾，靖恭敏直，齒位皆屈，其於輔贊淑賢之道，檠衮組紃之事，舉無違德，姻黨宜之。晝哭之後，棲心釋氏，既厭有生之患，竟從受具之法。灑濯世網，揭厲元津，外修尸羅，中習禪惠，法器方茂，遽與化俱。」〔註 17〕

一代宗師六祖慧能（638～713）〔註 18〕，也出自范陽盧氏〔註 19〕，俗家姓名盧行者，原籍范陽，生於新州，曾到湖北黃梅東山師從弘忍學禪，引發「菩提明鏡」一樁禪宗公案。後受傳衣鉢，隱忍許多年，終於開宗立派，佛教史上稱爲禪宗六祖，成爲禪宗的眞正創始人。正史記載「僧慧能者，新州人也，與神秀行業相埒。弘忍卒後，慧能住韶州廣果寺。韶州山中，舊多虎豹，一朝盡去，遠近驚歎，咸歸伏焉。神秀嘗奏則天，請追慧能赴都，慧能固辭。神秀又自作書重邀之，慧能謂使者曰：『吾形貌矬陋，北土見之，恐不敬吾法。又先師以吾南中有緣，亦不可違也。』竟不度嶺而死。天下乃散傳其道，謂神秀爲北宗，慧能爲南宗。」〔註 20〕

范陽盧氏以儒學爲家學，然又多有崇佛之事，說明了儒佛兩家的相互融合，從經典教義的層面走進了人們的日常生活。佛教在魏晉南北朝時期的傳播過程中，已經作了一些適應中國本土文化的調整，其所宣揚教義中有了不少與儒家思想相合之處，尤其在倫理上佛教倫理和儒學倫理經過互相融攝吸收，弱化了衝突，爲大眾所接受。世家大族多以禮法文化著稱於世，他們深厚的加血傳統以及優美的門風甚至日常生活中舉止規範都爲全社會所稱道豔羨，這代表了一種先進高雅的價值觀念和社會風尚，但中古時期尤其是隋唐兩朝這種以儒家倫理爲思想基礎的禮法文化有不斷下移的趨勢，而不再爲世

〔註 17〕《全唐文》卷五〇六《唐故潤州昭代寺比邱尼元應墓誌銘（並序）》。

〔註 18〕與慧能在中國佛教史上的重要地位相比，目前學界關於慧能的研究並不算多，目前關於慧能的主要研究論著有董群《慧能與中國文化》（貴州人民出版社，2001 年版）、方立天《性淨自悟——慧能〈壇經〉的心性論》（《哲學研究》1994 年第 5 期）、方立天《慧能創立禪宗與佛教中國化》（《哲學研究》2007 年第 4 期）、阮氏清潤《六祖慧能禪學與越南陳仁宗竹林禪派》（華東師範大學 2013 年博士學位論文）等，詳細研究現狀參看黃夏年《禪宗研究一百年》（載《中國禪學》2002 年第 1 期，中華書局出版）以及董群專著後附錄《論著索引》和《文獻綜述》。相比，港臺研究成果要豐碩一些，但大陸不易見到。

〔註 19〕〔唐〕王維：《六祖能禪師碑銘》，郭朋：《壇經校釋》，第 141 頁。又見敦煌本《壇經》以及王維爲慧能所撰之《六祖能禪師碑銘》，二者皆載於石峻等編《中國佛教思想資料選編》第 2 卷第 4 冊，中華書局 1983 年版。

〔註 20〕《舊唐書》卷一九一《慧能傳》。

家大族所有，在這個文化下移過程中，佛教的傳播與其相得益彰、交相輝映，佛教在儒家禮法文化下移過程中發揮了重要作用〔註 21〕。

二、范陽盧氏家族的道教信仰

道教自東漢興起以後，經過兩晉南北朝時期葛洪、陸修靜、陶弘景和寇謙之等道教人物的改革和發展，儼然成爲影響廣泛的本土宗教，道教的地位也得到了很大提高，由民間走向了宮廷和上流社會，很多道士一度出入宮廷，成爲國師，進入政治舞臺。李唐政權爲了攀附道教始祖李耳的姓氏，一度在宮廷論議上把道教排在儒和佛之前〔註 22〕，所以在中古時期，道教的發展也非常迅速。范陽盧氏等世家大族中亦有不少成員與道教結下了不解之緣，與道教中人保持交往，甚或直接出家爲道。東晉末發動叛亂的盧循就是一位五斗米道信徒，盧循出身世家大族，卻與寒門孫氏聯姻，娶孫恩之妹，這也與二人同爲五斗米道信徒有關。更爲重要的是，五斗米道在孫盧起兵叛亂中起到了重要的組織宣傳作用。〔註 23〕

盧道虔的妻子元氏「甚聰悟，常升高座講《老子》。道虔從弟元明隔紗帷以聽焉」〔註 24〕。盧光「性崇佛道，至誠信敬。常從周文狩於檀臺山，時獵圍既合，帝遙指山上謂群公曰：『公等有所見不？』咸曰：『無所見。』光獨曰：『見一桑門。』帝曰：『是也。』即解圍而還。令光於桑門立處造浮圖。掘基一丈，得瓦缽錫杖各一，帝稱歎，因立寺焉。及爲京兆，而郡舍先是數有妖怪，前後郡將，無敢居者。光曰：『吉凶由人，妖不妄作。』遂人居之。

〔註 21〕關於這一點，張國剛先生在文章與演講中多次闡述。見張國剛：《中古佛教與禮法文化下移》（《漢學研究通訊》第 25 卷第 3 期，2006.08）、張國剛：《從禮容到禮教：中國中古士族家法的社會變遷》（《河北學刊》2011 年第 3 期）、張國剛：《「唐宋變革」與中國歷史分期問題——以中古士族爲中心的考察》（載《北京論壇（2005）文明的和諧與共同繁榮——全球化視野中亞洲的機遇與發展：「歷史變化：實際的、被表現的和想像的」歷史分論壇論文或摘要集》，2005 年）。以及拙文《從〈太平廣記〉看中古民間佛事活動與儒家倫理之關係》（載《濟南大學學報》社會科學版，2013 年第 6 期）。

〔註 22〕見張弓：《隋唐儒釋道論議與學風流變》，載《歷史研究》，1993 年第 2 期。張弓：《北朝儒釋道論議與北方學風流變》，《孔子研究》，1993 年第 4 期。劉立夫：《唐代宮廷的三教論議》，《宗教學研究》，2010 年第 3 期。

〔註 23〕《陳寅恪魏晉南北朝史講演錄》，萬繩楠整理，黃山書社，1987 年 4 月版，2000 年 12 月重印，第 162～163 頁。

〔註 24〕《北史》卷三〇《盧玄傳》。

未幾，光所乘馬忽升廳事，登牀，南首而立。食器無故自破。光並不以介懷，其精誠守正如此」〔註25〕。盧光注有《道德經章句》行於世。

起信法師出於范陽盧氏大房盧思道一支，是盧成節之子，《故范陽郡君盧尊師（起信）墓誌銘並序》：「尊師范陽郡君，法諱起信，范陽人也。曾祖諱承泰，皇德州刺史。祖齊卿，皇銀青光祿大夫、太子詹事。父成節，皇陝郡陝縣主簿。以齊大之援，承敬仲之卜。乃從夫以享封，寔因子而積慶。所能約志純素，棲神窈冥。居常晏如，思每出境。既懋閨範，能歸道流。乃詔許出家，以旌所願。於是拖霓服，筓雲冠。室如玄都，庭若紫府。將受仙籙，必苻靈官。或呈殊祥，用表精念。」〔註26〕

道教典籍《雲笈七籤》中記載了不少盧氏族人修道或與道士交往的現象。寶曆乙未歲，霞栖子盧道元「敬持《太上八方》細蘊玄寶一軸，以授隱栖施君」〔註27〕，盧耽「少學道得仙。後復仕，爲州治中，每時乘空歸家，到曉則反州。嘗元會，期會在列，時耽後至，迴翔閤前欲下次，爲威儀以帚擲耽，得一隻履墜地，耽由是飛去」〔註28〕。另有一位神姑，其名爲盧眉娘，「後魏北祖帝師盧景祚之後，生而眉長且綠，因以爲名。永貞元年（805），南海太守以其奇巧而神異，貢於京。盧眉娘幼而慧晤，能以一絲析爲三縷，染彩於掌中，結爲傘蓋五重。其中有十洲三島、天人玉女、臺殿麟鳳之像，而外列執幢捧節仙童，不啻千數。其闊一丈，秤之無三數兩。自煎靈香膏傳之，則虬硬不斷。順宗皇帝歎其巧妙，二宮內謂之神姑。入內時方年十四，每日但食胡麻飯三二合。至元和中，憲宗皇帝嘉其聰慧，因賜金鳳環，以束其腕。久之，不願在宮掖，乃度爲女道士，放歸南海，賜號曰逍遙。數年不食，常有神人降會，一旦羽化，香氣滿室。將葬，舉棺覺輕，撤其蓋，唯舊履而已。往往人見乘紫雲，於海上羅浮」〔註29〕。

相比佛教，道教在范陽盧氏家族影響要小得多，這也與道教本身的特徵有關。作爲世家大族來說，以儒學傳家，以儒家倫理作爲世族子弟的爲人處

〔註25〕《北史》卷三〇《盧同附盧光傳》。

〔註26〕吳鋼主編：《全唐文補遺》第六輯，三秦出版社，1999年，第84頁。此誌亦收錄於周紹良、趙超主編：《唐代墓誌彙編續集》天寶097，上海古籍出版社，2001年，第652頁。

〔註27〕《雲笈七籤》卷七四《方藥部一》。

〔註28〕《雲笈七籤》卷一一〇《紀傳部・傳八》。

〔註29〕《雲笈七籤》卷一一六《紀傳部・傳十五》。

世之道，其理想是「修身齊家治國平天下」，一般積極入世，鼓勵族中子弟建功立業，而道教多神仙符籙之事，追求長生不老，清靜無爲，把人們引向虛幻世界、深山老林，這與世家大族的煊赫家世以及較高的政治地位很不相稱，因此，道教在世家大族中並沒有得到很好的傳播，反而在下層民眾和上層統治者這兩端獲得市場。

第十章　中古時期范陽盧氏的家學家風

本章關注范陽盧氏的家族文化。世家大族歷經許多朝代更迭和政權輪換，仍然保持著自身的大族地位，處於不敗之地，原因何在？當與家學有關。漢代獨尊儒術，立五經博士，但官學體系卻長期未能建立，興學設教的宏偉藍圖成爲泡影，直到魏晉南北朝時期官學仍然處於一種不發達的狀態，文化的傳承與傳播維繫在世家大族身上，因此世家大族壟斷了文化、學術及教育，誠如陳寅恪先生所言：「蓋自漢代學校制度廢弛，博士傳授之風氣止息以後，學術中心移於家族，而家族復限於地域，故魏、晉、南北朝之學術、宗教皆與家族、地域兩點不可分離。」〔註1〕漢代經學注重師承家法，某一家族可能長期在某一經典的解釋上佔據話語權地位，如伏勝關於《尚書》之學的傳授，范陽盧氏盧植、盧景裕、盧辯等對三禮和《禮記》的研究與傳授等，故此陳寅恪描述此景象爲學術的家門化趨勢，他在《崔浩與寇謙之》一文中說：「東漢以後學術文化，其重心不在政治中心之首都，而分散於各地之名都大邑。是以地方之大族盛門乃爲學術文化之所寄託。中原經五胡之亂，而學術文化尚能保持不墜者，固由地方大族之力，而漢族之學術文化變爲地方化及家門化矣。故論學術，只有家學之可言，而學術文化與大族盛門常不可分離也。然此種變遷乃逐漸形成者，在六朝初期所謂高門，不必以高官爲唯一之標準（如魏書肆柒盧玄傳論所言）。」〔註2〕這可能是門閥貴族得以長久保持尊榮的重要原因。

〔註1〕陳寅恪：《隋唐制度淵源略論稿．唐代政治史述論稿》，北京：三聯書店，2001年，第20頁。

〔註2〕陳寅恪：《金明館叢稿初編》，北京：三聯書店，2001年，第147～148頁。

魏晉時期范陽盧氏的崛起，「除去政治與經濟上的原因之外，一個十分重要的問題，就是歷史給予了自漢代以來就以經學傳家、又具有良好的家學門風與家庭教育的文化世家一個凸現於社會的契機與機遇」〔註3〕。漢代地方豪族爲了長期延續其地位和利益，便讓其子孫後代研讀經學，以增強自身的文化優勢。「古人習一業則累世相傳，數十百年不墜。蓋良冶之子必學爲裘，良工之子必學爲箕，所謂世業也。工藝且然，況於學士大夫之術業乎！」〔註4〕學而優則仕，漢代將讀書與做官結合在一起，因此經學方面的優勢可以轉化爲政治權力與政治地位，「經學既然附著有巨大的現實利益，自然成爲眾多家族實現其繁榮發展的手段」〔註5〕。白樂日在其《中國的文明與官僚政治》一書中亦強調這種教育文化優勢對世家大族形成世代特權的重要作用，「（中國）士大夫（官吏）階級在數量上僅是極少數人，但是由於他們有力量、影響力、地位、聲望，掌握有所有的權力，擁有大量的土地，因此權力顯得無比的巨大，這個階級並且有每種特權，最主要的因爲他們壟斷教育而享有塑造其本身成員的特權。」〔註6〕錢穆先生說：「門第即來自士族，血緣本於儒家，苟儒家精神一旦消失，則門第亦將不復存在。」〔註7〕由是觀之，文化因素對於世家大族的延續至關重要。如果說世代爲官、門第婚姻、講究禮法是世家大族外在表現特徵，那麼家族文化就是其中起根本決定作用的內在原因。以下從家學和家風兩個方面探討。

一、家學：三禮傳家、詩書兼修

范陽盧氏是儒學世家，自東漢盧植以後，世代傳經，尤以「三禮之學」著稱於世，同時書法、史學也有很高成就。進入唐代，范陽盧氏又在詩歌的

〔註3〕王洪軍：《名門望族與中古社會——太原王氏研究》，天津：南開大學歷史學院2005年博士學位論文，第266頁。

〔註4〕〔清〕趙翼著，王樹民校證：《廿二史札記校證》，中華書局，1984年1月版，第100頁。

〔註5〕陳明：《儒學的歷史文化功能——士族：特殊形態的知識分子研究》，學林出版社，1997年1月版，第85頁。

〔註6〕Etienne Balazs, Chinese Ciuilization and Bureaucracy, Yale Universitypress, 1965, p.6. 轉引自毛漢光：《中國中古社會史論》，上海書店出版社，2002年12月，第8頁。

〔註7〕錢穆：《略論魏晉南北朝學術文化與當時門第之關係》，原載香港《新亞學報》1963年5卷2期，後收入錢穆：《中國學術思想史論叢》，三聯書店，2009年12月版，第178～179頁。

國度譜寫了華彩的樂章。整個中古時期，范陽盧氏家族湧現出了許許多多的經學家、禮學家、史學家、詩人、書畫家。詩禮傳家聲，青史留美名。

（一）儒學

在儒學方面，范陽盧氏首推第一大儒盧植，海內儒宗，東漢建寧中徵爲博士，「復徵拜議郎，與諫議大夫馬日磾、議郎蔡邕、楊彪、韓說等並在東觀，校中書《五經》記傳，補續《漢記》」。盧植經學上的成就體現在所作《尚書章句》和《三禮解詁》上。當時立太學《石經》，以正《五經》文字，盧植上書曰：「臣少從通儒故南郡太守馬融受古學，頗知今之《禮記》特多回冗。臣前以《周禮》諸經，發起粃謬，敢率愚淺，爲之解詁，而家乏，無力供繕寫上。願得將能書生二人，共詣東觀，就官財糧，專心研精，合《尚書》章句，考《禮記》失得，庶裁定聖典，刊正碑文。古文科斗，近於爲實，而厭抑流俗，降在小學。中興以來，通儒達士班固、賈逵、鄭興父子，並敦悅之。今《毛詩》、《左氏》、《周禮》各有傳記，其與《春秋》共相表裏，宜置博士，爲立學官，以助後來，以廣聖意。」〔註 8〕

盧植還是中國文字反切學的鼻祖，在文字學、音韻學上的造詣爲後世歷代學者稱道。盧植在方志學上也有濃重的一筆，其所撰《冀州風土記》堪稱中國地方志的開山之作。盧植以正直的品格、超群的才學以及不朽的功勳，開創了范陽盧氏成爲北方名門望族的萬世基業。

范陽盧氏中有不少人都是才華橫溢，飽讀詩書，精通禮儀，西晉時，盧植之孫盧欽，「世以儒業顯，欽清澹有遠識，篤志經史」。盧諶「清敏有理思，好《老》、《莊》，善屬文……撰《祭法》，注《莊子》，及文集，皆行於世」〔註 9〕。盧道將涉獵經史，風氣謇諤，頗有文才，爲一家後來之冠〔註 10〕。盧晏一支「博學，善隸書，有名於世」；盧溥支「兄弟俱以文章顯」；盧輔支「專爲經學」、「博通經籍」〔註 11〕。盧誕「儒宗學府」，爲諸王師，拜國子祭酒。盧光「性溫謹，博覽群書，精於《三禮》，善陰陽，解鍾律，又好玄言」。盧昌衡「沈靖有才識，風神澹雅，容止可法。博涉經史、工草行書。」周武平齊，盧昌衡「授司玉中士，與大宗伯斛斯徵修《禮令》」〔註 12〕。

〔註 8〕《後漢書》卷六四《盧植傳》。
〔註 9〕《晉書》卷四四《盧欽附志子諶傳》。
〔註 10〕《魏書》卷四七《盧玄傳》。
〔註 11〕《北齊書》卷二《神武帝紀》。
〔註 12〕《北史》卷三〇《盧玄傳》。

盧度世以後，四房盧氏「以儒素見重」，聲名達於朝野。史稱大房盧道將「涉獵經史」、「頗有文才」，盧道裕「少以學尚知名」，大房盧道虔好《禮》學，「難齊尚書令王儉《喪服集記》七十餘條。爲尚書同僚於草屋下設雞黍之膳，談者以爲高」。道虔妾元氏，「甚聰悟，常升高座講《老子》。道虔從弟元明隔紗帷以聽焉」，盧昌衡「博涉經史」。二房盧義僖「早有學尚，識度沉雅」。三房盧昶「學涉經史，早有時譽」，盧元明「涉歷羣書，兼有文義，風彩閑潤，進退可觀……善自標置，不妄交遊，飲酒賦詩，遇興忘返。性好玄理，作史子雜論數十篇，諸文別有集錄。少時，常從鄉還洛，途遇相州刺史、中山王熙。熙，博識之士，見而歎曰：『盧郎有如此風神，唯須誦《離騷》，飲美酒，自爲佳器。』遂留之數日，贈帛及馬而別」。四房盧尙之「以儒素見重」，盧文甫「涉歷文史，有名譽於時」。〔註 13〕

自盧植以後，「三禮」之學一直成爲范陽盧氏的家學，並且在「三禮」的研究上有不少成就。

西晉盧諶在家禮、祭禮方面造詣很深，史載「晉中郎盧諶，近古之知禮、著《家祭禮》者也」〔註 14〕。北朝後期盧景裕和盧辯都是當時的碩儒，盧景裕從小就專經爲學，「先是，景裕注《周易》、《尙書》、《孝經》、《論語》、《禮記》、《老子》，其《毛詩》、《春秋左氏》未訖。齊文襄王入相，於第開講，招延時儁，令景裕解所注《易》。景裕理義精微，吐發閑雅。時有問難，或相詆訶，大聲厲色，言至不遜，而景裕神彩儼然，風調如一，從容往復，無際可尋」，盧景裕因此獲得了時人的稱讚，名聲初顯。盧景裕在佛學上也有造詣，他「雖不聚徒教授，所注《易》大行於世。又好釋氏，通其大義。天竺胡沙門道悕每論諸經論，輒託景裕爲之序。景裕之敗也，繫晉陽獄，至心誦經，枷鎖自脫。是時又有人負罪當死，夢沙門教講經，覺時如所夢，默誦千遍，臨刑刀折，主者以聞，赦之。此經遂行於世，號曰《高王觀世音》」〔註 15〕。盧弘宣在祭禮方面素有研究，當時他「患士庶人家祭無定儀，乃合十二家法，損益其當，次以爲書。」〔註 16〕這部書就是《新唐書・藝文志》所載的《家祭儀》〔註 17〕。

〔註 13〕《北史》卷三〇《盧玄傳》。
〔註 14〕《舊唐書》卷一八八《孝友傳崔沔傳》。
〔註 15〕《魏書》卷八四《儒林傳附盧景裕傳》。
〔註 16〕《新唐書》卷一九七《盧弘宣傳》。
〔註 17〕《新唐書》卷五八《藝文志二》。

盧辯「學通群藝，修五禮之缺」〔註18〕，曾經注《大戴禮記》，其傳記中載「少好學，博通經籍。正光初，舉秀才，爲太學博士。以《大戴禮》未有解詁，辯乃注之。其兄景裕爲當時碩儒，謂辯曰：『昔侍中注《小戴》，今汝注《大戴》，庶纂前修矣。』」盧辯曾教授西魏太子，「依《周禮》建六官，革漢、魏之法」〔註19〕。永熙二年（533），盧景宣曾於顯陽殿爲皇帝講解《大戴禮．夏小正》篇。〔註20〕

唐代范陽盧氏的才學之士不勝枚舉，如盧羽客「以五言詩光融當時」〔註21〕，大房盧招時爲「鄉貢明經，射策上第學府精通，詩文五卷」〔註22〕，盧拱「文華著聲，有名當代，累佐戎幕，歷官風憲」〔註23〕，盧子騖「童丱讀儒書，弱冠通子史」〔註24〕，盧知宗「俄舉通經，將造文場」〔註25〕。

（二）書法

范陽盧氏也是書法世家，書法也是家傳之學，尤擅長草行書。西晉盧志「少好學，朝夕惟焚香讀書，嘗與書盟曰；『誓與此君共老。』善書，素法鍾瑤」〔註26〕。其子盧諶也是魏晉時期著名的書法家，史載：「初，諶父志法鍾繇書，傳業累世，世有能名。至邈以上，兼善草迹，（盧）淵習家法，代京宮殿多淵所題。白馬公崔玄伯亦善書，世傳衛瓘體。魏初工書者，崔盧二門。」

〔註18〕《北史》卷八一《儒林傳》。

〔註19〕《北史》卷三〇《盧同傳》。

〔註20〕《魏書》卷三六《李順傳》，又見《魏書》卷八四《儒林傳》，《北史》卷八一《儒林傳》。

〔註21〕《大唐故盧府君（綬）墓誌銘》，載吳鋼主編：《全唐文補遺》第三輯，三秦出版社，1996年，第155頁。

〔註22〕《有唐登仕郎行魏郡冠氏縣尉雲騎尉盧公（招）墓誌銘並序》，載吳鋼主編：《全唐文補遺》第三輯，三秦出版社，1996年，第94頁。又見周紹良主編、趙超副主編：《唐代墓誌彙編》天寶252，上海古籍出版社，1992年11月版，第1707頁。

〔註23〕《唐故朝散大夫魏州貴鄉縣令盧公（侶）墓誌銘並序》，載吳鋼主編：《全唐文補遺》第四輯，三秦出版社，1997年，第95頁。該誌又見周紹良、趙超主編：《唐代墓誌彙編續集》元和053，上海古籍出版社，2001年，第837頁。

〔註24〕《唐故鄉貢進士范陽盧府君（子騖）墓誌》，載吳鋼主編：《全唐文補遺》第四輯，西安：三秦出版社，1997年，第109頁。

〔註25〕《唐故河中少尹范陽盧府君（知宗）墓誌銘並序》，載吳鋼主編：《全唐文補遺》第四輯，西安：三秦出版社，1997年，第255頁。

〔註26〕《晉書》卷四四《盧欽附盧志傳》。

〔註 27〕北魏首都代京宮殿的題字多由盧淵所題，盧淵范陽盧諶與清河崔悅交好，二人「並以博藝著名。諶法鍾繇，悅法衛瓘，而俱習索靖之草，皆盡其妙。諶傳子偃，偃傳子邈；悅傳子潛，潛傳玄伯。世不替業，故魏初重崔盧之書」〔註 28〕。范陽盧氏的書法藝術聲名遠播，爲社會所推崇。

反抗東晉朝廷的起義領袖盧循，是盧諶之曾孫，史稱盧循「雙眸冏徹，瞳子四轉，善草隸弈棋之藝」〔註 29〕。盧誕本名恭祖，其曾祖晏「博學，善隸書，有名於世」〔註 30〕。盧昌衡是北齊至隋代時期著名的書法家，史稱盧昌衡「沈靖有才識，風神澹雅，容止可法。博涉經史，工草行書」〔註 31〕。

唐代的盧藏用（字子潛）「善蓍龜九宮術，工草棣、大小篆、八分，善琴、弈，思精遠，士貴其多能」〔註 32〕。唐代張懷瓘《書斷》評價盧藏用書法說：「書則幼尚孫草，晚師逸少，雖闕於工，稍閒體範。八分之制，頗傷疏野。若況之前列，則有奔馳之勞；如傳之後昆，亦有規矩之法。子潛隸、行、草入能。」〔註 33〕藏用之弟盧重玄也擅長八分書，據《金石錄》載：「唐《杯渡師墓石柱頌》，盧若虛撰，盧重玄八分書。開元五年（717）四月。」〔註 34〕大房盧招「談端敏捷，堅白可離；學府精通，經緯咸貫。至若詩含四始，賦列九能。臨案牘而剖疑詞，布方冊而陳大體。靡不徵明典要，藻飾清新。又工草隸八分書，咸得其妙」〔註 35〕，盧寂次子盧愜「少工眞、草二書，善棋畫，通史傳，疾不願仕，放情希夷」〔註 36〕。盧璟善篆書，據《金石錄》載：

〔註 27〕《魏書》卷四七《盧玄傳》，亦見於《北史》卷三〇《盧玄傳》。
〔註 28〕《魏書》卷二四《崔玄伯列傳》，亦見於《北史》卷二一《崔宏傳》。
〔註 29〕《晉書》卷一〇〇《盧循傳》。
〔註 30〕《北史》卷三〇《盧誕傳》。
〔註 31〕《北史》卷三〇《盧玄傳》。
〔註 32〕《新唐書》卷一二三《盧藏用傳》。
〔註 33〕張懷瓘：《書斷》，載薛龍春：《張懷瓘書學著作考論・書斷校箋》，天津人民美術出版社，2005 年版，第 189 頁。
〔註 34〕〔宋〕趙明誠著，金文明校證：《金石錄校證》卷五，上海書畫出版社，1985 年 10 月第一版，第 91 頁。
〔註 35〕《有唐登仕郎行魏郡冠氏縣尉雲騎尉盧公（招）墓誌銘並序》，載吳鋼主編：《全唐文補遺》第三輯，三秦出版社，1996 年，第 94 頁。又見周紹良主編、趙超副主編：《唐代墓誌彙編》天寶 252，上海古籍出版社，1992 年 11 月版，第 1707 頁。
〔註 36〕《唐故太子司議郎盧府君（寂）墓誌銘並序》，載吳鋼主編：《全唐文補遺》第六輯，三秦出版社，1999 年，第 107 頁。

「《唐壽安縣甘棠館記》，蕭昕撰，盧璟篆額，大曆十一年（776）十月。」〔註37〕盧佐元曾爲其舅父顏杲卿書刻碑文，據《金石錄》載：「唐《顏杲卿碑》，眞卿撰。盧佐元正書。元和元年十月。」〔註38〕四房盧簡能之子盧知猷曾進士及第，也是當時書法家，史載：「知猷器量渾厚，世推爲長者。善書，有楷法。文辭贍麗。」〔註39〕「知猷器度長厚，文辭美麗。尤工書，落簡措翰，人爭模倣。」〔註40〕晚唐盧攜著有《臨池訣》，「述書法傳授源流，自謂得永興家法」〔註41〕，是一部著名的書法理論著作。

開元年間的隱士盧鴻〔註42〕爲唐代畫家，由范陽遷居洛陽，不願爲官，隱居嵩山，博學多才，既工於詩歌，又精於書法，善籀篆楷隸，擅長山水畫，「善八分書，工詩，兼畫山水樹石」〔註43〕。以自己在嵩山的隱居之所爲根據創作出《草堂圖》（亦稱《草堂十志圖》、《嵩山草堂圖》、《嵩山十志圖》），此圖被後世文人畫家視爲盧鴻「其志」最直觀的體現。盧鴻因其德行孤高被後世文人視作精神「領袖」，他所創造的「草堂」形象被後世文人及畫家反覆摹擬，最終形成草堂繪畫的潮流〔註44〕。

（三）史學

魏晉南北朝時期私家修史之風盛行，許多世家大族都撰述史書或編纂譜牒之書〔註45〕。在史學領域，范陽盧氏也有突出貢獻。北周盧柔，「除從事中

〔註37〕〔宋〕趙明誠著，金文明校證：《金石錄校證》卷八，上海書畫出版社，1985年10月第一版，第154頁。

〔註38〕〔宋〕趙明誠著，金文明校證：《金石錄校證》卷九，上海書畫出版社，1985年10月第一版，第174頁。

〔註39〕《新唐書》卷一七七《盧簡辭傳》。

〔註40〕《舊唐書》卷一六三《盧簡辭附知猷傳》。

〔註41〕《全唐文》卷七九二《臨池訣》。

〔註42〕《舊唐書》卷一九二《盧鴻傳》作「盧鴻一字浩然，本范陽人」，而《新唐書》卷一九六《盧鴻傳》作「盧鴻，字顥然，其先幽范陽人」。根據所載生平史實，二者爲同一人。

〔註43〕辛文房著，王大安校訂：《唐才子傳》，哈爾濱：黑龍江人民出版社，1986年，第18頁。

〔註44〕詳見徐復觀：《中國藝術精神》，桂林：廣西師範大學出版社，2007年，第395頁。孟召漢：《從草堂到高士——盧鴻「草堂範式」的確立與轉換》，上海師範大學2013年碩士學位論文。

〔註45〕如日本史家內藤湖南說：「唐以後與唐以前有一個很大不同在於，唐以前的史書多爲私人著述，是專門的學問，其中家學又是特別顯著的傾向。」見〔日〕內藤湖南著，馬彪譯：《中國史學史》，上海古籍出版社，2008年版，第115頁。

郎，與郎中蘇綽共掌機密。累遷中書侍郎，兼著作，撰起居注。後爲黃門侍郎，周文知其貧，解衣賜之，遷中書監。周孝閔帝踐阼，拜小內史大夫，進位開府儀同三司，卒於位。所作詩、頌、碑、銘、檄、表、啓行於世者數十篇」〔註 46〕。入仕東魏的大房盧懷仁著文宏富，撰有《中表實錄》二十卷，史載盧懷仁「性恬靜，蕭然有閑雅致。歷太尉記室、弘農郡守，不之任，卜居陳留界。所著詩賦銘頌二萬餘言，撰《中表實錄》二十卷。懷仁有行檢，善與人交。與琅邪王衍、隴西李壽之情好相得」，其子盧彥卿，有才學，仕隋位御史，「撰《後魏紀》三十卷。貞觀中，位石門令、東宮學士」〔註 47〕。

唐代貞觀年間，盧承基等人參與了《晉書》的編撰，「貞觀廿年閏三月四日，詔令修史所更撰晉書，銓次舊聞，裁成義類，其所須可依修五代史故事。若少學士，量事追取。於是司空房玄齡、中書令褚遂良、太子左庶子許敬宗掌其事。又中書舍人來濟、著作郎陸元仕、著作郎劉子翼、主客郎中盧承基、太史令李淳風、太子舍人李義府、薛元超、起居郎上官儀、主客員外郎崔行功、刑部員外郎辛邱馭、著作郎劉胤之、光祿寺主簿楊仁卿、御史臺主簿李延壽、校書郎張文恭，並分功撰錄」〔註 48〕。盧庇在「春秋學」上造詣頗深，竇群曾師從盧庇傳《春秋》，史載：「（竇）群兄弟皆擢進士第，獨群以處士客隱毗陵。母卒，齧一指置棺中，廬墓次終喪。從盧庇傳啖助《春秋》學，著書數十篇」〔註 49〕。可見盧庇是竇群的老師，竇群跟從盧庇研習《春秋》學。此外，大才子盧藏用曾經注補《戰國策》。

（四）文學

在文學上，范陽盧氏成就斐然，文人墨客不絕如縷。西晉盧欽所著「詩賦論難數十篇，名曰《小道》」〔註 50〕。盧元明「善自標置，不妄交遊，飲酒賦詩，遇興忘返。性好玄理，作史子雜論數十篇，諸文別有集錄。少時，常從鄉還洛，途遇相州刺史、中山王熙。熙，博識之士，見而歎曰：『盧郎有如此風神，唯須誦《離騷》，飲美酒，自爲佳器。』遂留之數日，贈帛及馬而別」〔註 51〕。盧正言之第五子盧先之「開元中登進士第，有文學，尤長篇□，嘗

〔註 46〕《北史》卷三○《盧玄附盧溥傳》。
〔註 47〕《北史》卷三○《盧玄傳》。
〔註 48〕《唐會要》卷六三《史館上》，第 1288 頁。
〔註 49〕《新唐書》卷一七五《竇群傳》。
〔註 50〕《晉書》卷四四《盧欽列傳》。
〔註 51〕《北史》卷三○《盧玄傳》。

賦銅爵妓詩，爲時人所諷詠」〔註 52〕。盧輻「志業尤大，耽研群書，無不手疏。至於積梵盈笈，而引釋該備。涉掠精當，有以見其深旨。近尤攻八韻賦，臻其妙思」〔註 53〕。

文學各門類中，范陽盧氏取得成就最爲顯著的首推詩歌。范陽盧氏一族出了許多傑出的詩人，如隋代詩人盧思道，「初唐四傑」之一盧照鄰，大曆十才子之一的盧綸，盧仝，盧鴻、盧象、盧峻、盧延讓等。

《盧思道本傳》記載：「思道字子行，聰爽俊辯，通侻不羈。年十六，中山劉松爲人作碑銘，以示思道，思道讀之，多所不解。乃感激讀書，師事河間邢子才。後復爲文示松，松不能甚解。乃喟然歎曰：『學之有益，豈徒然哉！』因就魏收借異書。數年間，才學兼著。」〔註 54〕盧思道是「北朝三才」之一邢劭的學生，文采飛揚，妙筆生花，其詩以纖豔著稱。北齊天保年間，即以文章著名。北齊文宣帝死後，當朝文士各作輓歌 10 首，擇其善者而用之。魏收、陽休之、祖孝徵等人不過得一二首，唯盧思道得 8 首，故時人稱其爲「八米盧郎」。盧思道的詩長於七言，對仗工整，善於用典，氣勢充沛，語言流暢，已開初唐七言歌行的先聲，在北朝後期和隋初有較高地位。代表作《聽蟬鳴篇》抒發客愁鄉思，譏諷長安權貴繁華輕薄的生活，詞意清切，寄託較深，曾受到庾信的讚賞。《從軍行》描寫征人思婦的離愁別緒，諷刺武將邀功求賞，是一首較好的邊塞詩。盧思道的文以《勞生論》爲最著名，文中揭露北齊、北周官場中趨炎附勢之徒的醜態，頗爲生動傳神，被錢鍾書譽爲北朝文壓卷之作。他還有《北齊興亡論》、《後周興亡論》等史論，通過親身經歷，論二代滅亡之原因，也具識見。盧思道有集 30 卷，已佚。今傳《盧武陽集》1 卷。《先秦漢魏晉南北朝詩》存其詩 27 首，《全隋文》存其文 10 餘篇。

初唐盧照鄰「年十餘歲，就曹憲、王義方授《蒼》、《雅》及經史，博學善屬文」，「徙居陽翟之具茨山，著《釋疾文》、《五悲》等誦，頗有騷人之風，甚爲文士所重」，盧照鄰與王勃、楊炯、駱賓王以文詞齊名，海內稱爲「王楊盧駱」，亦號爲「初唐四傑」。楊炯聞聽，對人們說：「吾愧在盧前，恥居王後。」

〔註 52〕《唐故陝州平陸縣尉盧府君（殷）滎陽鄭夫人合祔墓誌銘並序》，載吳鋼主編：《全唐文補遺》第八輯，西安：三秦出版社，2000 年，第 183 頁。

〔註 53〕《唐故鄉貢進士范陽盧府君（輻）墓誌銘》，載吳鋼主編：《全唐文補遺（千唐誌齋新藏專輯）》，西安：三秦出版社，2006 年，第 377 頁。

〔註 54〕《北史》卷三〇《盧思道傳》。

當時議者，亦以爲然。其後崔融、李嶠、張說俱重四傑之文。〔註 55〕盧照鄰有文集二十卷，寫下了許多歌行體詩歌，寓意深刻，詞藻優美，韻味無窮，在文學史上有重要地位。

盧綸，「字允言，河中人。避天寶亂，來客鄱陽。大曆初，數舉進士不入第。元載素賞重，取其文進之，補閿鄉尉。累遷檢校戶部郎中，監察御史」。盧綸是唐代大曆年間頗有名氣的詩人。留下詩集十卷，詩歌三百餘首。「與吉中孚、韓翃、耿湋、錢起、司空曙、苗發、崔峒、夏侯審、李端，聯藻文林，銀黃相望，且同臭味，契分俱深」，號稱「大曆十才子」。後人論曰：「唐之文體，至此一變矣。盧綸所作特勝，不減盛時，如三河少年，風流自賞。」文宗雅愛其詩，問宰相李德裕：「（盧）綸沒後，文章幾何，亦有子否？」李德裕對：「（盧）綸四子皆擢進士，仕在臺閣。」文宗於是遣中使悉索其巾笥，得詩五百首進之。〔註 56〕

盧仝，是范陽盧氏中又一著名詩人，號爲玉川子。宋晁公武《郡齋讀書志》卷十八云：「唐盧仝，范陽人。」〔註 57〕《全唐文》卷六八三作者小傳：「仝，范陽人，隱少室山，自號玉川子。」〔註 58〕清人彭定球所編《全唐詩》亦同樣認爲盧仝爲范陽人〔註 59〕。盧仝生活境遇一度十分窘迫，「家甚貧，惟圖書堆積」，隱居少室山，清高不仕。時任河南令的韓愈對盧仝非常尊敬，並稱讚盧仝之詩。盧仝詩作別具一格，「唐詩體無遺，而仝之所作特異，自成一家，語尙奇譎，讀者難解，識者易知。後來仿傚比擬，遂爲一格宗師」〔註 60〕。盧仝留下了詩集一卷。

盧峻，字子翰，「工五言詩，一舉擢進士第，解褐參京北軍事」〔註 61〕。盧藏用也是才華出眾，「少以辭學著稱。初舉進士選，不調，乃著《芳草賦》

〔註 55〕《舊唐書》卷一九〇上《盧照鄰傳》。

〔註 56〕辛文房著，王大安校訂：《唐才子傳》，哈爾濱：黑龍江人民出版社，1986 年，第 66 頁。

〔註 57〕〔宋〕晁公武撰，孫猛校證：《郡齋讀書志校證》，上海古籍出版社，1990 年，第 906 頁。

〔註 58〕《全唐文》卷六八三《盧仝小傳》，第 6981 頁。

〔註 59〕〔清〕彭定球等編：《全唐詩》（第十二冊）卷三八七，北京：中華書局，1960 年，第 4364 頁。

〔註 60〕辛文房著，王大安校訂：《唐才子傳》，哈爾濱：黑龍江人民出版社，1986 年，第 86 頁。

〔註 61〕見秦珠：《唐末盧峻墓誌銘》，載《考古與文物》1983 年第 1 期。該誌收入吳鋼主編：《全唐文補遺》第七輯，三秦出版社，1999 年，第 163 頁。

以見意」〔註 62〕。盧藏用與陳子昂、趙貞固、陸餘慶、杜審言、宋之問、畢構、郭襲微、司馬承禎、釋懷一等人交情很好，當時號稱「方外十友」〔註 63〕。陳子昂有文集，請盧藏用爲序，史載：陳子昂「褊躁無威儀，然文詞宏麗，甚爲當時所重。有集十卷，友人黃門侍郎盧藏用爲之序，盛行於代」〔註 64〕。

魏晉南北朝時期，婦女的地位有了相應提高，越來越多的婦女享有學習的機會，接受了家族內的教育。盧道虔的妻子元氏「甚聰悟，常升高座講《老子》。道虔從弟元明隔紗帷以聽焉」。盧伯卿夫人「幼聞詩禮，雅慕恭儉。以柔靜爲德，以孝慈爲仁」〔註 65〕。鄭頎妻子范陽盧氏「志崇釋老，業本儒玄，希夷以保其眞，恬退以安其道。研精易象，養素丘園，家法門風，搢紳師表」〔註 66〕。當她們學有所成後，又充當傳道、授業、解惑的老師，教育自己的子女。婦女文化水平的提高，對於子女良好的啓蒙教育有重要作用。

范陽盧氏以儒學傳家立家，文化根基深厚，代不乏人，在歷史上留下了豐碩的學術著作和華麗詩篇，翻開《隋書・經籍志》和《舊唐書・經籍志》、《新唐書・藝文志》等文獻，發現有許多關於范陽盧氏成員的著作或文集，茲列表以觀之。

表七八：范陽盧氏成員著作文集統計表

序號	作　者	著作（文集）名稱	資料來源
1	盧植	《尚書章句》、《三禮解詁》	《後漢書》卷六四《盧植傳》
2	盧植	《冀州風土記》	《太平寰宇記》卷六十三《河北道十二》
3	盧植注	《禮記》十卷	《隋書》卷三二《經籍志一》
4	盧景裕	注《易》	《魏書》卷八四《儒林傳附盧景裕傳》
5	盧欽	詩賦論難數十篇，名曰《小道》	《晉書》卷四四《盧欽列傳》

〔註 62〕《舊唐書》卷九四《盧藏用傳》。

〔註 63〕《新唐書》卷一一六《陸元方附餘慶傳》。

〔註 64〕《舊唐書》卷一九○《陳子昂傳》。

〔註 65〕《唐河中府猗氏縣主簿盧公（伯卿）故夫人清河崔氏墓誌銘並序》，載吳鋼主編：《全唐文補遺》第四輯，西安：三秦出版社，1997 年，第 115 頁。

〔註 66〕《唐故（鄭頎妻）范陽盧夫人墓誌銘並序》，載吳鋼主編：《全唐文補遺》第六輯，三秦出版社，1999 年，第 183 頁。

序號	作　者	著作（文集）名稱	資料來源
6	盧辯	注《大戴禮記》	《北史》卷三〇《盧同傳》
7	盧懷仁	《中表實錄》二十卷	《北史》卷三〇《盧玄傳》
8	盧氏注	《周易》一帙十卷	《隋書》卷三二《經籍志一》 《舊唐書》卷四六《經籍志上》 《新唐書》卷五七《藝文志一》
9	盧諶撰	《雜祭法》六卷（《新唐書》卷五八《藝文志二》作「《雜祭注》六卷」，《舊唐書》卷一八八《孝友傳崔沔傳》：「晉中郎盧諶，近古之知禮、著《家祭禮》者也。」）	《隋書》卷三二《經籍志一》 《新唐書》卷五八《藝文志二》
10	盧氏注	《論語》七卷	《隋書》卷三二《經籍志一》
11	盧宗道撰	《魏志音義》一卷	《隋書》卷三三《經籍志二》
12	盧綝撰	《晉四王起事》四卷	《隋書》卷三三《經籍志二》
13	盧思道撰	《知己傳》一卷	《隋書》卷三三《經籍志二》 《舊唐書》卷四六《經籍志上》 《新唐書》卷五八《藝文志二》
14	盧景裕注	《老子道德經》二卷	《隋書》卷三四《經籍志三》
15	盧毓撰	《九州人士論》一卷	《隋書》卷三四《經籍志三》 《舊唐書》卷四七《經籍志下》 《新唐書》卷五九《藝文志三》
16	盧辯撰	《稱謂》五卷	《隋書》卷三四《經籍志三》 《新唐書》卷五九《藝文志三》
17	盧辯撰	《墳典》三十卷	《隋書》卷三四《經籍志三》 《舊唐書》卷四七《經籍志下》 《新唐書》卷五九《藝文志三》
18	盧彥卿撰	《魏記》三十三卷（《新唐書》卷五八《藝文志二》作「《後魏紀》」）	《舊唐書》卷四六《經籍志上》 《新唐書》卷五八《藝文志二》
19	盧元福撰	《帝王編年錄》五十一卷	《舊唐書》卷四六《經籍志上》 《新唐書》卷五八《藝文志二》

序號	作　者	著作（文集）名稱	資料來源
20	盧元福撰	《共和已來甲乙紀年》二卷	《舊唐書》卷四六《經籍志上》
21	盧綝撰	《四王起居》四卷（疑與《晉四王起事》爲同一著作，蓋係推測。茲暫另列。）	《舊唐書》卷四六《經籍志上》
22	盧綝撰	《晉八王故事》十二卷	《舊唐書》卷四六《經籍志上》 《新唐書》卷五八《藝文志二》
23	盧仁宗撰	《食經》三卷	《舊唐書》卷四七《經籍志下》 《新唐書》卷五九《藝文志三》
24	盧行超	《易義》五卷	《新唐書》卷五七《藝文志一》
25	盧植注	《小戴禮記》二十卷	《新唐書》卷五七《藝文志一》
26	盧藏用	《春秋後語》十卷	《新唐書》卷五七《藝文志一》
27	盧耽、蔣偕、王渢、盧告牛叢撰，魏謨監修	《文宗實錄》四十卷	《新唐書》卷五八《藝文志二》
28	盧若虛	《南宮故事》三十卷	《新唐書》卷五八《藝文志二》
29	盧若虛參撰	《六典》三十卷	《新唐書》卷五八《藝文志二》
30	盧詵	《四公記》一卷	《新唐書》卷五八《藝文志二》
31	盧辨	《祀典》五卷	《新唐書》卷五八《藝文志二》
32	盧弘宣	《家祭儀》	《新唐書》卷五八《藝文志二》
33	盧律師參撰	《永徽留本司格後》十一卷	《新唐書》卷五八《藝文志二》
34	盧懷愼參與刪定	《開元前格》十卷	《新唐書》卷五八《藝文志二》
35	盧從願參與刪定	《開元後格》十卷，又《令》三十卷，《式》二十卷	《新唐書》卷五八《藝文志二》
36	盧紓	《刑法要錄》十卷	《新唐書》卷五八《藝文志二》
37	盧鴻	《嵩山記》一卷	《新唐書》卷五八《藝文志二》
38	盧求	《成都記》五卷	《新唐書》卷五八《藝文志二》
39	盧藏用注	《老子》注二卷	《新唐書》卷五九《藝文志三》
40	盧景裕梁曠等	《老子注》二卷	《新唐書》卷五九《藝文志三》

序號	作　者	著作（文集）名稱	資料來源
41	慧能	《金剛般若經口訣正義》一卷	《新唐書》卷五九《藝文志三》
42	盧藏用	《子書要略》一卷	《新唐書》卷五九《藝文志三》
43	盧景亮	《三足記》二卷	《新唐書》卷五九《藝文志三》
44	盧僎	《盧公家範》一卷	《新唐書》卷五九《藝文志三》
45	盧光啓	《初舉子》一卷	《新唐書》卷五九《藝文志三》
46	盧氏	《盧氏雜說》一卷	《新唐書》卷五九《藝文志三》
47	盧重元	《夢書》四卷	《新唐書》卷五九《藝文志三》
48	盧播	《盧播集》一卷(《舊唐書》、《新唐書》均載其爲兩卷)	《隋書》卷三五《經籍志四》 《舊唐書》卷四七《經籍志下》 《新唐書》卷六〇《藝文志四》
49	盧諶	《盧諶集》十卷	《隋書》卷三五《經籍志四》 《新唐書》卷六〇《藝文志四》
50	盧緐	《盧緐集》一卷	《隋書》卷三五《經籍志四》
51	盧元明	《盧元明集》十七卷（《舊唐書》、《新唐書》均載其爲六卷）	《隋書》卷三五《經籍志四》 《舊唐書》卷四七《經籍志下》 《新唐書》卷六〇《藝文志四》
52	盧思道	《盧思道集》三十卷（《舊唐書》、《新唐書》均載其爲二十卷）	《隋書》卷三五《經籍志四》 《舊唐書》卷四七《經籍志下》 《新唐書》卷六〇《藝文志四》
53	盧桓	《盧桓集》二卷	《舊唐書》卷四七《經籍志下》
54	盧諶	《盧諶集》十卷	《舊唐書》卷四七《經籍志下》
55	盧照鄰	《盧照鄰集》二十卷	《舊唐書》卷四七《經籍志下》 《新唐書》卷六〇《藝文志四》
56	盧受採	《盧受采集》十卷（《新唐書》載其爲二十卷）	《舊唐書》卷四七《經籍志下》 《新唐書》卷六〇《藝文志四》
57	盧光容	《盧光容集》五卷（《新唐書》載其爲二十卷）	《舊唐書》卷四七《經籍志下》 《新唐書》卷六〇《藝文志四》
58	盧藏用	《盧藏用集》二十卷(《新唐書》載其爲三十卷)	《舊唐書》卷四七《經籍志下》 《新唐書》卷六〇《藝文志四》

序號	作　者	著作（文集）名稱	資料來源
59	盧植	《盧植集》二卷	《新唐書》卷六〇《藝文志四》
60	盧象	《盧象集》十二卷	《新唐書》卷六〇《藝文志四》
61	盧綸	《盧綸詩集》十卷	《新唐書》卷六〇《藝文志四》
62	盧仝	《玉川子詩》一卷	《新唐書》卷六〇《藝文志四》
63	盧獻卿	《愍徵賦》一卷	《新唐書》卷六〇《藝文志四》
64	盧肇	《海潮賦》一卷	《新唐書》卷六〇《藝文志四》
65	盧鋋	《武成王廟十哲贊》一卷	《新唐書》卷六〇《藝文志四》
66	盧瓌	《杼情集》二卷	《新唐書》卷六〇《藝文志四》
67	盧藏用	《芳草賦》	《舊唐書》卷九四《盧藏用傳》
68	盧鴻（唐代畫家）	《草堂十志圖》	《盧鴻草堂十志圖冊》（上海書畫出版社，1993年版）
69	盧照鄰	《幽憂子》三卷	《唐才子傳》卷一《盧照鄰》

總的來說，范陽盧氏在家學上以儒學爲主，兼及玄學、文學、書法、史學，在漢魏晉南北朝時期以儒家經學的傳承和書法爲主，而進入隋唐時期范陽盧氏家學發生了一個較爲顯著的變化，那就是從經學向文學的轉變，漢代以來的經學之家漸漸成爲文學大族。究其原因，一方面是儒家經學在魏晉至隋唐逐漸從分立走向統一，原有的講究各自師承家法、注疏經學的分立局面至唐代不復存在，孔穎達《五經正義》的頒佈天下標誌著經學的統一。〔註67〕儒家經學出現了一個官方認定的定本。經學不再是文人們能按照己意解釋、隨意發揮的學術領域，而成爲一種教材，於是文人們便將才情運用到詩詞歌賦文章上面，另有科舉考試重視詩賦的推動，中國學術隨之發生了一個由經而文的轉變，世家大族的經學優勢轉移到了文學優勢，唐宋文學之發達蓋因此也。另一方面，是儒家經學發生了制度化、倫理化、民俗化的趨勢，面臨著新的轉型。儒家經典歷經漢魏南北朝的不斷闡釋，逐漸由經典上思想及文本轉換爲儒家倫理，進而沉澱爲一套社會價值觀念和禮儀規範，並轉化爲世家大族的家學門風，爲全社會所認同，這就是下面我們接著要探討的家風問題。

〔註67〕詳參王洪軍著：《中古時期儒釋道整合研究》，天津，天津人民出版社，2009年，第231～235頁。

二、范陽盧氏的家風

家風即家學由經典文本形態轉化爲倫理規範後反映在家族日常生產和生活中的行爲習慣、風度以及精神面貌等特徵。家學和家風之間密不可分，有什麼樣的家學，就會產生什麼樣的家風，故此家學門風總是聯繫在一起進行探討。

「自從董仲舒提出獨尊儒術之後，經學世家轉化爲仕宦世家便是漢魏以來歷史發展的一個趨勢。那些世代公卿、世代傳經而又世出名士的家族，逐漸發展出一套把儒家經典融會於婚喪禮儀和家庭倫理生活的獨特文化傳統，並且被標榜爲家法或者門風」〔註 68〕，由此以來，原本作爲研究儒家經典的章句之學，根據家學傳統講述的經學解釋文本和解釋傳統，在魏晉隋唐時代就演變爲士族的倫理規範和禮法門風。因此世家大族門第是外在的社會地位，而家學門風是內在的文化特徵，世家大族都極其重視門風的傳承與維持。陳寅恪先生說：「所謂士族者，其初並不專用其先代之高官厚祿爲其惟一之表徵，而實以家學及禮法等標異於其他諸姓」，「夫士族之特點既在其門風之優美，不同於凡庶，而優美之門風，實基於學業之因襲，故士族家世相傳之學業乃與當時之政治社會有極重要之影響」〔註 69〕。這就是說，士族高門所資炫耀的與其說是高官地位，不如說是其家學禮法的文化優勢，因爲擁有官職的人不一定就擁有文化優勢，而有家學傳統的必定能夠做得高官。錢穆先生很早就認識到儒家經學與家庭倫理有直接關係，他說：「當時門第傳統共同理想所希望於門第中人，上自賢父兄，下至佳子弟，不外兩大要目：一則希望其能具孝友之內行，一則希望能有經籍文史學業之修養，此兩種希望，併合成爲當時共同之家教。其前一項之表現，則成爲家風，後一項之表現，則成爲家學。」〔註 70〕錢先生進一步指出：「當時極重家教門風，孝悌婦德，皆從兩漢儒學傳來。」〔註 71〕所以，儒學經歷了一個由思想學說上昇爲意識形態，形成經典文本，經由經學世家形成不同的家法，進而外化爲士族的家法門風，

〔註 68〕張國剛：《中古杜氏家族的變遷・序》，載王力平著：《中古杜氏家族的變遷》，商務印書館，2006 年，第 2 頁。

〔註 69〕陳寅恪：《政治革命及黨派分野》，見《隋唐制度淵源略論稿・唐代政治史述論稿》，北京：三聯書店，2001 年版，第 259 頁。

〔註 70〕錢穆：《略論魏晉南北朝學術文化與當時門第之關係》，原載香港《新亞學報》1963 年 5 卷 2 期，後收入錢穆：《中國學術思想史論叢》，三聯書店，2009 年 12 月版，第 178～179 頁。

〔註 71〕錢穆：《國史大綱》，北京：商務印書館，1996 年版，第 309 頁。

然後迅速世俗化，並由原來士族各自標榜各異的家法門風而逐步趨向統一，以家訓族規的形式走向普通大眾，推廣爲全社會的禮法規範。這是儒家禮法文化下移的大體路徑〔註 72〕。

范陽盧氏以儒學顯，世代傳習「三禮」之學，是一個典型的儒學世家，恪守儒家禮儀規範，維持家法門風千年不墜，比如盧弘宣有鑒於士族之家禮儀沒有規範，著手編次家法，史載：「盧弘宣患士庶人家祭無定儀，乃合十二家法，損益其當，次以爲書。」〔註 73〕范陽盧氏家族歷經千年所形成的門風具體表現在孝悌忠義、行善積慶、勤儉持家等方面，都是儒家倫理的具體行爲規範。

（一）孝悌忠義

在范陽盧氏的禮法門風中，最鮮明的一點是孝悌忠義，爲了集中表現范陽盧氏家族的孝悌觀念，擷取有關材料列表如下，一目了然。

表七九：范陽盧氏孝悌觀念資料簡表

序號	范陽盧氏	門風描述	資料來源
1	盧伯卿夫人	幼聞詩禮，雅慕恭儉。以柔靜爲德，以孝慈爲仁。	《全唐文補遺》第四輯 115 頁《唐河中府猗氏縣主簿盧公（伯卿）故夫人清河崔氏墓誌銘並序》
2	盧公則	立性唯仁。志樂修善，得色空之妙理；常讀佛經，識究竟之眞原。不忍損生命爲念。孝乃敦於親族，義常著於交友。必誠必信，可大可久。	《全唐文補遺》第四輯 218 頁《唐信州玉山縣令范陽盧府君（公則）墓誌銘並序》
3	盧氏	誕膺嘉慶，挺生淑姿。孝而恭，仁而敏，進止有則，風容甚盛。婦順載光，母儀攸備。禮洽閨壺，德光室家。	《全唐文補遺》第六輯 86 頁《唐故蜀郡蜀縣令清河崔府君夫人范陽盧夫人墓誌銘並序》、《唐代墓誌彙編續集》天

〔註 72〕關於此問題，張國剛先生多有精彩見解和論述，參看其論文：《漢唐家法觀念的演變》（《史學月刊》2005 年第 5 期）、《中古佛教與禮法文化下移》（《漢學研究通訊》第 25 卷第 3 期，2006.08）、《「唐宋變革」與中國歷史分期問題》（《史學集刊》2006 年第 1 期）、《論「唐宋變革」的時代特徵》（《江漢論壇》2006 年第 3 期）、《從禮容到禮教：中國中古士族家法的社會變遷》（《河北學刊》2011 年第 3 期）。

〔註 73〕《新唐書》卷一九七《盧弘宣傳》。

序號	范陽盧氏	門風描述	資料來源
			寶096《唐故蜀郡蜀縣令清河崔府君夫人范陽盧夫人墓誌銘並序》
4	盧子玉	紉而明敏，柔邕婉娩，能尙孝敬之道，常慰慈心……禮睦偕著，進退無虧。致俾家肥內正，實中饋貞吉。事舅姑苟有三善，今則可略而言矣。其一也，冬溫暑清，晨興宵寐。其二也，有疾必嘗藥專侍，憂不頃離。其三也，精乎珍饌，能調烹飪。有斯三者，可不謂令婦孝婦哉。加以恭順悌姒，謙敬親疏，育下寬平，寡言務簡，其於四德之懿而又備焉	《全唐文補遺》第四輯 499頁《唐東都留守晏設使朝散大夫檢校太子中允上柱國朱敬之亡妻范陽盧夫人（子玉）墓誌銘並序》
5	盧招	體正而舉不後時，諳微而動不違道。談端敏捷，堅白可離；學府精通，經緯咸貫。至若詩含四始，賦列九能。臨案牘而剖疑訶，布方冊而陳大體。靡不徵明典要，藻飾清新。	《唐代墓誌彙編》天寶 252《有唐登仕郎行魏郡冠氏縣尉雲騎尉盧公墓誌銘並序》、《全唐文補遺》第三輯94頁《有唐登仕郎行魏郡冠氏縣尉雲騎尉盧公（招）墓誌銘並序》
6	盧希	高道不仕，節義共推。文武允誠，孝□惟美。進退有度，動靜合儀。怡厥遠彰，可爲子孫之高範也。	《全唐文補遺》第六輯 489頁《唐故盧府君（榮）墓誌銘並序》
7	盧榮	忠信，□己從人。怡然養神，縱心樂道。	《全唐文補遺》第六輯 489頁《唐故盧府君（榮）墓誌銘並序》
8	盧峻	襟度夷曠，思致恬敏。生知孝悌，善與人交。誠腑洞開，不立牆岸。特爲叔舅相國王公徽所憐。……工五言詩，一舉擢進士第，解褐參京北軍事。	《全唐文補遺》第七輯 163頁《盧峻墓誌》
9	盧正言	天資孝友，世篤忠貞。百行推先，九德咸舉。人倫之師表，經濟之良幹。	《全唐文補遺》（千唐誌齋新藏專輯）158頁《大唐故右監門衛將軍上柱國贈銀青光祿大夫兗州都督謚曰光范陽盧府君（正言）墓誌銘並序》

序號	范陽盧氏	門風描述	資料來源
10	盧有鄰	融元和之粹，含太素之質。孝友以經德，溫良以體仁。學古有成，立身從事。	《全唐文補遺》（千唐誌齋新藏專輯）162 頁《大唐故文林郎守徐州沛縣主簿范陽盧府君（有鄰）墓誌銘並序》
11	盧均芳	仁綱仁紀，立德立詞，先之以孝友，次之以禮則。	《全唐文補遺》（千唐誌齋新藏專輯）208 頁《大唐故北海郡千乘縣令盧府君（均芳）墓誌並序》
12	盧涗	文德賢禮，天下攸歸，卑淺何知，敢輕得而祖述！公秉義敦詩，服訓習禮，克忠克孝，佈在人謠。	《全唐文補遺》（千唐誌齋新藏專輯）241 頁《大燕故魏府元城縣尉盧府君（涗）墓誌序》
13	盧廣	年廿四，以通莊老文列舉上第。	《全唐文補遺》（千唐誌齋新藏專輯）331 頁《唐故越州剡縣尉盧府君（廣）夫人隴西李氏合祔墓誌銘並序》
14	盧仲文	府君家襲清風，世崇儉德，所尙備禮，不事厚葬。性根乎孝，行本乎忠。學不爲人，文能化下。抱治人之術，而位才踐於一尉；蘊齊賢之德，而名不顯於當時。悅琴書以自娛，觀寵辱爲一致。	《全唐文補遺》（千唐誌齋新藏專輯）347 頁《唐故澤州晉城縣尉范陽盧府君（仲文）墓誌銘並述》
15	盧氏	夫人孝惠敦睦，淑愼承家，愛敬肅莊，秉哲垂懿。加以慈和明柔，動必中禮，婦於婦道，克己克勤。奉以蘋蘩，可觀容止，喜慍不見，中和在躬。	《全唐文補遺》（千唐誌齋新藏專輯）369 頁《和州烏江縣令敦煌張公（澮）故夫人范陽盧氏墓誌銘並序》
16	盧輻	器韻清舉，襟靈朗澈。性識有規，行誼無玷。	《全唐文補遺》（千唐誌齋新藏專輯）377 頁《唐故鄉貢進士范陽盧府君（輻）墓誌銘》記載盧輻
17	盧重	少英敏有操，志□□□，事不苟合。齡逾弱冠，博學善屬文。雖不射策，才雋洞於人倫。	《全唐文補遺》（千唐誌齋新藏專輯）378 頁《唐故太原府陽曲縣令盧府君（重）墓誌銘並序》

序號	范陽盧氏	門風描述	資料來源
18	盧氏	雅懷虛淡，雖雉服而弗榮；素志謙沖，縱荊釵而攸重。 自移天作儷，容德更修。	《大唐西市博物館藏墓誌》一〇七《盧舍衛墓誌》
19	盧婉	仁賢載德，軒冕承家。積慶高門，實生明淑。年甫十五，歸於釆蘋。承奉無違，虔恭有禮。宜家未幾，瞰室延災。	《大唐西市博物館藏墓誌》二三二《盧婉墓誌》

此表所舉僅僅是眾多范陽盧氏成員有典型記載的一小部分，大致可以感知到范陽盧氏的孝悌門風。另外，范陽盧氏女子出身名門世家，家教謹嚴，讀書識字，琴棋書畫，溫婉柔美，屬於典型的「大家閨秀」，因此在婚姻嫁娶上，盧氏女子具有很大的優勢，前文已述。出嫁之後，盧氏女子一般恪守孝悌，相夫教子，持家有道。《唐范陽盧夫人墓誌銘》詳細地記載了墓主人范陽盧氏夫人的聰慧賢淑：「夫人年十九，歸今起居郎李璋。璋，趙郡贊皇人。……璋時應進士未第。文鈍時塞，八上十年，方登一第。綿歷年歲，苦澀寒餒，夫人晏然如在飽足家，則夫人有葛覃勤儉之德也。夫人多男子，無忌嫉，則夫人有螽斯之德也。居常有節，動循禮則，是夫人有敬姜之美也。言必從，詞必順，夫人得和鳴之慶也。而又發言必恨不得逮事舅姑，往往興歎，移時不改。（李）璋或履事之未當，夫人必曲以他喻而成之。冀終歸美，竟不拂其意。至於食欲，必伺其所尚而羞之。或事礙未就，必移時輟餐，終不下箸。愧以不才之之資，過承舉案之敬。自顧懦質，何以克當。如此不懈者廿三年。每晨暮相會，列兒女於前，爲他族所羨者累年。一時之盛，世罕臻此。至於撫育諸孤，不間己子，未嘗以兼味而自充，務存均養之義。至得歿世之後，諸姪諸女，聚哭無遊聲，向非後已，豈若是乎？自夫人諸父諸兄、若弟若姪，莫不加常禮以待遇。故仁孝敬順之德，浹乎內外，至於六姻。李氏之黨，欽若龜鏡。況（李）璋庸拙魯鈍，方倚爲援。一旦摧落，如剞其心，剔去腸胃。……天賦此性，又賦其全德，曷不福以壽耶？」〔註74〕盧稹之女盧子玉有三善四德之懿，其墓誌云子玉「幼而明敏，柔邕婉娩，能尚孝敬之道，常尉慈心……禮睦偕著，進退無虧。致俾家肥內正，實中饋貞吉。事舅姑苟有三善，今則可略而言矣。其一也，冬溫暑

〔註74〕《唐范陽盧夫人墓誌銘》，吳鋼主編：《全唐文補遺》第一輯，三秦出版社，1994年，第384頁。

清，晨興宵寐。其二也，有疾必嘗藥專侍，憂不暫離。其三也，精乎珍饌，能調烹飪。有斯三者，可不謂令婦孝婦哉。加以恭順悌姒，謙敬親疏，育下寬平，寡言務簡，其於四德之懿而又備焉」〔註75〕。

武則天時大臣崔玄暐之母范陽盧氏，明禮法，有賢操。丈夫崔行謹去世後，主動擔負起撫育訓導兒子的任務，使崔玄暐「少有學行」，「舉明經，累補庫部員外郎」，當上了管理朝廷物資的官員。盧氏諄諄告誡：一要廉潔自律，當官不能假公濟私，「貧乏不能存，此是好消息」，相反「若聞貲貨充足，衣馬輕肥，此是惡消息」，財務「非理而得，此與盜賊何別？孟母不受魚鮓之饋，蓋爲此也」。二要懂得「不能忠清，何以戴天履地」，入朝爲官，「坐食俸祿，榮幸已多」，若不能清廉中正，如何立於天地之間。玄暐尊奉母親訓誡，潔身自好，修身齊家，官至宰相，「以清謹見稱」。其弟崔昇「甚相友愛，諸子弟孤貧者，多躬自撫養教授」，崔玄暐子崔璩「頗以文學知名，官歷中書舍人、禮部侍郎」，孫崔渙亦官至宰相。這在一定程度上也說明了優美的門風和良好的家教培養了范陽盧氏高素質的成員，從而在政治上、文化上能夠佔據優勢地位。

盧氏婦女太平年代恪守婦道，亂世時期亦能堅貞守節，史載元務光母范陽盧氏「少好讀書，造次以禮。盛年寡居，諸子幼弱，家貧不能就學，盧氏每親自教授，勖以義方，世以此稱之。仁壽末，漢王諒舉兵反，遣將綦良往山東略地。良以務光爲記室。及良敗，慈州刺史上官政簿籍務光之家，見盧氏，悅而逼之，盧氏以死自誓。政爲人凶悍，怒甚，以燭燒其身。盧氏執志彌固，竟不屈節」〔註76〕。

事物總是不會過於絕對，而顯示出其自身的複雜性。在范陽盧氏優美門風的背後也有一些讓人非議的敗壞風俗之事，如盧道虔迎娶了濟南長公主，但「公主驕淫，聲穢遐邇」；盧正通「妻鄭氏，與正通弟正思淫亂」；盧元明「凡三娶，次妻鄭氏與元明兄子士啓淫汙，元明不能離絕」；盧元緝「凶率好酒」，「曾於婦氏飲宴，小有不平，手刃其客」〔註77〕。故此，魏收在《盧玄傳》中稱讚了范陽盧氏華蓋絕倫之後，語氣一轉，論曰：「及道將卒後，家風

〔註75〕《唐東都留守晏設使朝散大夫檢校太子中允上柱國朱敬之亡妻范陽盧夫人（子玉）墓誌銘並序》，吳鋼主編：《全唐文補遺》第四輯，三秦出版社，1997年，第499頁。

〔註76〕《隋書》卷八○《列女傳元務光母傳》。

〔註77〕《魏書》卷四七《盧玄傳》。

衰損，子孫多非法，帷薄混穢，爲論者所鄙。」〔註 78〕陳爽先生據此認爲北魏後期范陽盧氏家風頹敗，家學式微，並斷言「北朝後期，作爲累世儒學的范陽盧氏已逐漸失去其文化優勢」〔註 79〕。關於此問題，筆者認爲，要正視盧氏族人中存在個別敗壞門風現象的存在，並分析其存在原因。其一，上揭現象存在於胡漢融合的時代背景下，少數民族不講儒家禮法觀念的習俗很可能影響滲透到漢族群體，而使漢族群體中也出現個別有違禮法之事。其二，世家大族門風雖然表現爲孝悌忠義，雅文好禮，但是在五胡亂華、少數民族政權割據的動蕩社會裏，出於生存需要也都形成了彪悍勇武的尚武風氣，在各自的族人部曲中挑選精壯之士組成私家武裝，保衛家族安全與利益，盧溥起兵所依靠的主要力量可能就是這樣的私人武裝。因此，士族之家出現飲酒兇悍之現象，並不足爲奇。在魏晉至隋唐統一帝國時期，許多士族家風也都表現出一種由武而文的傾向〔註 80〕，這是由時代特徵所決定的。其三，范陽盧氏作爲一個持續近千年的名門望族，其家學傳統與文化根基是世代延續而奠定的，其優美門風也是在長期的文化薰陶和社會認可的氛圍中形成的，如果在北魏中後期其家學就開始「式微」、門風就開始「頹敗」，那麼北魏後期至唐代范陽盧氏在儒學、史學、書法、詩歌上的成就，在婚姻締結上依然標榜門第、以優美門風和禮法觀念自矜以及家庭生活中十分注重孝悌因素這些就無法解釋了。因此，僅憑個別史料記載就斷定北魏後期「范陽盧氏已逐漸失去其文化優勢」是有欠公允的〔註 81〕。而應當看到作爲范陽盧氏家學門風的主流是以儒學爲思想底蘊的儒家禮法文化，而有傷風化的個別案例終因不

〔註 78〕《魏書》卷四七《盧玄傳》。

〔註 79〕陳爽：《世家大族與北朝政治》，北京：中國社會科學出版社，1998 年，第 96～100 頁。

〔註 80〕如毛漢光先生認爲：「『文』是士族的特色之一，但亦非沒有以『武』爲特質的士族，如河東汾陰薛氏；『武』是地方豪族的特色之一，然而事實上由於北方特殊情況，士族純以文事相尚者，甚難生存，許多士族兼有龐大的地方勢力，例如范陽涿縣盧氏、清河東武城崔氏、趙郡平棘李氏……在北魏後期仍保持強大的地方勢力。」見毛漢光：《中國中古社會史論》，上海書店出版社，2002 年 10 月版，第 13～14 頁。

〔註 81〕陳爽先生特別指出，魏收作史時，曾專訪盧義僖，「義僖與魏子建情好友篤，言無所隱」，據此認爲魏收掌握了盧氏家族的大量內情，對盧氏家族所作出的「家風衰損」的斷語是準確而可靠的。而筆者卻認爲，魏收與盧義僖交好，得以窺見其家族隱私，反而說明史書中出現這些記載是極其偶然的，更不宜據此加以發揮申論。

容於禮法家規而被族人所不齒，范陽盧氏在價值觀念上仍然以儒家倫理爲原則，整個家族崇尚和追求的依舊是儒家所倡導的道德君子和禮儀規範，而且這種體現儒家倫理的家法門風作爲世家大族的文化優勢一直保持著，直至唐末五代時期。

（二）隱逸山水

中古時期社會還流行一種隱逸山水的風尚，這種風尚受道家思想影響，承魏晉自然之餘緒。「如果認爲老莊思想是解說超越世俗的『方外之賓』的存在方式的話，那麼在老莊思想廣泛而普遍滲透的六朝時代，隱逸行爲已經成爲士大夫普遍關心的事情了。可是伴隨著作爲穩定體制的門閥貴族社會的確立，出現了與以往極爲不同形態的逸民。」〔註 82〕范陽盧氏家族也出現不少道行高妙的隱逸之士。

范陽盧氏大房盧淵之子盧道亮「韜光不仕」〔註 83〕，盧度，乃南齊一隱士，隱居在三顧山，據傳有道術在身，會做法。史載：「始興人盧度，亦有道術。少隨張永北征。永敗，虜追急，阻淮水不得過。度心誓曰：『若得免死，從今不復殺生。』須臾見兩楯流來，接之得過。後隱居西昌三顧山，鳥獸隨之。夜有鹿觸其壁，度曰：『汝壞我壁。』鹿應聲去。屋前有池養魚，皆名呼之，魚次第來，取食乃去。逆知死年月，與親友別。永明末，以壽終。」〔註 84〕

盧鴻是嵩山隱士，開元初年，唐玄宗備禮三次徵召，盧鴻均不仕。詔曰：「鴻有泰一之道，中庸之德。鈎沈詣微，確乎自高。詔書屢下，每輒辭託，使朕虛心引領，於今有年，雖得素履幽人之介，而失考父滋恭之誼。禮有大倫，君臣之義，不可廢也。」於是盧鴻來到東都洛陽，拜諫議大夫，後來又辭歸山林。玄宗「賜隱居服，官營草堂」，盧鴻在山裏「廣精舍，從學者五百人」〔註 85〕。

〔註 82〕〔日〕吉川忠夫著，王啓發譯：《六朝精神史研究》，江蘇人民出版社，2012 年 1 月版，第 19 頁。

〔註 83〕《大唐故銀青光祿大夫行揚州大都督府長史魏縣子盧公（承業）墓誌銘並序》，吳鋼主編：《全唐文補遺》第五輯，西安：三秦出版社，1998 年，第 160 頁。

〔註 84〕《南齊書》卷五四《高逸列傳顧歡傳》。

〔註 85〕辛文房著，王大安校訂：《唐才子傳》，哈爾濱：黑龍江人民出版社，1986 年，第 18 頁。

盧承慶侄孫盧藏用才華橫溢，卻也是個隱士，「初舉進士選，不調，乃著《芳草賦》以見意。尋隱居終南山，學辟穀、練氣之術」〔註86〕。盧仝，「初隱少室山，號玉川子。家甚貧，惟圖書堆積。後卜居洛城，破屋數間而已。一奴，長鬚，不裹頭；一婢，赤腳，老無齒」〔註87〕。盧倜「性樂山水，頗尚芝術，陶然委順，不求聞達」〔註88〕，盧榮之父盧希「高道不仕，節義共推。文武允誠，孝□惟美」〔註89〕。唐代范陽盧氏許多成員具有隱逸心理，這一方面因爲現實中失意所致，亦與范陽盧氏的佛教、道教信仰有關。

（三）儉樸清廉

西晉的盧欽開范陽盧氏節儉之風，盧欽咸寧四年死後，晉武帝司馬炎下詔：「欽履道清正，執德貞素。文武之稱，著於方夏。入躋機衡，惟允庶事。肆勤內外，有匪躬之節。不幸薨沒，朕甚悼心。其贈衛將軍、開府儀同三司，賜秘器、朝服一具、衣一襲、布五十匹、錢三十萬。」又以盧欽「忠清高潔，不營產業，身沒之後，家無所庇」，賜錢五十萬，爲立第舍。又下詔曰：「故司空王基、衛將軍盧欽、領典軍將軍楊囂，並素清貧，身沒之後，居無私積。頃者飢饉，聞其家大匱，其各賜穀三百斛。」盧欽「歷宰州郡，不尚功名，唯以平理爲務。祿俸散之親故，不營貲產。動循禮典，妻亡，製廬杖，終喪居外」〔註90〕。

一代儉相盧懷慎素以節儉著稱，史載「懷慎清儉不營產，服器無金玉文綺之飾，雖貴而妻子猶寒饑，所得祿賜，於故人親戚無所計惜，隨散輒盡。赴東都掌選，奉身之具，止一布囊。既屬疾，宋璟、盧從願候之，見敝簀單藉，門不施箔。會風雨至，舉席自障。日晏設食，蒸豆兩器、菜數桮而已。臨別，執二人手曰：『上求治切，然享國久，稍倦於勤，將有憸人乘間而進矣。公弟志之！』及治喪，家亡留儲」。唐玄宗駕臨東都洛陽時，四門博士張星上言：「懷慎忠清直道，終始不虧，不加寵贈，無以勸善。」盧懷慎之子盧奐亦

〔註86〕《舊唐書》卷九四《盧藏用傳》。

〔註87〕辛文房著，王大安校訂：《唐才子傳》，哈爾濱：黑龍江人民出版社，1986年，第86頁。

〔註88〕《唐故大理評事賜緋魚袋范陽盧府君（倜）墓誌》，吳鋼主編：《全唐文補遺》第六輯，西安：三秦出版社，1999年，第138頁。

〔註89〕《唐故盧府君（榮）墓誌銘並序》，吳鋼主編：《全唐文補遺》第六輯，西安：三秦出版社，1999年，第489頁。

〔註90〕《晉書》卷四四《盧欽傳》。

「以清白聞」〔註 91〕。盧瑤之父「性本重厚，脫略風塵。至於巾櫛衣衾，率多容易。悠悠俗士，或用此爲譏」〔註 92〕。

總之，范陽盧氏在整個中古時期是一個文化世家，十分注重儒學的傳承，在漢魏晉南北朝時期偏重於儒家經學的解釋與傳授，尤其以盧植、盧景裕、盧辯爲代表對三禮之學的研究，堪稱范陽盧氏的家世絕學。范陽盧氏另一項家學爲書法，是一個世代工書的家族。至隋唐時期，范陽盧氏家學由經學轉向文學，以盧思道、盧照鄰、盧藏用、盧綸、盧仝等爲代表，范陽盧氏在隋唐詩歌花園裏也綻放出最美麗的花朵，「八米盧郎」、「初唐四傑」、「大曆十才子」等盛譽都是對他們的稱讚和褒獎。如此深厚的家學傳統和文化根基，也決定了范陽盧氏家族具有著當時最爲優美的門風，魏晉南北朝時期以門第閥閱相標榜，以「士大夫風操」〔註 93〕自矜，這種風操與經濟實力、官職大小無涉，而更主要表現爲一種社會影響力，這種影響力具體體現在儒家倫理道德的嚴格遵守、儒家禮儀、士人舉止風範、容貌談吐、才學氣質等方面，這是一個中國歷史上的精英階層和貴族群體。他們的經濟基礎、政治地位以及文化才學能力足以支撐他們成爲當時社會上最具有影響力的群體。

〔註 91〕《新唐書》卷一二六《盧懷慎傳》。

〔註 92〕《唐故儒林郎守太府寺主簿盧府君夫人隴西李氏（眞）墓誌銘並序》，吳鋼主編：《全唐文補遺（千唐誌齋新藏專輯）》，西安：三秦出版社，2006 年，第 364 頁。

〔註 93〕顏之推著，王利器集解：《顏氏家訓集解・風操第六》，中華書局，1993 年版，第 59 頁。

國家與社會之間：世家大族的歷史命運（代結語）

范陽盧氏出自姜姓，齊文公子高孫敬仲之後，因封地受氏，遷居至涿水一帶之後，定居涿地，以范陽爲郡望，後世遂稱范陽人。范陽盧氏始祖盧植以儒學顯達於東漢，創下家族基業，三國時期盧毓位至曹魏司空，三國盧毓位至曹魏司空，其後盧欽、盧珽、盧志、盧諶累居高官，永嘉之亂後范陽盧氏主體滯留北方，艱辛守望范陽故里，十六國時期先後與佔據幽州地區的石趙、前燕、後燕政權合作來維持家族的延續。范陽盧氏成員中只有盧諶後人南渡江左，但在東晉南朝以反叛者的角色出現。至北魏太武帝時盧玄「首應旌命」，被徵召入朝，地位凸顯，范陽盧氏與清河崔氏成爲北方一流高門士族。北魏分裂後，戰亂頻仍，政局動蕩，范陽盧氏受到打擊，官位不顯，大部分成員入仕東魏北齊，也有進入西魏北周政權者。唐初，李唐政權打擊山東士族，范陽盧氏暫時沉寂，直至高宗武則天時期復又崛起，先後有八位范陽盧氏成員官至宰相。在婚姻上，范陽盧氏注重門第婚姻，婚姻圈子大致穩定在清河崔氏、滎陽鄭氏、趙郡李氏、隴西李氏、太原王氏幾個大族，其中又以與清河崔氏、隴西李氏兩家通婚最爲頻繁；北魏和北齊時期與皇室通婚頻繁，而隋唐時期未發現與皇室通婚現象。在宗教信仰上，崇佛誦經，修道超逸。在家族文化方面，范陽盧氏以儒學傳家，尤重三禮之學，湧現出盧植、盧諶、盧景裕、盧辯、盧誕、盧光、盧藏用等一批碩儒，書畫藝術也是范陽盧氏家學之一，盧志、盧諶、盧偃、盧邈、盧循五世皆爲書法名家〔註1〕，盧晏、盧

〔註1〕《魏書》卷四七《盧玄列傳》：「初，諶父志法鍾繇書，傳業累世，世有能名。

昌衡、盧愜工草隸之書，畫家有盧鴻、盧棨伽，史學方面盧懷仁撰《中表實錄》二十卷，盧彥卿撰《後魏紀》三十卷，盧承基等分撰《晉書》；隋唐時期范陽盧氏家學由經學轉向文學，詩歌大盛，盧思道、盧照鄰、盧綸、盧仝皆爲文學史上的著名詩人。在禮法門風上，范陽盧氏孝悌忠義，以儒家倫理爲標尺。

總體來說，范陽盧氏在政治地位、社會聲望、家族根基、家學門風等方面保持了較強的連續性和持久性，范陽盧氏家族的發展歷程反映了在中古時期政治、社會、民族、宗教等因素影響下世家大族的盛衰景象。

世家大族形成於漢魏時期，盛於兩晉南北朝，至唐代依然保持其仕宦、經濟、文化、社會聲望方面的優勢，唐末五代由於歷史條件的變化，世家大族開始轉型爲新的家族形態。世家大族的存在伴隨了整個中國中古時期，它的社會角色其實處在國家與社會之間。費孝通先生曾提出傳統社會的「雙軌制」形態〔註 2〕，費老所謂「雙軌制」指的是皇權與紳權兩條軌道，一條是自上而下的中央集權體制的軌道，是以皇帝爲代表的一整套官僚體系；另一條是基層組織自治軌道，由鄉紳等鄉村精英進行治理，而宗族是士紳進行鄉村治理的組織基礎。這種「雙軌制」的表述所依據的是中國古代社會後期特別是明清社會的情況，如果放在中古時期，該觀點雖然不盡符合，但也具有深刻的啓示。中古時期國家與社會分處兩端，一端是國家皇權，一端是社會地方勢力，而士族恰恰就是他們中間的階層，進則成爲國家政權中的官員，退則成爲社會地方勢力的代表，而國家與地方之間的互動也主要由這個中間層來完成。社會學家帕累托把民眾分爲兩個階層，一是下層階層，非精英階級；二是精英階層，即精英階級，精英階級又可一分爲二，執政的精英階級和不執政的精英階級〔註 3〕。世家大族扮演著精英階層中執政的精英階級和不執政的精英階級兩種角色，在朝爲官則扮演執政角色，在鄉里充當地方領袖、傳

至邈以上，兼善草迹，淵習家法，代京宮殿多淵所題。白馬公崔玄伯亦善書，世傳衛瓘體。魏初工書者，崔盧二門。」《魏書》卷二四《崔玄伯列傳》：「玄伯祖悅與范陽盧諶，並以博藝著名。諶法鍾繇，悅法衛瓘，而俱習索靖之草，皆儘其妙。諶傳子偃，偃傳子邈；悅傳子潛，潛傳玄伯。世不替業，故魏初重崔盧之書。」書法爲盧氏家傳之學，代代相傳，盧氏書法在魏晉聲名遠播。

〔註 2〕費孝通：《基層政權的僵化》，載《費孝通選集》第四卷，群言出版社，1999年，第 336 頁。

〔註 3〕〔意〕帕累托著，田時綱譯：《普通社會學綱要》，北京：生活・讀書・新知三聯書店，2001 年，第 298 頁。

承學術文化、發展地方經濟則屬於非執政角色。因此，世家大族在中古社會國家與社會之間力量的角逐與互動上起到了非常關鍵的作用。

有了世家大族這一中間力量，中國古代史才呈現出了在統一和分裂的天平兩端左右搖擺交替出現的景象。在大一統的王朝政治格局下，以儒學治國，以忠孝節義鉗制思想，這些都需要世家大族的參與，家天下的政治格局有了世家大族的參與和努力才得以推衍至整個社會，皇帝一姓之天下的背後是世家大族階層的擁護和努力，皇帝憑藉武功一統江山，世家大族出來重建統治秩序，凝聚人心；而在亂世，中央的權威旁落，各地紛紛割據一方，社會動蕩不安，世家大族遂與國家政權分離，退歸本族，因爲世家大族具有深厚的鄉里根基，進可入朝爲官，建功立業，退可經營田產，著書立說，有著強大的緩衝能力，而農民起義打擊的對象是皇帝和皇帝代表的政權，而不是社會體制，農民起義的鬥爭目標僅僅止於推翻無道的舊朝廷，建立新朝廷，盼望明君來統治自己，因此作爲與舊朝廷迅速脫離關係的世家大族在農民起義中並不會受太大影響，反而會很快在新朝廷中取得新的政治機會，也就是說社會結構未有變動，依然存在著世家大族這個中間階層，社會體制不因一個政權的垮臺而瓦解，而是在同樣的社會體制下醞釀出一個新的政權，而新政權的中堅力量仍然是世家大族。翻看世家大族的歷代仕宦情況，我們可以看到，家族成員從漢至唐，歷代爲官，不因政權的更迭而造成家族的沒落。隋唐時期，實行科舉取士，世家大族壟斷選舉的士族門閥時代結束，然而世家大族仍然能夠憑藉積累了幾百年的文化優勢而獲得入仕機會，累至公卿將相，而且婚姻上依然以門第標榜，高門之間形成穩固的婚姻圈子。這說明在唐代世家大族在仕宦、婚姻、文化上的優勢仍然繼續保持。

但是到了唐末五代，世家大族作爲中間階層的身份發生了變化。這個中間層在唐及唐以前是士族階層，在宋及宋以後是官僚士大夫集團。精英階層的身份也是會發生變化的，「在歷史上，除了偶而的間斷外，各民族始終是被精英統治著，我是按照詞源的意思來理解精英（elite）這個詞的。精英是指最強有力、最生機勃勃和最精明能幹的人，而無論好人還是壞人。然而根據一條重要的生理學定律，精英不可能持久不變。因此，人類的歷史乃是某些精英不斷更替的歷史：某些人上昇了，另一些人則衰落了。眞相便是如此，雖然它常常可能表現爲另一種形式。」〔註4〕內藤湖南提出的唐宋變革以前的中

〔註4〕〔意〕帕累托著，劉北成譯：《精英的興衰》，上海：上海人民出版社，2003年，第13～14頁。

國是貴族社會，其後是平民時代的觀點雖然言過其實〔註5〕，但內藤先生畢竟看出了這個時代變革過程中的變化及前後差異。在士族時代，世家大族階層把持選舉，品評人物，掌握著從基層到中層乃至高層的社會流動途徑，主導地方行政事務，同時又控制著鄉里土著權力，個別世家大族因高門地位而累世高官、參與朝政，又因政治優勢鞏固高門地位；在經濟上，世家大族聚族而居，群體作業，田莊經營，掌握著生產資料和生產技術，壟斷著區域範圍內的物資調配；在文化上，世家大族自漢代以後，以儒學傳家，讀詩書，懂禮儀，是文化學術的承擔者，是社會禮儀習俗的制定者和示範者，引領著價值觀念和社會風尚，甚至在宗教信仰上也起到了很大的引導作用。而在唐宋以後，這些角色逐漸由官僚士大夫來充當和扮演，官僚士大夫是一批官僚化的士族，他們組成了一個文官集團，共同來推動官僚政治的運轉，從士族到官僚的轉變反映出的是門閥時代的結束和官僚時代的開始。

所以，唐宋之間的變化並非一場社會性質和社會結構的變革，其中最實質的改變就是社會中間層身份的變化，即由世家大族到官僚士大夫的過渡，它的實現並非一朝一夕之功，而是一個歷史時期的變化。正如帕累托所說：「由於精英階級循環，執政的精英階級像一條流淌的河流，處於一種連續和緩慢的變動狀態，今天的執政的精英階級已經不是昨天的那個……其後新生執政精英階級重新開始緩慢地變化，河水已歸入河道，重新開始正常流淌」〔註6〕，士大夫官僚體製取代世家大族體制也是一個極其緩慢的過程，這個過程持續了近八百年。

造成這個雖然緩慢但卻影響深遠的轉變的因素則是複雜的，是多種因素共同作用的結果。經過學界對於中古世家大族衰落原因的熱烈探討，已經達成了某些初步共識。大致可以歸結爲如下幾個方面。首先是經濟上的，唐代中後期均田制被破壞，土地重又向地主手裏集中，出現了新的租佃關係，至宋代大地主莊園制演變爲租佃制，人身依附減弱，佃客、部曲、奴婢的地位有所提高，依附於世家大族而生存的家族共同體逐步分散；其次是科舉制度的衝擊，分科取士直接導致士族把持選舉時代的終結，雖然世家大族仍然能夠通過其文化優勢獲取官職，但是「科舉制長期實行之後，鄉村世家大族由

〔註5〕參看張國剛：《論唐宋變革的時代特徵》，《江漢論壇》（唐宋變革筆談），2006年第3期。

〔註6〕〔意〕帕累托著，田時綱譯：《普通社會學綱要》，北京：生活·讀書·新知三聯書店，2001年，第303頁。

於上層優秀分子不斷被吸引到城市而實力大減，而遷居城市者對原來鄉村的影響力也隨著時間的推移而降低。相反，國家對鄉村的控制則由於士族勢力的削弱而日益增強，門閥政治便在潛移默化中逐漸向國家官僚制度推移。這個過程雖然緩慢，卻紮實而難以逆轉。實際上，在唐朝幾次重大的社會動亂中，都很難再見世家大族呼嘯而起的場面。最根本的原因，就是門閥士族隨著社會經濟文化的發達而分化衰弱」〔註 7〕；再次是禮法文化的下移，印刷術的發明、私學的發展、讀書人的增多，使得文化交流範圍更加廣泛，受教育的機會擴大，世家大族的文化壟斷地位也被打破，以前為世家大族所特有的禮法文化下移到尋常百姓之家，儒家經典所昭明的倫理道德經過歷代注解和踐行，沉澱為行為習慣和禮儀規範；儒釋道三家借文化傳播的東風影響越來越大，三教爭競的結果是融為一體，產生了新的儒學形態，新的統一的文化主導權復又形成，並收歸中央。另外，伴隨著皇權政治的不斷強化，君主專制越來越獨裁化，中間層完全被馴化為皇權政治下的奴才和行政工具，喪失了其作為中間階層的緩衝力量和獨立地位。唐宋時期的城市化進程也推動了這一轉變，隨著生產的發展，唐代市井開始出現繁榮景象，城市逐漸形成人們政治、文化、經濟生活和社交活動的中心，士族也從原來聚族而居的鄉里不斷向城市遷徙，科舉制度的發展更加速了這種流動，如清人錢大昕說：「自魏、晉以門第取士，單寒之家屏棄不齒，而士大夫始以郡望自矜。唐、宋重進士科，士皆投牒就試，無流品之分。而唐世猶尚氏族，奉敕第其甲乙，勒為成書。五季之亂，譜牒散失。至宋而私譜盛行，朝廷不復過而問焉。士既貴顯，多寄居它鄉，不知有郡望者蓋五六百年矣。」〔註 8〕隨著士族精英不斷通過科舉到各地「千里為官」，鄉里的智力資源流向了城市，世家大族中通過科舉取得官職的成員逐漸形成職業化的官僚士大夫。

世家大族到官僚士大夫的轉化說明了中古士族政治的衰落。自從艾伯華提出「城鄉互動系統」、毛漢光提出「士族中央化」之後，許多學者都強調喪失鄉里基礎是導致世家大族衰落的原因之一，尤其是強調科舉制普遍實行對世家大族的衝擊。如毛漢光先生在《從士族籍貫遷移看唐代士族之中央化》

〔註 7〕參看韓昇：《科舉制與唐代社會階層的變遷》，《廈門大學學報（哲學社會科學版）》1999 年第 4 期。

〔註 8〕〔清〕錢大昕：《十駕齋養新錄》卷十二《郡望》，載陳文和主編：《錢大昕全集》，江蘇古籍出版社，1997 年，第 313 頁。

一文中認爲「士族在中古時期的演變，一直在中央化與官僚化的螺旋進程中交互推移，最後成爲純官僚而失去地方性，一旦大帝國崩潰，將受重大影響，此所以士族在晉朝永嘉亂後仍然興盛，而在唐亡之後就一蹶不振也」〔註 9〕。應該說，士族的中央化與官僚化趨勢不是孤立的，而是與中央集權政治的發展密切相關的，魏晉南北朝中央弱小而社會勢力分散的狀況下，斷然不會發生士族的中央化進程。因此士族在魏晉南北朝興盛而唐以後一蹶不振不僅僅是士族中央化和官僚化使然，而更爲深層的原因則是中央集權力量的增強。韓昇先生也曾提到「唐朝士族向城市遷徙的全過程，可以看到由政治性遷徙漸次向文化性、經濟性和生活性遷徙的擴展。如果說政治、文化性遷徙極大地震撼了以城市官僚兼地方領袖爲特點的士族政治社會，削弱其城鄉聯繫的紐帶，那麼，經濟、生活性遷徙，帶來地方大姓精英分子大面積移居城市的局面，更是給予士族政治以徹底的打擊。在士族與鄉村脫離過程中，交通與經濟發達所造成的城市增加與繁榮，是一個至關重要的因素。經此打擊，士族政治一蹶不振，土崩瓦解，從以往依據鄉村影響中央到地方政治，逐步蛻變爲依賴地方官府影響農村的鄉紳。」〔註 10〕另外，唐末五代門第觀念、宗法觀念出現了淡漠，士庶天壤之別的局面不復存在，婚姻也不問閥閱，「五代以還，不崇閥閱」〔註 11〕「取士不問家世，婚姻不問閥閱」〔註 12〕，族譜散佚，譜牒之學衰微，世家大族確乎已然衰落。但衰落並不代表從歷史上消失，中古士族階層作爲一個精英階層並未完全消失，而是發生了轉型，只不過士族身份演變爲官僚士紳，其家族形態從聚族而居的大家族、大家庭演變爲分散居住的大宗族、小家庭，以祠堂爲凝聚力繼續延續家族的榮耀〔註 13〕。因此，我們可以說，衰落了的只是士族政治，而士族並沒有消亡，依然以新的家族形態活躍於宋以後直至清代的歷史舞臺上。

〔註 9〕毛漢光：《中國中古社會史論》，上海書店出版社，2002 年 12 月，第 333 頁。

〔註 10〕韓昇：《南北朝隋唐士族向城市的遷徙與社會變遷》，載《歷史研究》，2003 年第 4 期。

〔註 11〕胡應麟：《少室山房筆叢》庚部卷三九《華陽博議下》。

〔註 12〕鄭樵：《通志》卷二五《氏族略・氏族序》。

〔註 13〕參看王善軍：《宋代宗族和宗族制度研究》，河北教育出版社，2000 年 1 月版，第 20～32 頁。

附錄 1：本書所徵引墓誌材料目錄

1.《魏故充華嬪盧氏墓誌銘》，趙超主編：《漢魏南北朝墓誌彙編》，天津古籍出版社，1992 年 6 月，第 127 頁。
2.《魏故使持節假黃鉞侍中太師領司徒都督中外諸軍事彭城武宣王妃李氏墓誌銘》，趙超主編：《漢魏南北朝墓誌彙編》天津古籍出版社，1992 年 6 月，第 148 頁。
3.《魏故使持節侍中驃騎大將軍儀同三司尚書令冀州刺史江陽王元公之墓誌銘》，趙超主編：《漢魏南北朝墓誌彙編》，天津古籍出版社，1992 年 6 月，第 181 頁。
4.《魏故侍中驃騎大將軍儀同三司尚書令徐州刺史太保東平王元君墓誌銘》，趙超主編：《漢魏南北朝墓誌彙編》，天津古籍出版社，1992 年 6 月，第 237 頁。
5.《魏故使持節假車騎將軍都督晉建南汾三州諸軍事鎮西將軍晉州刺史大都督節」度諸軍事兼尚書左僕射西北道大行臺平陽縣開國子元君墓誌》，趙超主編：《漢魏南北朝墓誌彙編》，天津古籍出版社，1992 年 6 月，第 297 頁。
6.《魏故使持節侍中都督定冀相殷四州諸軍事驃騎大將軍定州刺史尚書令儀同三司文靜李公墓誌銘》，趙超主編：《漢魏南北朝墓誌彙編》，天津古籍出版社，1992 年 6 月，第 328 頁。
7.《魏故使持節侍中司徒公都督雍華岐並揚青五州諸軍事車騎大將軍雍州刺史章武王妃盧墓誌銘》，趙超主編：《漢魏南北朝墓誌彙編》，天津古籍出版社，1992 年 6 月，第 371 頁。

8.《范陽盧修娥墓誌》，趙超主編：《漢魏南北朝墓誌彙編》，天津古籍出版社，1992 年 6 月，第 432 頁。
9.《齊故祠部尚書趙州刺史崔公墓誌之銘》，趙超主編：《漢魏南北朝墓誌彙編》，天津古籍出版社，1992 年 6 月，第 433 頁。
10.《魏故使持節侍中驃騎大將軍開府尚書左僕射雍州刺史司空公始平文貞公國太妃盧氏墓誌銘》，趙超主編：《漢魏南北朝墓誌彙編》，天津古籍出版社，1992 年 6 月，第 491 頁。
11.《肅宗充華盧令媛墓誌》，載趙萬里編：《漢魏南北朝墓誌集釋》37，新文豐出版公司印行，1982 年，第 48～49 頁。
12.《元乂墓誌並蓋》，載趙萬里編：《漢魏南北朝墓誌集釋》78，新文豐出版公司印行，1982 年，第 70 頁。
13.《元壽安妃盧蘭墓誌並蓋》，載趙萬里編：《漢魏南北朝墓誌集釋》118，新文豐出版公司印行，1982 年，第 85 頁。
14.《元略墓誌》，載趙萬里編：《漢魏南北朝墓誌集釋》139，新文豐出版公司印行，1982 年，第 92 頁。
15.《元融妃盧貴蘭墓誌》，載趙萬里編：《漢魏南北朝墓誌集釋》150，新文豐出版公司印行，1982 年，第 97 頁。
16.《盧文機墓誌》，韓理洲輯校編年：《全隋文補遺》，三秦出版社，2004 年，第 180 頁。
17.《盧文構墓誌》，韓理洲輯校編年：《全隋文補遺》，三秦出版社，2004 年，第 179 頁。亦載趙萬里編：《漢魏南北朝墓誌集釋》403，新文豐出版公司印行，1982 年，第 211 頁。
18.《大周故朝請大夫行鼎州三原縣令盧府君（行毅）墓誌銘並序》，吳鋼主編：《全唐文補遺》第一輯，三秦出版社，1994 年，第 79 頁。該誌又見周紹良主編、趙超副主編：《唐代墓誌彙編》大足 008，上海古籍出版社，1992 年 11 月版，第 989 頁。
19.《有唐盧夫人（梵兒）墓誌》，吳鋼主編：《全唐文補遺》第一輯，三秦出版社，1994 年，第 108 頁。
20.《唐御史大夫太原府少尹上柱國范陽盧君（明遠）墓誌銘並序》，吳鋼主編：《全唐文補遺》第一輯，三秦出版社，1994 年，第 166 頁。
21.《唐故東平郡壽張縣令盧公（含）墓誌銘並序》，吳鋼主編：《全唐文補遺》第一輯，三秦出版社，1994 年，第 182 頁。

22.《唐故兗州鄒縣尉盧君（仲容）墓誌銘並序》，吳鋼主編：《全唐文補遺》第一輯，三秦出版社，1994 年，第 194 頁。
23.《大唐故永王府錄事參軍盧府君（自省）墓誌銘並序》，吳鋼主編：《全唐文補遺》第一輯，三秦出版社，1994 年，第 189 頁。
24.《唐試大理評事鄭公故夫人范陽盧氏墓誌銘並序》，吳鋼主編：《全唐文補遺》第一輯，三秦出版社，1994 年，第 226 頁。
25.《唐金州刺史鄭公故夫人范陽盧氏墓誌銘》，吳鋼主編：《全唐文補遺》第一輯，三秦出版社，1994 年，第 226 頁。
26.《唐太常侍奉禮郎盧贍故妻清河崔氏夫人墓誌》，吳鋼主編：《全唐文補遺》第一輯，三秦出版社，1994 年，第 236 頁。
27.《大唐故銀青光祿大夫檢校太子賓客上柱國范陽郡開國子兼監察御史盧公（翊）墓誌銘》，吳鋼主編：《全唐文補遺》第一輯，三秦出版社，1994 年，第 249 頁。
28.《桂州刺史兼御史中丞孫成夫人范陽郡君盧氏墓誌》，吳鋼主編：《全唐文補遺》第一輯，三秦出版社，1994 年，第 253 頁。
29.《劍南東川節度推官殿中侍御史內供奉盧公夫人崔氏（元二）墓誌銘並序》，吳鋼主編：《全唐文補遺》第一輯，三秦出版社，1994 年，第 263 頁。
30.《唐故太常寺太祝范陽盧君（直）墓誌銘並序》，吳鋼主編：《全唐文補遺》第一輯，三秦出版社，1994 年，第 279 頁。
31.《唐故汴州雍丘縣尉清河崔府君（樅）夫人范陽盧氏合祔墓誌銘兼序》，吳鋼主編：《全唐文補遺》第一輯，三秦出版社，1994 年，第 356 頁。
32.《唐故歸州刺史盧公（璠）墓誌銘並序》，吳鋼主編：《全唐文補遺》第一輯，三秦出版社，1994 年，第 271 頁。
33.《魏氏（稱）繼室范陽盧氏墓誌》，吳鋼主編：《全唐文補遺》第一輯，三秦出版社，1994 年，第 276 頁。
34.《盧澗》，吳鋼主編：《全唐文補遺》第一輯，三秦出版社，1994 年，第 299 頁。
35.《唐前揚州海陵縣令劉尚賓夫人范陽盧氏誌銘》，吳鋼主編：《全唐文補遺》第一輯，三秦出版社，1994 年，第 299 頁。
36.《盧景南》，吳鋼主編：《全唐文補遺》第一輯，三秦出版社，1994 年，第 299 頁。

37.《范陽盧府君（景修）墓誌》，吳鋼主編：《全唐文補遺》第一輯，三秦出版社，1994年，第299～300頁。
38.《唐故朝請大夫尚書刑部郎中上柱國范陽盧府君（就）墓誌銘並序》，吳鋼主編：《全唐文補遺》第一輯，三秦出版社，1994年，第318頁。
39.《有唐盧氏故崔夫人墓銘並序》，吳鋼主編：《全唐文補遺》第一輯，三秦出版社，1994年，第369頁。
40.《有唐盧氏（緘）故崔夫人墓銘並序》，吳鋼主編：《全唐文補遺》第一輯，三秦出版社，1994年，第369頁
41.《唐故懷州錄事參軍清河崔府君後夫人范陽盧氏墓誌銘並序》，吳鋼主編：《全唐文補遺》第一輯，三秦出版社，1994年，第385頁。
42.《唐故范陽盧氏夫人墓誌銘並序》，吳鋼主編：《全唐文補遺》第一輯，三秦出版社，1994年，第418頁。
43.《唐故試太常寺太祝范陽盧府君妻清河崔夫人墓誌銘並序》，吳鋼主編：《全唐文補遺》第一輯，三秦出版社，1994年，第300頁。
44.《唐故京兆府涇陽縣尉范陽盧君（踐言）墓銘並序》，吳鋼主編：《全唐文補遺》第一輯，三秦出版社，1994年，第337頁。
45.《唐故知鹽鐵轉運鹽城監事殿中侍御史內供奉范陽盧府君（伯卿）墓誌銘並序》，吳鋼主編：《全唐文補遺》第一輯，三秦出版社，1994年，第319頁。
46.《唐范陽盧夫人墓誌銘》，吳鋼主編：《全唐文補遺》第一輯，三秦出版社，1994年，第384頁。
47.《大唐故文林郎守徐州沛縣主簿范陽盧府君（有鄰）墓誌銘並序》，吳鋼主編：《全唐文補遺》（千唐誌齋新藏專輯），三秦出版社，2006年6月，第162頁。
48.《唐故硤州司馬滎陽鄭府君前夫人范陽盧氏墓誌》，吳鋼主編：《全唐文補遺》第一輯，三秦出版社，1994年，第344頁。
49.《唐故國子助教范陽盧公（當）墓誌銘並序》，吳鋼主編：《全唐文補遺》第一輯，三秦出版社，1994年，第361頁。
50.《唐范陽盧氏（陟）室女樂娘墓誌》，吳鋼主編：《全唐文補遺》第一輯，三秦出版社，1994年，第424頁。
51.《唐故滑州司法參軍范陽盧君（初）墓誌銘並序》，吳鋼主編：《全唐文補遺》第一輯，三秦出版社，1994年，第294頁。

52.《唐故宣威將軍守左金吾衛大將軍員外置同正員兼試殿中監上柱國賜紫金魚袋蘇府君（恩）夫人范陽盧氏墓誌銘並序》，吳鋼主編：《全唐文補遺》第一輯，三秦出版社，1994 年，第 322～323 頁。
53.《盧兼》，吳鋼主編：《全唐文補遺》第一輯，三秦出版社，1994 年，第 390 頁。
54.《唐故東都留守檢校尚書左僕射贈司空博陵崔公（弘禮）小女（遷）墓誌銘並序》，吳鋼主編：《全唐文補遺》第一輯，三秦出版社，1994 年，第 338 頁。
55.《盧環》，吳鋼主編：《全唐文補遺》第二輯，三秦出版社，1995 年，第 58 頁。
56.《唐故宣州宣城縣府范陽盧府君（宏）並夫人博陵郡崔氏墓誌銘並序》，吳鋼主編：《全唐文補遺》第二輯，三秦出版社，1995 年，第 64～65 頁。又見吳鋼主編：《全唐文補遺》第四輯《唐故宣州宣城縣尉范陽盧府君（宏）並夫人博陵崔氏墓誌銘並序》，三秦出版社，1997 年 5 月，第 223 頁。兩者文字略有不同。
57.《唐故鼎州三原縣令盧府君夫人辛氏墓誌銘並序》，吳鋼主編：《全唐文補遺》第二輯，三秦出版社，1995 年，第 477 頁。又見周紹良主編、趙超副主編：《唐代墓誌彙編》開元 281，上海古籍出版社，1992 年 11 月版，第 1349～1350 頁。
58.《大唐處士范陽盧府君（調）墓誌銘並序》，吳鋼主編：《全唐文補遺》第二輯，三秦出版社，1995 年，第 424 頁。
59.《故朝散大夫行郢州司馬盧府君（思莊）墓誌銘並序》，吳鋼主編：《全唐文補遺》第二輯，三秦出版社，1995 年，第 474 頁。又見周紹良主編、趙超副主編：《唐代墓誌彙編》開元 262，上海古籍出版社，1992 年 11 月版，第 1336 頁。
60.《□故通議大夫鄂州刺史上柱國盧府君（翊）墓誌銘並序》，吳鋼主編：《全唐文補遺》第二輯，三秦出版社，1995 年，第 497 頁。又見周紹良主編、趙超副主編：《唐代墓誌彙編》開元 379，上海古籍出版社，1992 年 11 月版，第 1418～1419 頁。
61.《大唐故中書侍郎贈衛尉卿河內司馬府君妻范陽郡君盧氏墓誌銘並序》，吳鋼主編：《全唐文補遺》第二輯，三秦出版社，1995 年，第 453 頁。

又見周紹良主編、趙超副主編：《唐代墓誌彙編》開元 165，上海古籍出版社，1992 年 11 月版，第 1270 頁。
62.《唐故相州臨漳縣令范陽盧府君（曒）墓誌銘並序》，吳鋼主編：《全唐文補遺》第二輯，三秦出版社，1995 年，第 515 頁。
63.《太中大夫使持節房州諸軍事房州刺史上柱國魏縣開國子盧府君（全操）銘誌並序》，吳鋼主編：《全唐文補遺》第二輯，三秦出版社，1995 年，第 507 頁。又見周紹良主編、趙超副主編：《唐代墓誌彙編》開元 421，上海古籍出版社，1992 年 11 月版，第 1447～1448 頁。
64.《唐故孝廉范陽盧公（憕）墓誌銘並序》，吳鋼主編：《全唐文補遺》第二輯，三秦出版社，1995 年，第 549 頁。
65.《范陽盧氏女子歿後記》，吳鋼主編：《全唐文補遺》第二輯，三秦出版社，1995 年，第 562 頁。
66.《唐故殿中侍御史隴西李府君夫人范陽盧氏墓誌銘並序》，吳鋼主編：《全唐文補遺》第三輯，三秦出版社，1996 年，第 170 頁。
67.《大唐故譙郡城父縣尉盧府君（復）墓誌銘》，吳鋼主編：《全唐文補遺》第三輯，三秦出版社，1996 年，第 88 頁。
68.《唐故朝散大夫豪郢二州刺史上柱國盧府君（沇）夫人隴西李氏墓誌銘並序》，吳鋼主編：《全唐文補遺》第三輯，三秦出版社，1996 年，第 142 頁。
69.《有唐登仕郎行魏郡冠氏縣尉雲騎尉盧公（招）墓誌銘並序》，吳鋼主編：《全唐文補遺》第三輯，三秦出版社，1996 年，第 94 頁。又見周紹良主編、趙超副主編：《唐代墓誌彙編》天寶 252，上海古籍出版社，1992 年 11 月版，第 1707 頁。
70.《大唐故盧府君（綬）墓誌銘》，吳鋼主編：《全唐文補遺》第三輯，三秦出版社，1996 年，第 155 頁。
71.《唐故河中府寶鼎縣尉盧府君（綬）南陽張夫人墓誌銘並序》，吳鋼主編：《全唐文補遺》第三輯，三秦出版社，1996 年，第 209 頁。
72.《大唐故銀青光祿大夫尚書左丞盧君夫人李氏（灌頂）墓誌銘並序》，吳鋼主編：《全唐文補遺》第三輯，三秦出版社，1996 年，第 292 頁。又見周紹良主編、趙超副主編：《唐代墓誌彙編》光宅 006，上海古籍出版社，1992 年 11 月版，第 725 頁。

73.《有唐故河中府參軍范陽盧公（岑）改葬墓誌銘並序》，吳鋼主編：《全唐文補遺》第三輯，三秦出版社，1996 年，第 205 頁。又見周紹良、趙超主編：《唐代墓誌彙編續集》開成 011，上海古籍出版社，2001 年 12 月，第 930～931 頁。
74.《大唐范陽盧公故夫人天水郡趙氏墓誌銘並序》，吳鋼主編：《全唐文補遺》第三輯，三秦出版社，1996 年，第 292 頁。
75.《盧獻卿》，吳鋼主編：《全唐文補遺》第三輯，三秦出版社，1996 年，第 227 頁。
76.《唐鄉貢進士盧君（雄）夫人博陵崔氏（熅）墓誌》，吳鋼主編：《全唐文補遺》第三輯，三秦出版社，1996 年，第 171 頁。
77.《盧泳》，吳鋼主編：《全唐文補遺》第三輯，三秦出版社，1996 年，第 298 頁。
78.《盧希顏》，吳鋼主編：《全唐文補遺》第四輯，三秦出版社，1997 年 5 月，第 165 頁。
79.《盧哭》，吳鋼主編：《全唐文補遺》第四輯，三秦出版社，1997 年 5 月，第 108 頁。
80.《盧子政》，吳鋼主編：《全唐文補遺》第四輯，三秦出版社，1997 年 5 月，第 102 頁。
81.《唐信州玉山縣令范陽盧府君（公則）墓誌銘並序》，吳鋼主編：《全唐文補遺》第四輯，三秦出版社，1997 年 5 月，第 218 頁。
82.《唐故范陽盧府君（公弼）墓誌銘並序》，吳鋼主編：《全唐文補遺》第四輯，三秦出版社，1997 年 5 月，第 237 頁。
83.《唐故揚州大都督府揚子縣令博陵崔府君之夫人范陽盧氏（八）墓誌銘並序》，吳鋼主編：《全唐文補遺》第四輯，三秦出版社，1997 年 5 月，第 453 頁。又見周紹良主編、趙超副主編：《唐代墓誌彙編》天寶 103，上海古籍出版社，1992 年 11 月版，第 1603～1604 頁。
84.《（上殘缺）從事監察御史裏行李公（頊）妻范陽盧氏墓誌銘並序》，吳鋼主編：《全唐文補遺》第四輯，三秦出版社，1997 年 5 月，第 116 頁。
85.《唐東都留守晏設使朝散大夫檢校太子中允上杜國朱敬之亡妻范陽盧夫人（子玉）墓誌銘並序》，吳鋼主編：《全唐文補遺》第四輯，三秦出版社，1997 年 5 月，第 499 頁。

86.《大唐故范陽盧氏君（榮）夫人劉氏墓誌銘並序》，吳鋼主編：《全唐文補遺》第四輯，三秦出版社，1997年5月，第510頁。
87.《唐河中府猗氏縣主簿盧公（伯卿）故夫人清河崔氏墓誌銘並序》，吳鋼主編：《全唐文補遺》第四輯，三秦出版社，1997年5月，第115頁。
88.《唐故盧氏（子暮）夫人墓誌銘》，吳鋼主編：《全唐文補遺》第四輯，三秦出版社，1997年5月，第200頁。
89.《大唐故汴州尉氏縣令衡公前夫人范陽盧氏墓誌銘並序》，吳鋼主編：《全唐文補遺》第四輯，三秦出版社，1997年5月，第48頁。
90.《唐故朝散大夫魏州貴鄉縣令盧公（侣）墓誌銘並序》，吳鋼主編：《全唐文補遺》第四輯，三秦出版社，1997年5月，第95頁。
91.《唐故鄉貢進士范陽盧府君（子鷟）墓誌》，吳鋼主編：《全唐文補遺》第四輯，三秦出版社，1997年5月，第109頁。
92.《唐故中大夫澧州刺史賜紫金魚袋范陽盧府君（昂）墓誌銘並序》，吳鋼主編：《全唐文補遺》第四輯，三秦出版社，1997年5月，第115頁。
93.《唐范陽郡故盧氏夫人墓誌銘並序》，吳鋼主編：《全唐文補遺》第四輯，三秦出版社，1997年5月，第187頁。
94.《唐故司農主簿范陽盧府君（友度）墓誌銘並序》，吳鋼主編：《全唐文補遺》第四輯，三秦出版社，1997年5月，第36頁。
95.《唐故永州□盧司馬（嶠）夫人崔氏墓誌銘並序》，吳鋼主編：《全唐文補遺》第四輯，三秦出版社，1997年5月，第75頁。
96.《唐故朝議郎行大理評事上柱國范陽盧公（方）墓誌銘並序》，吳鋼主編：《全唐文補遺》第四輯，三秦出版社，1997年5月，第88頁。
97.《唐故河中少尹范陽盧府君（知宗）墓誌銘並序》，吳鋼主編：《全唐文補遺》第四輯，三秦出版社，1997年5月，第254～255頁。
98.《盧君妻崔氏墓誌》，吳鋼主編：《全唐文補遺》第五輯，三秦出版社，1998年5月，第390頁。
99.《大唐故銀青光祿大夫行揚州大都督府長史魏縣子盧公（承業）墓誌銘並序》，吳鋼主編：《全唐文補遺》第五輯，三秦出版社，1998年5月，第160頁。又見周紹良主編、趙超副主編：《唐代墓誌彙編》咸亨059，上海古籍出版社，1992年11月版，第551～552頁。
100.《有唐歙州刺史范陽盧公墓誌銘並序》，吳鋼主編：《全唐文補遺》第六輯，三秦出版社，1999年，第123～124頁。

101.《大唐前京兆府長安縣尉柴少儀故妻范陽盧氏誌文》，吳鋼主編：《全唐文補遺》第六輯，三秦出版社，1999 年，第 407 頁。
102.《唐故太子司議郎盧府君（寂）墓誌銘並序》，吳鋼主編：《全唐文補遺》第六輯，三秦出版社，1999 年，第 107 頁。
103.《唐故給事郎守永州司馬賜緋魚袋范陽盧府君（嶠）墓誌銘並序》，吳鋼主編：《全唐文補遺》第六輯，三秦出版社，1999 年，第 106 頁。
104.《唐故（鄭頎妻）范陽盧夫人墓誌銘並序》，吳鋼主編：《全唐文補遺》第六輯，三秦出版社，1999 年，第 183 頁。
105.《唐故朝議郎使持節均州諸軍事守均州刺史范陽盧府君（軺）墓誌銘》，吳鋼主編：《全唐文補遺》第六輯，三秦出版社，1999 年，第 189 頁。
106.《大唐故左屯衛將軍盧府君（玢）墓誌銘並序》，吳鋼主編：《全唐文補遺》第六輯，三秦出版社，1999 年，第 377 頁。
107.《唐故朝議郎平原郡長河縣令盧府君（全貞）墓誌銘並序》，吳鋼主編：《全唐文補遺》第六輯，三秦出版社，1999 年，第 441 頁。
108.《故范陽郡君盧尊師（起信）墓誌銘並序》，吳鋼主編：《全唐文補遺》第六輯，三秦出版社，1999 年，第 84 頁。該誌又見周紹良、趙超主編：《唐代墓誌彙編續集》天寶 097，上海古籍出版社，2001 年版，第 652 頁。
109.《唐故范陽盧氏（軺）滎陽鄭夫人墓誌銘》，吳鋼主編：《全唐文補遺》第六輯，三秦出版社，1999 年，第 173 頁。該誌又見趙君平、趙文成編：《河洛墓刻拾零》下冊《唐故范陽盧氏滎陽鄭夫人墓誌銘》，北京圖書館出版社，2007 年，第 593 頁。
110.《唐故（盧君妻）滎陽郡夫人鄭氏墓誌銘並序》，吳鋼主編：《全唐文補遺》第六輯，三秦出版社，1999 年，第 64 頁。
111.《唐故蜀郡蜀縣令清河崔府君夫人范陽盧氏墓誌銘並序》，吳鋼主編：《全唐文補遺》第六輯，三秦出版社，1999 年，第 86 頁。
112.《大唐故眉州通儀縣尉上護軍賞緋魚袋范陽盧府君（滿）墓誌□男道屍柩同殯》，《全唐文補遺》第六輯，三秦出版社，1999 年，第 430 頁。
113.《唐故宣德郎洛州陽翟縣尉盧府君（仲璠）夫人滎陽鄭氏墓誌銘並序》，吳鋼主編：《全唐文補遺》第六輯，三秦出版社，1999 年，第 440 頁。
114.《唐故大理評事賜緋魚袋范陽盧府君（倜）墓誌》，吳鋼主編：《全唐文補遺》第六輯，三秦出版社，1999 年，第 138 頁。

115.《唐故盧府君（榮）墓誌銘並序》，吳鋼主編：《全唐文補遺》第六輯，三秦出版社，1999 年，第 489 頁。
116.《唐故舒州太湖縣丞盧府君（懷俊）墓誌銘》，吳鋼主編：《全唐文補遺》第六輯，三秦出版社，1999 年，第 412 頁。又見周紹良、趙超主編：《唐代墓誌彙編續集》開元 091，上海古籍出版社，2001 年 12 月版，第 516 頁。
117.《(上渤）盧府君（璲）夫人竇氏墓誌銘並序》，吳鋼主編：《全唐文補遺》第六輯，三秦出版社，1999 年，第 92 頁。
118.《大唐正議大夫使持節仙州諸軍事守仙州刺史上柱國司馬公故夫人范陽郡君盧氏墓誌銘並序》，吳鋼主編：《全唐文補遺》第六輯，三秦出版社，1999 年，第 402 頁。
119.《□□州靈石縣令盧府君（嗣冶）墓誌銘並序》，吳鋼主編：《全唐文補遺》第六輯，三秦出版社，1999 年，第 446 頁。
120.《盧峻墓誌》，吳鋼主編：《全唐文補遺》第七輯，三秦出版社，1999 年 12 月，第 163 頁。又見秦珠：《唐末盧峻墓誌銘》，載《考古與文物》1983 年第 1 期。
121.《范陽盧氏室女墓銘有敘》，吳鋼主編《全唐文補遺》第七輯，三秦出版社，1999 年 12 月，第 140 頁。
122.《唐故魏州臨黃縣尉范陽盧府君（之翰）玄堂記》，吳鋼主編：《全唐文補遺》第七輯，三秦出版社，1999 年 12 月，第 69 頁。
123.《唐故益州大都督府司馬上騎都尉盧君（承福）墓誌》，吳鋼主編：《全唐文補遺》第七輯，三秦出版社，1999 年 12 月，第 10 頁。
124.《唐故華州司法參軍范陽盧公（鬲）墓誌並序》，吳鋼主編：《全唐文補遺》第七輯，三秦出版社，1999 年 12 月，第 67 頁。
125.《唐故揚府功曹盧公（元衡）墓誌銘並序》，吳鋼主編：《全唐文補遺》第七輯，三秦出版社，1999 年 12 月，第 347 頁。
126.《唐故羅林軍 銀青光祿大夫行尚書兵部侍郎知制誥上柱國范陽縣開國食邑三百戶盧公（文亮）權厝記並序》，吳鋼主編：《全唐文補遺》第七輯，三秦出版社，1999 年 12 月，第 169 頁。
127.《大周前益州什邡蕭主簿夫人盧氏（婉）墓誌銘並序》，吳鋼主編：《全唐文補遺》第七輯，三秦出版社，1999 年 12 月，第 18 頁。

128.《唐故河南府伊闕縣丞盧公（甫）墓誌銘並序》，吳鋼主編：《全唐文補遺》第七輯，三秦出版社，1999 年 12 月，第 73 頁。
129.《唐故揚州揚子縣主簿范陽盧公（耜）墓誌銘並序》，吳鋼主編：《全唐文補遺》第七輯，三秦出版社，1999 年 12 月，第 139 頁。
130.《唐故太子司議郎分司東都范陽盧府公（約）夫人清河崔氏祔葬墓誌銘並序》，吳鋼主編：《全唐文補遺》第七輯，三秦出版社，1999 年 12 月，第 142～143 頁。
131.《唐故陝州平陸縣尉盧府君（殷）滎陽鄭夫人合祔墓誌銘並序》，吳鋼主編《全唐文補遺》第八輯，三秦出版社，2005 年 6 月，第 183 頁。
132.《大唐故景城郡錄事參軍上柱國隴西李府君（景獻）墓誌銘並序》，吳鋼主編：《全唐文補遺》第九輯，三秦出版社，2007 年 7 月，第 365～366 頁。
133.《唐故范陽盧君亡妻隴西李氏合祔墓誌銘並序》，吳鋼主編：《全唐文補遺》第九輯，三秦出版社，2007 年 7 月，第 421～422 頁。又見楊作龍，趙水森等編著：《洛陽新出土墓誌釋錄》，北京圖書館出版社，2004 年，第 320 頁。
134.《唐故范陽盧君（重）墓誌銘並序》，吳鋼主編：《全唐文補遺》第九輯，三秦出版社，2007 年 7 月，第 416 頁。該誌又見楊作龍，趙水森等編著：《洛陽新出土墓誌釋錄》，北京圖書館出版社，2004 年，第 312 頁。
135.《唐故越州剡縣尉盧府君（廣）夫人隴西李氏合祔墓誌銘並序》，吳鋼主編：《全唐文補遺》（千唐誌齋新藏專輯），三秦出版社，2006 年 6 月，第 331 頁。
136.《唐故隴西李夫人（盧元裳妻）墓誌銘並序》，吳鋼主編：《全唐文補遺》（千唐誌齋新藏專輯），三秦出版社，2006 年 6 月，第 335 頁。
137.《盧士玟》，吳鋼主編：《全唐文補遺》（千唐誌齋新藏專輯），三秦出版社，2006 年 6 月，第 336 頁。
138.《和州烏江縣令敦煌張公（澹）故夫人范陽盧氏墓誌銘並序》，吳鋼主編：《全唐文補遺》（千唐誌齋新藏專輯），三秦出版社，2006 年 6 月，第 369 頁。
139.《唐故太原府陽曲縣令盧府君（重）墓誌銘並序》，吳鋼主編：《全唐文補遺》（千唐誌齋新藏專輯），三秦出版社，2006 年 6 月，第 378 頁。

140.《大唐故右監門衛將軍上柱國贈銀青光祿大夫兗州都督謚曰光范陽盧府君（正言）墓誌銘並序》，吳鋼主編：《全唐文補遺》（千唐誌齋新藏專輯），三秦出版社，2006年6月，第158頁。
141.《唐故澤州晉城縣尉范陽盧府君（仲文）墓誌銘並述》，吳鋼主編：《全唐文補遺》（千唐誌齋新藏專輯），三秦出版社，2006年6月，第347頁。
142.《唐故昭州平樂縣尉盧府君（俠）墓誌銘並序》，吳鋼主編：《全唐文補遺》（千唐誌齋新藏專輯），三秦出版社，2006年6月，第350頁。
143.《唐故杭州餘杭縣尉范陽盧府君（厚）墓誌文並序》，吳鋼主編：《全唐文補遺》（千唐誌齋新藏專輯），三秦出版社，2006年6月，第380～381頁。
144.《大燕故魏府元城縣尉盧府君（涚）墓誌序》，吳鋼主編：《全唐文補遺》（千唐誌齋新藏專輯），三秦出版社，2006年6月，第241頁。
145.《唐故鄉貢進士范陽盧府君（輻）墓誌銘》，吳鋼主編：《全唐文補遺》（千唐誌齋新藏專輯），三秦出版社，2006年6月，第377頁。
146.《唐故蘇州長洲縣尉范陽盧府君（士珩）墓誌銘並序》，吳鋼主編：《全唐文補遺》（千唐誌齋新藏專輯），三秦出版社，2006年6月，第336頁。
147.《大唐故宣德郎前守蘇州海鹽縣令繪並前妻故隴西李氏合祔墓誌文自敍》，吳鋼主編：《全唐文補遺》（千唐誌齋新藏專輯），三秦出版社，2006年6月，第373頁。
148.《大唐故北海郡千乘縣令盧府君（均芳）墓誌並序》，吳鋼主編：《全唐文補遺》（千唐誌齋新藏專輯），三秦出版社，2006年6月，第208頁。
149.《故上黨郡涉縣令盧府君（首賓）墓誌並序》，吳鋼主編：《全唐文補遺》（千唐誌齋新藏專輯），三秦出版社，2006年6月，第209～210頁。
150.《唐故恭陵臺丞盧府君（瑀）墓誌銘並序》，吳鋼主編：《全唐文補遺》（千唐誌齋新藏專輯），三秦出版社，2006年6月，第273頁。
151.《唐故儒林郎守太府寺主簿盧府君夫人隴西李氏（眞）墓誌銘並序》，吳鋼主編：《全唐文補遺》（千唐誌齋新藏專輯），三秦出版社，2006年6月，第364頁。
152.《（盧文構）夫人諱月相墓誌》，周紹良主編、趙超副主編：《唐代墓誌彙編》武德004，上海古籍出版社，1992年11月版，第3頁。

153.《大唐吏部將仕郎范陽盧府君妻馮氏墓誌銘》，周紹良主編、趙超副主編：《唐代墓誌彙編》貞觀 089，上海古籍出版社，1992 年 11 月版，第 65 頁。該誌亦載河南文物研究所、洛陽地區文管處編：《千唐誌齋藏誌》上冊圖版二七，文物出版社，1984 年。

154.《大周并州司功王公故夫人盧氏墓誌銘並序》，周紹良主編、趙超副主編：《唐代墓誌彙編》長安 048，上海古籍出版社，1992 年 11 月版，第 1025 頁。又見吳鋼主編：《全唐文補遺》第五輯，三秦出版社，1998 年 5 月，271 頁。

155.《隋故東宮左親侍盧君（萬春）墓誌銘》，周紹良主編、趙超副主編：《唐代墓誌彙編》永徽 125，上海古籍出版社，1992 年 11 月版，第 212～213 頁。又見吳鋼主編：《全唐文補遺》第四輯，三秦出版社，1997 年 5 月，第 344 頁。

156.《唐太原府司錄先府君墓誌銘並序》，周紹良主編、趙超副主編：《唐代墓誌彙編》大曆 050，上海古籍出版社，1992 年 11 月版，第 1792 頁。該誌又見趙君平、趙文成編：《河洛墓刻拾零》下冊，北京圖書館出版社，2007 年，第 442 頁。

157.《唐故宣德郎洛州陽翟縣尉盧府君夫人滎陽鄭氏墓誌銘並序》，周紹良、趙超主編：《唐代墓誌彙編續集》天寶 064，上海古籍出版社，2001 年版，第 627～628 頁。

158.《唐故殿中省進馬宋公墓誌銘並序》，周紹良、趙超主編：《唐代墓誌彙編續集》天寶 104，上海古籍出版社，2001 年 12 月，第 658 頁。

159.《長安二年□十九日□參軍辛仲連妻盧八娘之墓》，周紹良主編、趙超副主編：《唐代墓誌彙編》長安 011，上海古籍出版社，1992 年 11 月版，第 998 頁。

160.《唐太子太保分司東都贈太尉清河崔（慎由）府君墓誌》，周紹良、趙超主編：《唐代墓誌彙編續集》咸通 053，上海古籍出版社，2001 年 12 月，第 1074～1075 頁。

161.《大唐處士范陽盧府君墓誌銘並序》，周紹良主編、趙超副主編：《唐代墓誌彙編》開元 028，上海古籍出版社，1992 年 11 月版，第 1171～1172 頁。

162.《長河宰盧公李夫人墓誌文》，周紹良主編、趙超副主編：《唐代墓誌彙編》開元 540，上海古籍出版社，1992 年 11 月版，第 1528 頁。

163.《大唐潁川郡夫人三原縣令盧全善故夫人陳氏墓誌銘並序》，周紹良主編、趙超副主編：《唐代墓誌彙編》天寶 074，上海古籍出版社，1992年11月版，第1583～1584頁。
164.《有唐盧夫人墓誌》，周紹良主編、趙超副主編：《唐代墓誌彙編》大曆058，上海古籍出版社，1992年11月版，第1797～1798頁。
165.《唐故朝散大夫豪郢二州刺史上柱國盧府君夫人隴西李氏墓誌銘並序》，周紹良主編、趙超副主編：《唐代墓誌彙編》永貞002，上海古籍出版社，1992年11月版，第1941～1942頁。
166.《唐故桂州刺史兼御史中丞孫府君（成）故夫人范陽郡君盧氏墓誌銘並序》，周紹良主編、趙超副主編：《唐代墓誌彙編》永貞 006，上海古籍出版社，1992年11月版，第1944～1945頁。
167.《唐隴西郡君夫人墓誌銘》，周紹良主編、趙超副主編：《唐代墓誌彙編》元和089，上海古籍出版社，1992年11月版，第2012頁。
168.《唐故中大夫澧州刺史賜紫金魚袋范陽盧府君墓誌銘並序》，周紹良主編、趙超副主編：《唐代墓誌彙編》大和 021，上海古籍出版社，1992年11月版，第2111頁。
169.《唐故邢州南和縣令清河崔府君墓誌銘並序》，周紹良主編、趙超副主編：《唐代墓誌彙編》開成018，上海古籍出版社，1992年11月版，第2180頁。
170.《唐故范陽盧府君墓誌銘並序》，周紹良主編、趙超副主編：《唐代墓誌彙編》咸通058，上海古籍出版社，1992年11月版，第2423～2424頁。
171.《唐故宋州碭山縣令滎陽鄭府君（紀）故范陽盧氏夫人墓誌銘並序》，河南文物研究所、洛陽地區文管處編：《千唐誌齋藏誌》下冊圖版一一五二，文物出版社，1984年。
172.《唐故朝請大夫前守太子詹事柱國清河崔公（敬嗣）墓誌銘並序》，洛陽市第二文物工作隊，李獻奇、郭引強編：《洛陽新獲墓誌》圖版一二二，文物出版社，1996年10月，第128頁。
173.《唐故朝散大夫前使持節澧州諸軍事守澧州刺史柱國清河崔公（芸卿）墓誌銘並序》，洛陽市第二文物工作隊，李獻奇、郭引強編：《洛陽新獲墓誌》圖版一二一，文物出版社，1996年10月，第127頁。
174.《贈陳州刺史義陽王神道碑銘》，〔清〕董誥等：《全唐文》卷二三〇，中華書局，1983年11月影印本。

175.《唐故潤州昭代寺比邱尼元應墓誌銘（並序）》，〔清〕董誥等：《全唐文》卷五〇六，中華書局，1983 年 11 月影印本。
176.《崔相國群加廟碑》，〔清〕董誥等：《全唐文》卷六八二，中華書局，1983 年 11 月影印本。
177.《陝虢觀察使盧公墓誌銘》，〔清〕董誥等：《全唐文》卷七八四，中華書局，1983 年 11 月影印本。亦載李昉等編：《文苑英華》卷九三九《陝虢觀察使盧公墓誌銘》，中華書局影印本，1982 年版。
178.《崔少尹夫人盧氏墓誌銘》，〔清〕董誥等：《全唐文》卷七八五，中華書局，1983 年 11 月影印本。
179.《陸渾尉崔君（泳）墓誌銘》，〔清〕董誥等：《全唐文》卷七八五，中華書局，1983 年 11 月影印本。
180.《唐故朝散大夫永州刺史崔（敏）公墓誌》，載《柳宗元全集》卷九。另見《文苑英華》卷九五三《朝散大夫永州刺史崔公（敏）墓誌銘》。
181.《福建觀察使鄭公墓誌銘》，〔宋〕李昉等編：《文苑英華》卷九三九，中華書局影印本，1982 年版。
182.《太子賓客盧君墓誌銘》，載李昉等編：《文苑英華》卷九四二，中華書局影印本，1982 年版。
183.《河南府司錄事參軍盧君墓誌銘》，載李昉等編：《文苑英華》卷九五七，中華書局影印本，1982 年版。
184.《刑部郎中李府君墓誌銘》，〔宋〕李昉等編：《文苑英華》卷九四三，中華書局影印本，1982 年版。
185.《虢州刺史贈禮部尚書崔公墓誌銘》，〔宋〕李昉等編：《文苑英華》卷九五四，中華書局影印本，1982 年版。
186.《處州刺史李君墓誌銘》，〔宋〕李昉等編：《文苑英華》卷九五四，中華書局影印本，1982 年版。
187.《太原府司錄參軍李府君墓誌銘》，〔宋〕李昉等編：《文苑英華》卷九五六，中華書局影印本，1982 年版。
188.《洛陽尉何君夫人范陽盧氏墓誌銘》，〔宋〕李昉等編：《文苑英華》卷九六八，中華書局影印本，1982 年版。
189.《潤州丹陽縣尉李公夫人范陽盧氏墓誌銘》，〔宋〕李昉等編：《文苑英華》卷九六八，中華書局影印本，1982 年版。

190.《唐故范陽太君盧氏墓誌》，杜甫：《杜工部集》卷二〇，遼寧教育出版社，1997年，第414頁。
191.《唐揚州倉曹參軍王府君（恕）墓誌銘》，《白氏長慶集》卷四二。又見《文苑英華》卷九五八《揚州倉曹參軍王府君墓誌銘》。
192.《登封縣尉盧殷墓誌》，載韓愈著，閻琦校注：《韓昌黎文集注釋》下冊卷六，三秦出版社，2004年，第26～27頁。
193.《襄陽盧丞墓誌銘》，載韓愈著，閻琦校注：《韓昌黎文集注釋》下冊卷六，三秦出版社，2004年，第49～50頁。
194.《河南府法曹參軍盧府君夫人苗氏墓誌銘》，載韓愈著，閻琦校注：《韓昌黎文集注釋》下冊卷六，三秦出版社，2004年，第302頁。
195.《襄陽盧丞墓誌銘》，載韓愈著，閻琦校注：《韓昌黎文集注釋》下冊卷六，三秦出版社，2004年，第49～50頁。
196.《扶風郡夫人墓誌銘》，載韓愈著，閻琦校注：《韓昌黎文集注釋》下冊卷六，三秦出版社，2004年，第129～130頁。
197.《河南府法曹參軍盧府君夫人苗氏墓誌銘》，載韓愈著，閻琦校注：《韓昌黎文集注釋》下冊卷六，三秦出版社，2004年，第302頁。
198.《河南緱氏主簿唐充妻盧氏墓誌銘》，載韓愈著，閻琦校注：《韓昌黎文集注釋》下冊卷六，三秦出版社，2004年，第321頁。
199.《唐故銀青光祿大夫金州刺史上柱國盧君墓誌銘並序》，見於《洛陽唐盧照己墓發掘簡報》，載《文物》2007年第6期，第5～8頁。
200.《大唐太子率更令柱國范陽郡開國公盧公（赤松）墓誌》，趙君平編：《邙洛碑誌三百種》，中華書局，2004年，第67頁。
201.《唐盧君妻□晉墓誌》，趙君平編：《邙洛碑誌三百種》，中華書局，2004年，第140頁。該誌又見於吳鋼主編：《全唐文補遺》第六輯《盧瓛妻李晉墓誌》，三秦出版社，1999年，第44頁。
202.《唐故盧夫人（談）墓誌銘並序》，趙君平編：《邙洛碑誌三百種》，中華書局，2004年，第218頁。又見吳鋼主編：《全唐文補遺》第九輯，三秦出版社，2007年7月版，第367～368頁。
203.《唐盧君妻楊氏墓誌》，趙君平編：《邙洛碑誌三百種》，中華書局，2004年，第223頁。
204.《唐盧暠妻裴氏墓誌》，趙君平編：《邙洛碑誌三百種》，中華書局，2004年，第260頁。

205.《唐故朝散大夫監察御史裏行上柱國賜魚袋盧公（湘）墓誌銘並敘》，趙君平編：《邙洛碑誌三百種》，中華書局，2004 年，第 262 頁。
206.《唐封隨及妻盧氏墓誌》，趙君平編：《邙洛碑誌三百種》，中華書局，2004 年，第 318 頁。
207.《唐故陝州安邑縣令范陽盧府君墓銘有序》，趙君平編：《邙洛碑誌三百種》，中華書局，2004 年，第 323 頁。
208.《唐故范陽盧囧墓誌銘並序》，趙君平編：《邙洛碑誌三百種》，中華書局，2004 年，第 326 頁。
209.《大唐故洺州邯鄲縣令范陽盧正勤夫人隴西李氏墓誌銘並序》，趙君平、趙文成編：《河洛墓刻拾零》上冊，北京圖書館出版社，2007 年，第 190 頁。
210.《大唐故豫州汝陽縣令盧府君（廣敬）墓誌銘並序》，趙君平、趙文成編：《河洛墓刻拾零》上冊，北京圖書館出版社，2007 年，第 248 頁。
211.《大唐故司農寺丞盧府君（悅）墓誌銘並序》，趙君平、趙文成編：《河洛墓刻拾零》上冊，北京圖書館出版社，2007 年，第 300 頁。
212.《大唐故鄧州穰縣丞盧府君（邑）墓誌銘並序》，趙君平、趙文成編：《河洛墓刻拾零》下冊，北京圖書館出版社，2007 年，第 439 頁。
213.《大唐故盧府君（楫）夫人琅琊王氏墓誌銘並序》，趙君平、趙文成編：《河洛墓刻拾零》下冊，北京圖書館出版社，2007 年，第 441 頁。
214.《唐故殿中侍御史趙郡李公（苕）墓誌銘並序》，趙君平、趙文成編：《河洛墓刻拾零》下冊，北京圖書館出版社，2007 年，第 454 頁。
215.《唐大理司直盧君故夫人河東裴氏墓誌銘並敘》，趙君平、趙文成編：《河洛墓刻拾零》下冊，北京圖書館出版社，2007 年，第 462 頁。
216.《唐前鄉貢進士范陽盧項故妻隴西李氏墓誌銘並敘》，趙君平、趙文成編：《河洛墓刻拾零》下冊，北京圖書館出版社，2007 年，第 463 頁。
217.《唐故太子司議郎兼河中府倉曹參軍鄧州穰縣丞范陽盧府君（邑）夫人博陵崔氏合祔墓誌銘並序》，趙君平、趙文成編：《河洛墓刻拾零》下冊，北京圖書館出版社，2007 年，第 469 頁。
218.《唐故和州含山縣主簿盧府君（弼）墓誌銘並序》，趙君平、趙文成編：《河洛墓刻拾零》下冊，北京圖書館出版社，2007 年，第 478 頁。
219.《唐湖州長城縣尉李公亡夫人范陽盧氏墓誌銘並序》，趙君平、趙文成編：《河洛墓刻拾零》下冊，北京圖書館出版社，2007 年，第 488 頁。

220.《唐故范陽盧夫人墓誌銘並序》，趙君平、趙文成編：《河洛墓刻拾零》下冊，北京圖書館出版社，2007 年，第 516 頁。
221.《唐故朝散大夫守鄭州長史范陽盧府君夫人滎陽鄭氏合祔墓誌銘並敘》，趙君平、趙文成編：《河洛墓刻拾零》下冊，北京圖書館出版社，2007 年，第 532 頁。
222.《唐故文林郎前鄭州中牟縣尉范陽盧君（宗和）墓誌銘》，趙君平、趙文成編：《河洛墓刻拾零》，北京圖書館出版社，2007 年，第 543 頁。
223.《唐故河中府士曹參軍盧府君（嘉猷）墓誌銘並敘》，趙君平、趙文成編：《河洛墓刻拾零》下冊，北京圖書館出版社，2007 年，第 545 頁。
224.《唐故滑州酸棗縣令李府君夫人墓誌銘並序》，趙君平、趙文成編：《河洛墓刻拾零》下冊，北京圖書館出版社，2007 年，第 552 頁。
225.《唐故楚州營田巡官將仕郎徐州彭城縣主簿范陽盧府君（處約）墓誌銘並序》，趙君平、趙文成編：《河洛墓刻拾零》下冊，北京圖書館出版社，2007 年，第 556 頁。
226.《唐盧繪夫人李氏墓誌並蓋並墓表》，趙君平、趙文成編：《河洛墓刻拾零》下冊，北京圖書館出版社，2007 年，第 566～567 頁。
227.《唐崔亮及妻李夫人盧夫人合祔墓誌》，趙君平、趙文成編：《河洛墓刻拾零》下冊，北京圖書館出版社，2007 年，第 580 頁。
228.《唐盧君鄭夫人墓誌並蓋》，趙君平、趙文成編：《河洛墓刻拾零》下冊，北京圖書館出版社，2007 年，第 592 頁。
229.《唐故京兆府三原縣尉盧府君（愻）墓誌銘並序》，趙君平、趙文成編：《河洛墓刻拾零》下冊，北京圖書館出版社，2007 年，第 600 頁。
230.《唐故宣州當塗縣令盧府君故夫人滎陽鄭氏合祔墓誌銘並序》，趙君平、趙文成編：《河洛墓刻拾零》下冊，北京圖書館出版社，2007 年，第 617 頁。
231.《唐故倉部郎中鄭公盧夫人合祔墓誌銘並序》，趙君平、趙文成編：《河洛墓刻拾零》下冊，北京圖書館出版社，2007 年，第 623～624 頁。
232.《唐故范陽盧府君故夫人李氏墓誌銘並序》，趙君平、趙文成編：《河洛墓刻拾零》下冊，北京圖書館出版社，2007 年，第 628 頁。
233.《唐故申州刺史盧府君（槃）墓誌銘》，趙君平、趙文成編：《河洛墓刻拾零》下冊，北京圖書館出版社，2007 年，第 640 頁。

234.《唐故使持節渠州諸軍事渠州刺史充本州島團練守捉使崔府君夫人滎陽鄭氏墓誌銘並序》，郭茂育、趙水森編著：《洛陽出土鴛鴦誌輯錄》29～2，國家圖書館出版社，2012 年 10 月版。
235.《盧舍衛墓誌》，胡戟、榮新江主編：《大唐西市博物館藏墓誌》一〇七《大唐祕書郎魏州貴鄉縣令東海縣開國子於君妻盧氏墓誌銘並序》，北京大學出版社，2012 年 11 月版。
236.《盧崇嗣妻段夫人墓誌》，胡戟、榮新江主編：《大唐西市博物館藏墓誌》一六〇《大唐綿州司士參軍事盧崇嗣妻段夫人墓誌銘並序》，北京大學出版社，2012 年 11 月版。
237.《盧廣敬墓誌》，胡戟、榮新江主編：《大唐西市博物館藏墓誌》一八三《大唐故豫州汝陽縣令盧府君墓誌銘並序》，北京大學出版社，2012 年 11 月版。
238.《盧婉墓誌》，胡戟、榮新江主編：《大唐西市博物館藏墓誌》二三二《大唐宣義郎裴公盧夫人墓誌銘並序》，北京大學出版社，2012 年 11 月版。
239.《陳子宜夫人盧氏墓誌》，胡戟、榮新江主編：《大唐西市博物館藏墓誌》二四四《大唐故齊州司戶參軍陳府君夫人盧氏墓誌銘並序》，北京大學出版社，2012 年 11 月版。
240.《盧朓墓誌》，胡戟、榮新江主編：《大唐西市博物館藏墓誌》二六五《大唐故朝請大夫饒陽郡司馬上柱國盧府君墓誌銘幷序》，北京大學出版社，2012 年 11 月版。
241.《盧阿彭墓誌》，胡戟、榮新江主編：《大唐西市博物館藏墓誌》三〇〇《唐故盧府君墓誌銘幷序》，北京大學出版社，2012 年 11 月版。該誌又載趙君平、趙文成編：《河洛墓刻拾零》下冊三三五，北京圖書館出版社，2007 年，第 451 頁。
242.《盧沐墓誌》，胡戟、榮新江主編：《大唐西市博物館藏墓誌》三〇二《唐故汝州司戶參軍盧公墓誌銘幷序》，北京大學出版社，2012 年 11 月版。
243.《盧克乂墓誌》，胡戟、榮新江主編：《大唐西市博物館藏墓誌》三二五《唐故著作佐郎范陽盧公墓誌銘幷序》，北京大學出版社，2012 年 11 月版。
244.《李玄就夫人盧氏墓誌》，胡戟、榮新江主編：《大唐西市博物館藏墓誌》三三五《唐湖州長城縣尉李公亡夫人范陽盧氏墓誌銘幷序》，北京大學出版社，2012 年 11 月版。

245.《盧暠妻裴氏墓誌》，胡戟、榮新江主編：《大唐西市博物館藏墓誌》三四○《唐故華州司法參軍范陽盧府君夫人河東裴氏墓誌銘并序》，北京大學出版社，2012 年 11 月版。

246.《盧沐夫人鄭氏墓誌》，胡戟、榮新江主編：《大唐西市博物館藏墓誌》三七五《唐故滎陽鄭夫人墓誌銘并敘》，北京大學出版社，2012 年 11 月版。

247.《盧沐及夫人鄭氏墓誌》，胡戟、榮新江主編：《大唐西市博物館藏墓誌》三七六《唐汝州司戶范陽盧府君滎陽鄭夫人合祔誌銘》，北京大學出版社，2012 年 11 月版。

248.《盧氏墓誌》，胡戟、榮新江主編：《大唐西市博物館藏墓誌》四○九《唐故范陽盧夫人墓誌銘並序》，北京大學出版社，2012 年 11 月版。

249.《盧虔懿墓誌》，胡戟、榮新江主編：《大唐西市博物館藏墓誌》四六五《唐故范陽盧夫人墓誌銘並序》，北京大學出版社，2012 年 11 月版。

250.《盧岳墓誌》，胡戟、榮新江主編：《大唐西市博物館藏墓誌》四七六《唐故鄉貢進士范陽盧府君墓誌銘並序》，北京大學出版社，2012 年 11 月版。

251.《唐盧承禮墓誌》，趙君平、趙文成編《秦晉豫新出土墓誌蒐佚》（第一冊），國家圖書館出版社，2012 年 1 月，第 270 頁。

252.《唐盧延慶墓誌》，趙君平、趙文成編《秦晉豫新出土墓誌蒐佚》（第二冊），國家圖書館出版社，2012 年 1 月，第 334 頁。

253.《唐崔紹妻盧氏墓誌》，趙君平、趙文成編《秦晉豫新出土墓誌蒐佚》（第二冊），國家圖書館出版社，2012 年 1 月，第 495 頁。

254.《唐李君妻盧氏墓誌》，趙君平、趙文成編《秦晉豫新出土墓誌蒐佚》（第二冊），國家圖書館出版社，2012 年 1 月，第 561 頁。

255.《唐李說妻盧氏墓誌》，趙君平、趙文成編《秦晉豫新出土墓誌蒐佚》（第二冊），國家圖書館出版社，2012 年 1 月，第 564 頁。

256.《唐王君妻盧姺墓誌并蓋》，趙君平、趙文成編《秦晉豫新出土墓誌蒐佚》（第二冊），國家圖書館出版社，2012 年 1 月，第 572 頁。

257.《唐李亶妻盧氏墓誌并蓋》，趙君平、趙文成編《秦晉豫新出土墓誌蒐佚》（第二冊），國家圖書館出版社，2012 年 1 月，第 583 頁。

258.《唐劉君妻盧氏墓誌》，趙君平、趙文成編《秦晉豫新出土墓誌蒐佚》（第二冊），國家圖書館出版社，2012 年 1 月，第 591 頁。

259.《唐盧睞墓誌》，趙君平、趙文成編《秦晉豫新出土墓誌蒐佚》（第三冊），國家圖書館出版社，2012 年 1 月，第 610 頁。

260.《唐盧伯明墓誌》，趙君平、趙文成編《秦晉豫新出土墓誌蒐佚》（第三冊），國家圖書館出版社，2012 年 1 月，第 623 頁。

261.《唐盧公妻李夫人墓誌》，趙君平、趙文成編《秦晉豫新出土墓誌蒐佚》（第三冊），國家圖書館出版社，2012 年 1 月，第 628 頁。

262.《唐盧順墓誌并蓋》，趙君平、趙文成編《秦晉豫新出土墓誌蒐佚》（第三冊），國家圖書館出版社，2012 年 1 月，第 662 頁。

263.《唐盧泗墓誌》，趙君平、趙文成編《秦晉豫新出土墓誌蒐佚》（第三冊），國家圖書館出版社，2012 年 1 月，第 683 頁。

264.《唐崔公夫人盧氏墓誌》，趙君平、趙文成編《秦晉豫新出土墓誌蒐佚》（第三冊），國家圖書館出版社，2012 年 1 月，第 689 頁。

265.《唐高慈妻盧夫人墓誌》，趙君平、趙文成編《秦晉豫新出土墓誌蒐佚》（第三冊），國家圖書館出版社，2012 年 1 月，第 721 頁。

266.《唐盧瑗妻崔氏墓誌并蓋》，趙君平、趙文成編《秦晉豫新出土墓誌蒐佚》（第三冊），國家圖書館出版社，2012 年 1 月，第 823 頁。

267.《唐盧仲權妻王普功德墓誌》，趙君平、趙文成編《秦晉豫新出土墓誌蒐佚》（第三冊），國家圖書館出版社，2012 年 1 月，第 849 頁。

268.《唐李益妻盧媚墓誌》，趙君平、趙文成編《秦晉豫新出土墓誌蒐佚》（第三冊），國家圖書館出版社，2012 年 1 月，第 858 頁。

269.《唐李綜及夫人盧氏墓誌》，趙君平、趙文成編《秦晉豫新出土墓誌蒐佚》（第四冊），國家圖書館出版社，2012 年 1 月，第 903 頁。

270.《唐盧後閔妻鄭嫮墓誌并蓋》，趙君平、趙文成編《秦晉豫新出土墓誌蒐佚》（第四冊），國家圖書館出版社，2012 年 1 月，第 956 頁。

271.《唐趙眞齡妻盧令儀墓誌并蓋》，趙君平、趙文成編《秦晉豫新出土墓誌蒐佚》（第四冊），國家圖書館出版社，2012 年 1 月，第 970 頁。

272.《唐盧氏四娘爲亡母韋氏造經幢》，趙君平、趙文成編《秦晉豫新出土墓誌蒐佚》（第四冊），國家圖書館出版社，2012 年 1 月，第 987 頁。
273.《唐姚合妻盧綺墓誌》，趙君平、趙文成編《秦晉豫新出土墓誌蒐佚》（第四冊），國家圖書館出版社，2012 年 1 月，第 1008 頁。
274.《唐盧行質夫人趙氏墓誌》，趙君平、趙文成編《秦晉豫新出土墓誌蒐佚》（第四冊），國家圖書館出版社，2012 年 1 月，第 1020 頁。
275.《唐吳籌妻盧有德墓誌并蓋》，趙君平、趙文成編《秦晉豫新出土墓誌蒐佚》（第四冊），國家圖書館出版社，2012 年 1 月，第 1042 頁。
276.《唐韋審己妻盧虔懿墓誌》，趙君平、趙文成編《秦晉豫新出土墓誌蒐佚》（第四冊），國家圖書館出版社，2012 年 1 月，第 1068 頁。

附錄 2：本書所繪製圖表一覽

參考書目

史料典籍類

1. 楊伯峻編著：《春秋左傳注》（修訂本），北京：中華書局，1990 年版。
2. 〔漢〕司馬遷撰：《史記》，北京：中華書局，1959 年。
3. 〔漢〕班固撰：《漢書》，北京：中華書局，1962 年。
4. 〔漢〕范曄撰：《後漢書》，北京：中華書局，1965 年。
5. 〔魏〕陳壽撰：《三國志》，北京：中華書局，1959 年。
6. 〔唐〕房玄齡等撰：《晉書》，北京：中華書局，1962 年。
7. 〔北齊〕魏收撰：《魏書》，北京：中華書局，1974 年。
8. 〔唐〕李延壽撰：《北齊書》，北京：中華書局，1972 年。
9. 〔唐〕令狐德棻撰：《周書》，北京：中華書局，1974 年。
10. 〔梁〕沈約撰：《宋書》，北京：中華書局，1974 年。
11. 〔梁〕蕭子顯撰：《南齊書》，北京：中華書局，1972 年。
12. 〔唐〕姚思廉撰：《梁書》，北京：中華書局，1973 年。
13. 〔唐〕姚思廉撰：《陳書》，北京：中華書局，1972 年。
14. 〔唐〕李延壽撰：《北史》，北京：中華書局，1974 年。
15. 〔唐〕李延壽撰：《南史》，北京：中華書局，1975 年。
16. 〔唐〕魏徵撰：《隋書》，北京：中華書局，1973 年。
17. 〔後晉〕劉昫等撰：《舊唐書》，北京：中華書局，1975 年。
18. 〔宋〕歐陽修、宋祁等撰：《新唐書》，北京：中華書局，1975 年。
19. 〔宋〕薛居正：《舊五代史》，北京：中華書局 1976 年。
20. 〔宋〕歐陽修：《新五代史》，北京：中華書局 1974 年。

21.〔北魏〕崔鴻撰：《十六國春秋》，北京：中華書局，1985年版。
22.〔北魏〕楊衒之撰，周祖謨校釋：《洛陽伽藍記校釋》，上海世紀出版集團、上海書店出版社，2000年版。
23.〔北齊〕顏之推著，王利器集解：《顏氏家訓集解》（增補本），北京：中華書局，1993年12月版。
24.〔劉宋〕劉義慶著，〔南梁〕劉孝標注，余嘉錫箋疏：《世説新語箋疏》，上海古籍出版社，1993年版。
25.〔唐〕杜佑撰，王文錦等點校：《通典》，北京：中華書局，1988年12月版。
26.〔唐〕李林甫等撰，陳仲夫點校：《唐六典》，北京：中華書局，1992年1月版。
27.〔唐〕李吉甫撰：《元和郡縣圖志》，北京：中華書局，1983年。
28.〔唐〕吳兢編著：《貞觀政要》，上海古籍出版社，1978年9月版。
29.〔唐〕長孫無忌撰，劉俊文點校：《唐律疏議》，北京：中華書局，1983年11月版。
30.〔唐〕劉知幾撰，〔清〕浦起龍點校：《史通通釋》，上海古籍出版社，1990年9月版。
31.〔唐〕釋道宣撰：《廣弘明集》，上海古籍出版社，1991年版。
32.〔唐〕劉餗撰：《隋唐嘉話》，北京：中華書局，1979年10月版。
33.〔唐〕鄭處海撰：《明皇雜錄》，北京：中華書局，1994年9月版。
34.〔唐〕裴庭裕撰：《東觀奏記》，北京：中華書局，1994年9月版。
35.〔唐〕劉肅撰：《大唐新語》，北京：中華書局，1984年6月版。
36.〔唐〕李白撰，〔清〕王琦注：《李太白全集》，北京：中華書局，1977年9月版。
37.〔唐〕杜牧撰：《樊川文集》，上海古籍出版社，1978年9月版。
38.〔唐〕柳宗元撰：《柳宗元全集》，北京：中華書局，1979年10月版。
39.〔唐〕韓愈撰，馬其昶校注，馬茂元整理：《韓昌黎文集校注》，上海古籍出版社，1987年6月版。
40.〔唐〕韓愈著，閻琦校注，《韓昌黎文集注釋》，三秦出版社，2004年。
41.〔唐〕劉禹錫撰：《劉禹錫集》，北京：中華書局，1990年3月版。
42.〔唐〕白居易撰：《白居易集》，北京：中華書局，1991年7月版。
43.〔宋〕司馬光編著，〔元〕胡三省注：《資治通鑒》，北京：中華書局，1956年6月。
44.〔宋〕王溥撰：《唐會要》，上海古籍出版社，2006年12月第2版。

45.〔宋〕王溥：《五代會要》，北京：中華書局，1998年11月版。
46.〔宋〕宋敏求編：《唐大詔令集》，北京：中華書局，2008年4月版。
47.〔宋〕鄭樵：《通志・二十略》，北京：中華書局，1995年11月版。
48.〔宋〕陳振孫撰，徐小蠻、顧美華點校：《直齋書錄解題》，上海古籍出版社，1987年。
49.〔宋〕晁公武撰，孫猛校證：《郡齋讀書志校證》，上海古籍出版社，1990年。
50.〔宋〕王欽若著：《冊府元龜》，中華書局影印本，1994年10月第四次印刷。
51.〔宋〕李昉等編：《文苑英華》，中華書局影印本，1982年版。
52.〔宋〕李昉等編：《太平廣記》，北京：中華書局，1981年8月。
53.〔宋〕李昉等編：《太平御覽》，北京：中華書局，1960年2月版。
54.〔宋〕計有功撰：《唐詩紀事》，北京：中華書局，1965年版。
55.〔宋〕王讜撰，周勳初校正：《唐語林校正》，北京：中華書局，1987年7月版。
56.〔清〕趙翼著，王樹民校證：《廿二史箚記校證》，中華書局，1984年1月版。
57.〔清〕王夫之著：《讀通鑒論》（全三冊），北京：中華書局，1975年7月第1版。
58.〔清〕彭定求、楊中訥等編：《全唐詩》，北京：中華書局，1960年版。
59.〔清〕嚴可均：《全上古三代秦漢三國六朝文》，北京：中華書局，1995年版。
60.〔清〕董誥等：《全唐文》，北京：中華書局，1983年11月影印本。
61.〔清〕陳鴻墀：《全唐文紀事》，北京：中華書局，1959年12月上海第一版。
62.〔清〕勞格、趙鉞撰：《唐尚書省郎官石柱題名考》，北京：中華書局，1992年4月版。
63.〔清〕趙鉞、勞格撰：《唐御史臺精舍題名考》，北京：中華書局，1997年6月版。
64.〔清〕沈炳震：《唐書宰相世系表訂訛》，收入《二十五史補編》第6冊，中華書局，1955年。
65.〔清〕徐松撰，張穆校補，方嚴點校：《唐兩京城坊考》，北京：中華書局，1985年8月版。
66.〔清〕徐松撰，趙守儼點校：《登科記考》，北京：中華書局，1984年8月版。

67.〔清〕湯球輯，楊朝明校補：《九家舊晉書輯本》，中州古籍出版社，1991年8月版。
68.〔清〕嚴可均校輯：《全上古三代秦漢三國六朝文》，北京：中華書局，1995年11月版。
69. 上海古籍出版社編：《唐五代筆記小說大觀》，上海古籍出版社，2000年3月版。
70. 岑仲勉著：《郎官石柱題名新考訂（外三種）》（外三種：《翰林學士壁記注補》、《補唐代翰林兩記》、《登科記考訂補》），上海古籍出版社，1984年5月第一版。
71. 嚴耕望撰：《唐僕尚丞郎表》，北京：中華書局，1986年10月版。
72. 楊鴻年著：《隋唐兩京坊里譜》，上海古籍出版社，1999年9月版。
73. 傅璇琮主編：《唐才子傳校箋》，北京：中華書局，1987年5月版。

墓誌石刻類

1. 王昶編：《金石萃編》，中國書店據1921年掃葉山房本影印，1985年3月版。
2. 王壯弘、馬成名編著：《六朝墓誌檢要》（修訂本），上海書店出版社，2008年10月版。
3. 趙超主編：《漢魏南北朝墓誌彙編》天津古籍出版社，1992年6月版。
4. 趙萬里編：《漢魏南北朝墓誌集釋》，新文豐出版公司印行，1982年。
5. 羅新、葉煒：《新出魏晉南北朝墓誌疏證》，北京：中華書局，2005年。
6. 韓理洲輯校編年：《全三國兩晉南朝文補遺》，三秦出版社，2013年3月。
7. 韓理洲輯校編年：《全北魏東魏西魏文補遺》，三秦出版社，2010年12月。
8. 韓理洲輯校編年：《全北齊北周文補遺》，三秦出版社，2008年6月。
9.《隋唐五代墓誌彙編》，天津古籍出版社，1991年。
10. 河南文物研究所、洛陽地區文管處編：《千唐誌齋藏誌》上下冊，文物出版社，1984年。
11. 周紹良主編、趙超副主編：《唐代墓誌彙編》（上、下），上海古籍出版社，1992年11月版。
12. 周紹良、趙超主編：《唐代墓誌彙編續集》，上海古籍出版社，2001年12月版。
13. 洛陽市文物工作隊：《洛陽出土歷代墓誌輯繩》，中國社會科學出版社，1991年版。

14. 中國文物研究所、北京石刻藝術博物館編：《新中國出土墓誌》，文物出版社，2003 年版。
15. 楊作龍、趙水森等編著：《洛陽新出土墓誌釋錄》，北京圖書館出版社，2004 年 10 月版。
16. 洛陽市第二文物工作隊，李獻奇、郭引強編：《洛陽新獲墓誌》，文物出版社，1996 年 10 月。
17. 洛陽市第二文物工作隊，喬棟、李獻奇、史家珍編著：《洛陽新獲墓誌續編》，科學出版社，2008 年 3 月。
18. 西安市長安博物館，田曉利主編：《長安新出墓誌》，文物出版社，2011 年 5 月。
19. 齊運通編：《洛陽新獲七朝墓誌》，中華書局，2012 年 3 月。
20. 趙君平、趙文成編著：《秦晉豫新出土墓誌蒐佚》全四冊，北京圖書館出版社，2012 年 2 月。
21. 趙力光等編：《西安碑林博物館新藏墓誌彙編》上中下三冊，線裝書局，2007 年。
22. 饒宗頤編著：《唐宋墓誌：遠東學院藏拓片圖錄》，香港中文大學出版社，1981 年。
23. 趙文成、趙君平編選：《新出土唐墓誌百種》，西泠印社出版社，2010 年 11 月。
24. 郭茂育、趙水森編著：《洛陽出土鴛鴦誌輯錄》，國家圖書館出版社，2012 年 10 月。
25. 侯璐主編：《保定出土墓誌選注》，河北美術出版社，2003 年版。
26. 韓理洲輯校編年：《全隋文補遺》，三秦出版社，2004 年。
27. 吳鋼主編：《全唐文補遺》（一至九輯），三秦出版社，1994～2007 年陸續出版。
28. 吳鋼主編：《全唐文補遺》（千唐誌齋新藏專輯），三秦出版社，2006 年。
29. 陳尚君輯校：《全唐文補編》（上中下），北京：中華書局，2005 年 9 月。
30. 趙君平編：《邙洛碑誌三百種》，北京：中華書局，2004 年 7 月。
31. 趙君平、趙文成編：《河洛墓刻拾零》（上下），北京圖書館出版社，2007 年 7 月。
32. 胡戟、榮新江主編：《大唐西市博物館藏墓誌》，北京大學出版社，2012 年 11 月。

譜牒方志類

1. 無名氏：《世本》，收入《叢書集成初編》，北京：中華書局，1985 年版。

2.〔唐〕林寶撰，岑仲勉校記，郁賢皓、陶敏整理，孫望審訂：《元和姓纂（附四校記）》，北京：中華書局，1994年5月版。
3.〔北宋〕鄧名世撰，王力平點校：《古今姓氏書辯證》，南昌：江西人民出版社，2006年版。
4. 趙超編著：《新唐書宰相世系表集校》，北京：中華書局，1998年版。
5. 劉緯毅著：《漢唐方志輯佚》，北京圖書館出版社，1997年12月版。
6. 北京圖書館出版社影印室編：《隋唐五代名人年譜》，北京圖書館出版社，2005年。
7.《中國地方志集成河北府縣志輯》，上海書店出版社，2006年10月第1版。
8. 中國方志叢書：《河北涿縣志》，成文出版社，民國廿五年鉛印本影印。

近人專著

1. 呂思勉：《中國社會史》，上海：上海古籍出版社，2007年11月版。
2. 陶希聖：《婚姻與家族》，上海：上海書店出版社，1992年。
3. 王伊同：《五朝門第》，北京：中華書局，2006年。
4. 劉節：《中國古代宗族移殖史論》，臺灣：正中書局，1948年。
5. 高達觀：《中國家族社會之演變》，臺灣：正中書局，1944年。
6. 瞿同祖：《中國法律與中國社會》，北京：中華書局，1981年。
7. 何啓民：《中古門第史論集》，臺北：學生書局，1978年。
8. 籍秀琴：《中國姓氏源流史》，臺灣：文津出版社，1998年1月。
9. 馮爾康：《中國宗族制度史》，杭州：浙江人民出版社，1994年。
10. 史鳳儀：《中國古代的婚姻與家庭》，武漢：湖北人民出版社，1987年。
11. 史鳳儀：《中國古代的家族與身份》，北京：社會科學文獻出版社，1999年。
12. 王玉波：《中國古代的家》，商務印書館國際有限公司，1995年。
13. 陳鵬：《中國婚姻史稿》，北京：中華書局，1990年8月版。
14. 張亮采：《中國風俗史》，上海：三聯書店，1988年版。
15. 鄧子琴：《中國風俗史》，成都：巴蜀書社，1988年版。
16. 馮爾康：《中國古代的宗族與祠堂》，北京：商務印書館，1996年。
17. 馮爾康：《中國宗族社會》，杭州：浙江人民出版社，1994年。
18. 常建華：《中華文化通志・宗族志》，上海：上海人民出版社，1998年。
19. 錢杭：《中國宗族制度新探》，香港中華書局有限公司，1994年。
20. 費成康：《中國的家法族規》，上海：上海社會科學院出版社，1998年。

21. 徐揚傑：《中國家族制度史》，武漢：武漢大學出版社，2012 年版。
22. 徐揚傑：《家族制度與前期封建社會》，武漢：湖北人民出版社，1999 年。
23. 朱鳳瀚：《商周家族形態研究》，天津：天津古籍出版社，2004 年版。
24. 張彥修：《婚姻．家族．氏族與文明：〈家庭、私有制和國家的起源〉研究》，北京：中國社會科學出版社，2007 年。
25. 王銘銘：《社會人類學與中國研究》，北京：三聯書店，1997 年。
26. 馬戎：《西方民族社會學的理論與方法》，天津：天津人民出版社，1997 年。
27. 錢杭：《血緣與地緣之間：中國歷史上的聯宗與聯宗組織》，上海社會科學院出版社，2001 年 12 月版。
28. 錢杭：《中國宗族制度新探》，香港中華書局有限公司，1994 年。
29. 李卓主編：《家族文化與傳統文化：中日比較研究》，天津：天津人民出版社，2000 年。
30. 劉廣明：《宗法中國》，上海：生活．讀書．新知三聯書店上海分店，1993 年 6 月版。
31. 麻國慶：《家與中國社會結構》，北京：文物出版社，1999 年。
32. 楊知勇：《家族主義與中國文化》，昆明：雲南大學出版社，2000 年。
33. 何懷宏：《世襲社會及其解體——中國歷史上的春秋時代》，北京：生活．讀書．新知三聯書店，1996 年。
34. 何懷宏：《選舉社會及其終結——秦漢至晚清歷史的一種社會學闡釋》，北京：生活．讀書．新知三聯書店，1998 年。
35. 張國剛：《家庭史研究的新視野》，北京，三聯書店，2004 年。
36. 孫以繡：《王謝世家之興衰》，臺北：三民書局有限公司，1967 年。
37. 蘇紹興：《兩晉南朝的士族》，臺北：聯經出版社，1993 年。
38. 方北辰：《魏晉南朝江東世家大族述論》，臺北：文津出版社，1991 年。
39. 蕭華榮：《華麗家族：兩晉南朝陳郡謝氏傳奇》，北京：生活．讀書．新知三聯書店，1995 年。
40. 陳爽：《世家大族與北朝政治》，北京：中國社會科學出版社，1998 年 12 月。
41. 楊際平：《五～十世紀敦煌的家庭與家族關係》，長沙：嶽麓書社，1997 年 10 月。
42. 郭鋒：《唐代士族個案研究——以吳郡、清河、范陽、敦煌張氏爲中心》，廈門：廈門大學出版社，1999 年。
43. 王大良：《中國古代家族與國家形態：以漢唐時期琅邪王氏爲主的研究》，蘭州：甘肅人民出版社，1999 年。

44. 劉馳《六朝士族探析》，北京：中國廣播電視大學出版社，2000 年。
45. 周徵松：《魏晉隋唐間的河東裴氏》，太原：山西教育出版社，2000 年 1 月。
46. 柏貴喜：《四～六世紀內遷胡人家族制度研究》，北京：民族出版社，2003 年。
47. 韓樹峰：《南北朝時期淮漢迤北的邊境豪族》，北京：社會科學文獻出版社，2003 年。
48. 夏炎：《中古世家大族清河崔氏研究》，天津：天津古籍出版社，2004 年 8 月。
49. 楊蔭樓：《中古時代的蘭陵蕭氏》，濟南：山東文藝出版社，2004 年。
50. 李伯奇：《簪纓世家琅琊王氏家族》，濟南：山東文藝出版社，2004 年。
51. 李卿：《秦漢魏晉南北朝家族、宗族關係研究》，上海：上海人民出版社，2005 年。
52. 閻愛民：《漢晉家族研究》，上海：上海人民出版社，2005 年 2 月。
53. 呂卓民：《長安韋杜家族》，西安：西安出版社，2005 年。
54. 楊育坤：《弘農楊氏》，西安：三秦出版社，2005 年。
55. 王力平：《中古杜氏家族的變遷》，北京：商務印書館，2006 年版。
56. 尹建東：《兩漢魏晉南北朝時期關東豪族研究》，成都：四川大學出版社，2007 年 4 月。
57. 仇鹿鳴：《魏晉之際的政治權力與家族網絡》，上海：上海古籍出版社，2012 年。
58. 田昌五：《中國古代社會發展史論》，濟南：齊魯書社，1992 年。
59. 田昌五、臧知非：《周秦社會結構》，西安：西北大學出版社，1998 年。
60. 楊向奎：《中國古代史論》，濟南：齊魯書社，1983 年。
61. 許倬云：《中國文化的發展過程》，香港：中文大學出版社，1994 年。
62. 許倬云：《中國古代文化的特質》，臺北：聯經出版事業有限公司，1988 年。
63. 許倬云：《求古編》，臺北：聯經出版事業股份有限公司，1994 年。
64. 余英時：《中國知識階層史論〈古代篇〉》，臺北市：聯經出版事業公司，1997 年。
65. 余英時：《士與中國文化（第二版）》，上海：上海人民出版社，2003 年。
66. 劉厚琴：《儒學與漢代社會》，濟南：齊魯書社，2002 年。
67. 張濤：《經學與漢代社會》，石家莊：河北人民出版社，2002 年。
68. 閻步克：《士大夫政治演生史稿》，北京：北京大學出版社，1998 年。

69. 于迎春：《秦漢士史》，北京：北京大學出版社，2000 年。
70. 羅彤華：《漢代的流民問題》，臺北：臺灣學生書局，1989 年。
71. 馬新：《兩漢鄉村社會史》，濟南：齊魯書社，1997 年。
72. 趙沛：《兩漢宗族研究》，濟南：山東大學出版社，2002 年。
73. 熊鐵基：《漢唐文化史》，長沙：湖南出版社，1992 年。
74. 李開元：《漢帝的建立與劉邦集團——軍功受益層研究》，北京：生活·讀書·新知三聯書店，2000 年。
75. 梁滿倉：《漢唐間政治與文化探索》，貴陽：貴州人民出版社，2000 年。
76. 張國剛主編：《中國中古史論集》，天津：天津古籍出版社，2003 年 9 月。
77. 毛漢光：《中國中古政治史論》，上海：上海世紀出版集團、上海書店出版社，2002 年。
78. 毛漢光：《中國中古社會史論》，上海：上海世紀出版集團、上海書店出版社，2002 年。
79. 榮新江：《中國中古史研究十論》，上海：復旦大學出版社，2005 年。
80. 呂思勉：《兩晉南北朝史》，上海：上海古籍出版社，1983 年。
81. 呂思勉：《隋唐五代史》（上、下），上海：上海古籍出版社，1984 年。
82. 陳寅恪：《隋唐制度淵源略論稿·唐代政治史述論稿》，北京：三聯書店，2001 年版。
83. 陳寅恪：《金明館叢稿初編》，北京：三聯書店，2001 年版。
84. 陳寅恪：《金明館叢稿二編》，北京：三聯書店，2001 年版。
85. 陳寅恪：《陳寅恪史學論文選集》，上海：上海古籍出版社，1992 年 7 月。
86. 廖幼華：《中古時期河北地區胡漢民族線之演變》，新北：台灣花木蘭文化出版社，2011 年。
87. 周一良：《魏晉南北朝史論集》，北京：北京大學出版社，1997 年 6 月。
88. 周一良：《魏晉南北朝史札記》，北京：中華書局，1985 年 3 月。
89. 汪籛：《汪籛隋唐史論稿》，北京：中國社會科學出版社，1981 年 1 月。
90. 唐長孺：《魏晉南北朝史論叢》，北京：三聯書店，1955 年 7 月。
91. 唐長孺：《魏晉南北朝史論叢續編》，北京：三聯書店，1959 年 5 月。
92. 唐長孺：《魏晉南北朝史論拾遺》，北京：中華書局，1983 年 5 月。
93. 唐長孺：《魏晉南北朝隋唐史三論》，武漢：武漢大學出版社，1993 年 3 月。
94. 田餘慶：《東晉門閥政治》，北京：北京大學出版社，1996 年 5 月。
95. 王仲犖：《魏晉南北朝史》，上海：上海人民出版社，2003 年。

96. 何茲全：《魏晉南北朝史略》，上海：上海人民出版社，1958 年。
97. 蒙思明：《魏晉南北朝的社會》，上海：上海人民出版社，2007 年 4 月版。
98. 萬繩南整理：《陳寅恪魏晉南北朝史講演錄》，合肥：黃山書社，1987 年。
99. 萬繩楠：《魏晉南北朝史論稿》，臺北：昭明出版社，1999 年。
100. 萬繩楠：《魏晉南北朝文化史》，臺北：昭明出版社，2000 年。
101. 唐長孺：《魏晉南北朝史論叢（外一種）》，石家莊：河北教育出版社，2002 年。
102. 唐長孺：《魏晉南北朝史論叢》，北京：生活・讀書・新知三聯書店，1975 年。
103. 唐長孺：《魏晉南北朝史論叢續編》，北京：生活・讀書・新知三聯書店，1978 年。
104. 唐長孺：《魏晉南北朝史論拾遺》，北京：中華書局，1983 年。
105. 唐長孺：《魏晉南北朝隋唐史三論》，武漢：武漢大學出版社，1998 年。
106. 周一良：《魏晉南北朝史論集》，北京：北京大學出版社，2000 年。
107. 周一良：《魏晉南北朝史論續編》，北京：北京大學出版社，1991 年。
108. 周一良：《魏晉南北朝史札記》，北京：中華書局，1985 年。
109. 黎虎：《魏晉南北朝史論》，北京：學苑出版社，1999 年。
110. 酈士元：《魏晉南北朝史研究論集》，臺北市：文史哲出版社，1984 年。
111. 陳長琦：《兩晉南朝政治史稿》，開封：河南大學出版社，1992 年。
112. 李萬生：《南北朝史拾遺》，西安：三秦出版社，2003 年。
113. 胡如雷：《中國封建社會形態研究》，北京：生活・讀書・新知三聯書店，1979 年。
114. 繆鉞：《讀史存稿》，北京：生活・讀書・新知三聯書店，1963 年。
115. 鄭欣：《魏晉南北朝史探索》，濟南：山東大學出版社，1989 年。
116. 高敏：《魏晉南北朝史發微》，北京：中華書局，2005 年。
117. 張旭華：《九品中正制略論稿》，鄭州：中州古籍出版社，2004 年 10 月。
118. 鄧奕琦：《北朝法制研究》，北京：中華書局，2005 年 2 月。
119. 陳金鳳：《魏晉南北朝中間地帶研究》，天津：天津古籍出版社，2005 年。
120. 李文才：《魏晉南北朝隋唐政治與文化論稿》，北京：世界知識出版社，2006 年。
121. 朱大渭：《六朝史論》，北京：中華書局，1998 年。
122. 熊德基：《六朝史考實》，北京：中華書局，2000 年。
123. 陳啓云：《漢晉六朝文化・社會・制度——中華中古前期史研究》，臺北：新文豐出版公司，1997 年。

124. 胡阿祥：《魏晉本土文學地理研究》，南京：南京大學出版社，2001 年。
125. 李軍：《士權與君權：上古漢魏六朝政治權力分析》，桂林：廣西師範大學出版社，2001 年。
126. 張金龍：《北魏政治史》，甘肅：甘肅教育出版社，2008 年。
127. 李憑：《北魏平城時代》，北京：社會科學文獻出版社，2000 年。
128. 逯耀東：《從平城到洛陽——拓跋魏文化轉變的歷程》，北京：中華書局，2006 年。
129. 張繼昊：《從拓跋到北魏——北魏王朝創建歷史的考察》，臺北：稻鄉出版社，2003 年。
130. 康樂：《國家祭典與北魏政治：從西郊到南郊》，臺北：稻禾出版社，1995 年。
131. 周建江：《太和十五年——北魏政治文化變革研究》，廣州：廣東人民出版社，2001 年。
132. 程維榮：《拓跋宏評傳》，南京：南京大學出版社，1998 年。
133. 田餘慶：《拓跋史探》，北京：生活・讀書・新知三聯書店，2003 年。
134. 雷依群：《北周史稿》，西安：陝西人民教育出版社，1999 年。
135. 章義和：《地域集團與南朝政治》，上海：華東師範大學出版社，2002 年。
136. 呂春盛：《陳朝的政治結構與族群問題》，臺北：稻香出版社，2001 年。
137. 呂春盛：《關隴集團的權力結構演變——西魏北周政治史研究》，臺北：稻香出版社，2002 年。
138. 蔣福亞：《前秦史》，北京：北京師範大學出版社，1993 年。
139. 洪濤：《三秦史》，上海：復旦大學出版社，1992 年。
140. 洪濤：《五涼史略》，北京：中國社會科學出版社，1992 年。
141. 胡志佳：《西晉時期西南地區與中央關係》，臺北：臺灣商務印書館，1988 年。
142. 李文才：《南北朝時期益梁政區研究》，北京：商務印書館，2002 年。
143. 李萬生：《南北史拾遺》，西安：三秦出版社，2003 年。
144. 李萬生：《侯景之亂與北朝政局》，北京：中國社會科學出版社，2003 年。
145. 高敏：《南北史掇瑣》，鄭州：中州古籍出版社，2003 年。
146. 張金龍：《北魏政治與制度論稿》，蘭州：甘肅教育出版社，2003 年。
147. 齊濤：《魏晉隋唐鄉村社會研究》，濟南：山東人民出版社，1994 年。
148. 榮新江：《中古中國與外來文明》，北京：生活・讀書・新知三聯書店，2001 年。
149. 周勳初：《魏晉南北朝文學論叢》，南京：江蘇古籍出版社，1999 年。

150. 馮爾康主編：《中國社會史研究概述》，天津：天津教育出版社，1988 年。
151. 張國剛主編：《隋唐五代史研究概要》，天津：天津教育出版社，1996 年。
152. 胡戟等編：《二十世紀唐研究》，北京：中國社會科學出版社，2002 年。
153. 胡志宏：《西方中國古代史研究導論》，鄭州：大象出版社，，2002 年。
154. 金應熙：《國外關於中國古代史的研究述評》，呼和浩特：內蒙古人民出版社，1994 年。
155. 林天蔚：《隋唐史新論》，臺北：東華書局，1996 年。
156. 王仲犖：《隋唐五代史》（上、下），上海：上海人民出版社，2003 年。
157. 岑仲勉：《唐史餘瀋》，北京：中華書局，1960 年 3 月。
158. 岑仲勉：《隋唐史》（上、下），北京：中華書局，1982 年。
159. 岑仲勉：《金石論叢》，上海：上海古籍出版社，1981 年 11 月。
160. 張國剛：《唐代官制》，西安：三秦出版社，1987 年 4 月。
161. 王壽南：《隋唐史》，臺北：三民書局股份有限公司，1994 年。
162. 李樹桐：《隋唐史別裁》，臺北：臺灣商務印書館，1995 年。
163. 胡戟主編：《唐研究縱橫談》，北京：中國社會科學出版社，1996 年。
164. 甘懷真：《皇權、禮儀與經典詮釋：中國古代政治史研究》，上海：華東師範大學出版社，2008 年。
165. 甘懷真：《身份、文化與權力：士族研究新探》，臺北：臺灣大學出版中心，2012 年 2 月。
166. 雷家驥：《隋唐中央權力結構及其演進》，臺北：東大圖書公司，1995 年。
167. 黄約瑟：《黄約瑟隋唐史論集》，北京：中華書局，1997 年。
168. 孫國棟：《唐代中央重要文官遷轉途徑研究》，香港：龍門書店，1978 年。
169. 吳宗國：《唐代科舉制度研究》，瀋陽：遼寧大學出版社，1992 年。
170. 邱添生：《唐宋變革期的政經與社會》，臺北市：文津出版社有限公司，1999 年。
171. 胡如雷：《隋唐五代社會經濟史論稿》，北京：中國社會科學出版社，1996 年。
172. 胡如雷：《隋唐政治史論集》，石家莊：河北教育出版社，1997 年。
173. 李樹桐：《唐史索隱》，臺北：臺灣商務印書館，1988 年。
174. 孫國棟：《唐宋史論叢》，香港：龍門出版社，1980 年。
175. 牛致功：《唐代碑石與文化研究》，西安：三秦出版社，2002 年。
176. 王洪軍：《武則天評傳》，濟南：山東大學出版社，2010 年。
177. 鄭學檬：《五代十國史研究》，上海：上海人民出版社，1991 年。

178. 袁業裕：《中國古代姓氏制度研究》，上海：上海書店出版社，1996 年。
179. 黃正建：《中晚唐社會與政治研究》，北京：中國社會科學出版社，2006 年 7 月。
180. 陳其南：《家族與社會：臺灣與中國社會研究的基礎理念》，臺北：聯經出版事業公司，1990 年。
181. 傅樂成：《漢唐史論集》，臺北：聯經出版事業有限公司，1995 年。
182. 向淑云：《唐代婚姻法與婚姻實態》，臺灣：商務印書館，1991 年 11 月。
183. 李金河：《魏晉隋唐婚姻形態研究》，濟南：齊魯書社，2005 年。
184. 黃烈：《中國古代民族史研究》，北京：人民出版社，1987 年。
185. 牟發松主編：《社會與國家關係視野下的漢唐歷史變遷》論文集，上海：華東師範大學出版社，2006 年。
186. 林文勳、谷更有：《唐宋鄉村社會力量與基層控制》，昆明：雲南大學出版社，2005 年。
187. 王曉毅：《儒釋道與魏晉玄學形成》，北京：中華書局 2003 年 9 月。
188. 孟二冬：《登科記考補正》，北京：燕山出版社，2003 年 7 月第 1 版。
189. 王洪軍：《登科記考再補正》，桂林：廣西師範大學出版社，2010 年。
190. 黃雲鶴：《唐宋下層士人研究》，石家莊：河北人民出版社，2006 年。
191. 許友根：《唐代狀元研究》，長春：吉林人民出版社，2005 年。
192. 侯旭東：《北朝村民的生活世界》，北京：商務印書館，2005 年 11 月。
193. 王永平：《中古士人遷移與文化交流》，北京：社會科學文獻出版社，2005 年。
194. 陳明：《儒學的歷史文化功能：以中古士族現象爲個案》，北京：中國社會科學出版社，2005 年版。
195. 李浩：《唐代三大地域文學士族研究》，北京：中華書局，2003 年。
196. 王永平：《六朝江東世族之家風家學研究》，南京：江蘇古籍出版社，2003 年。
197. 吳正嵐：《六朝江東士族的家學門風》，南京：南京大學出版社，2003 年。
198. 王洪軍：《中古時期儒釋道整合研究》，天津：天津人民出版社，2009 年。
199. 侯旭東：《五、六世紀北方民眾佛教信仰》，北京：中國社會科學出版社，1998 年。
200. 葛兆光：《屈服史及其他：六朝隋唐道教的思想史研究》，北京：三聯書店，2003 年。
201. 陳啓雲著，高專誠譯：《荀悦與中古儒學》，瀋陽：遼寧大學出版社，2000 年。
202. 王華山：《清河崔氏與北朝儒學》，濟南：山東文藝出版社，2004 年。

203. 郭紹林：《唐代士大夫與佛教》增補本，西安：三秦出版社，2006 年。
204. 周淑舫：《南朝家族文化探微》，長春：吉林大學出版社，2008 年。
205. 孫豔慶：《中古琅邪顏氏家族學術文化研究》，濟南：齊魯書社，2013 年。
206. 王蕊：《齊魯家族聚落與文化變遷》，濟南：齊魯書社，2008 年。
207. 周揚波：《從士族到紳族：唐以後吳興沈氏宗族的變遷》，杭州：浙江大學出版社，2009 年。
208. 黃寬重《宋代的家族與社會》，北京：國家圖書館出版社，2009 年。
209. 黃寬重、劉增貴主編：《家族與社會》，北京：中國大百科全書出版社，2005 年。
210. 王善軍：《宋代宗族和宗族制度研究》，石家莊：河北教育出版社，2000 年版。
211. 王善軍：《世家大族與遼代社會》，北京：人民出版社，2008 年。
212. 張邦煒：《宋代婚姻家族史論》，北京：人民出版社，2003 年。
213. 鄭振滿：《明清福建家族組織與社會變遷》，長沙：湖南教育出版社，1992 年版。
214. 常建華：《明代宗族研究》，上海：上海人民出版社，2005 年版。
215. 朱亞非等著：《明清山東仕宦家族與家族文化》，濟南：山東人民出版社，2009 年。
216. 錢杭、謝維揚：《傳統與轉型：江西泰和農村宗族形態》，上海：上海社會科學院出版社，1995 年版。
217. 馮爾康：《18 世紀以來中國家族的現代轉向》，上海：上海人民出版社，2005 年版。
218. 杜正勝：《古代社會與國家》，臺北允晨文化實業股份有限公司，1992 年版。

單篇論文

1. 錢穆：《略論魏晉南北朝學術文化與當時門第之關係》，香港《新亞學報》，5 卷第 2 期。
2. 芮逸夫：《九族制與爾雅釋親》，載《中央研究院歷史語言研究所集刊》第 22 冊，1950 年 7 月。
3. 曾謇：《永嘉前後的社會》，《天津益世報・食貨》，1936 年第 5、6 期。
4. 譚其驤：《晉永嘉喪亂後之民族遷徙》，《燕京學報》，1934 年第 15 期。
5. 呂名中：《試論漢魏西晉時期北方民族的內遷》，《歷史研究》，1965 年第 6 期。

6. 陳直：《南北朝譜牒形式的發現和索隱》，《西北大學學報》，1980 年第 3 期。
7. 吳宗國：《試論中國中古社會變遷》，載張國剛主編：《中國中古史論集》，天津古籍出版社，2003 年 9 月。
8. 寧志新：《門閥士族的衰落與衰亡原因探微》，載張國剛主編：《中國中古史論集》，天津古籍出版社，2003 年 9 月。
9. 張鶴泉：《東漢宗族組織試探》，《中國史研究》，1993 年第 1 期。
10. 馬新：《論兩漢鄉村社會中的宗族》，《文史哲》，2000 年第 4 期。
11. 張承宗、魏向東：《魏晉南北朝時期的宗族》，《蘇州大學學報（哲社版）》，2000 年第 3 期。
12. 胡阿祥、何毅群：《從文化的角度觀照六朝江東世族——〈六朝江東世族之家風家學研究〉評介》，《江海學刊》，2003 年第 5 期。
13. 張廣達：《內藤湖南的唐宋變革說及其影響》，《唐研究》，2005 年第 11 卷。
14. 張廣達：《近年西方學者對中國中世紀世家大族的研究》，《中國史研究動態》，1984 年第 18 期。
15. 李約翰撰，齊威譯：《英美關於中國中世貴族制研究的成果和課題》，載《中國史研究動態》，1984 年第 12 期。
16. 金應熙、鄒雲濤：《國外對六朝世族的研究述評》，載《暨南學報（哲學社會科學版）》，1987 年第 2 期。
17. 李憑：《近半個世紀日本研究魏晉南北朝隋唐史的最新總結》，載《中國史研究》，1998 年第 1 期。
18. 常建華：《二十世紀的中國宗族研究》，載《歷史研究》，1999 年第 5 期。
19. 陳爽：《近 20 年中國大陸地區六朝士族研究概觀》，載日本《中國史學》，第 11 卷（2001 年 10 月）。
20. 安群：《十年來國內門閥士族研究綜述》，《中國史研究動態》，1992 年第 2 期。
21. 容建新：《80 年代以來魏晉南北朝大族個案研究綜述》，《中國史研究動態》，1996 年第 4 期。
22. 鄭振滿：《中國家族史研究：歷史學與人類學的不同視野》，《廈門大學學報（哲社版）》，1991 年第 4 期。
23. 孟繁冶：《門閥士族研究之我見》，《文史哲》，1993 年第 3 期。
24. 王連儒：《東晉陳郡謝氏婚姻考略》，《中國史研究》，1995 年第 4 期。
25. 趙超：《從唐代墓誌看士族大姓通婚》，白化文等編《周紹良先生欣開九秩慶壽文集》，北京：中華書局，1997 年 3 月。

26. 李剛：《試論十六國政府宗教政策》，《四川大學學報》，1989 年第 2 期。
27. 朱大渭：《魏晉南北朝階級結構試析》，載《魏晉南北朝史研究》，四川省社會科學院出版社，1986 年。
28. 邱久容：《魏晉南北朝時期的「大一統」思想》，《中央民族學院學報》，1993 年第 4 期。
29. 孔毅：《十六國北朝經學的發展與成就》，《北朝研究》，1995 年第 1 期。
30. 劉幼生：《論十六國胡族政權中的漢族士族》，《晉陽學刊》，1990 年第 3 期。
31. 錢杭：《中國古代世系學研究》，載《歷史研究》，2001 年第 6 期。
32. 張國剛：《唐代家庭形態的復合型特徵》，《歷史研究》，2005 年第 4 期。
33. 張國剛：《漢唐「家法」觀念的演變》，《史學月刊》，2005 年第 5 期。
34. 張國剛：《關於唐代家庭史料研究的幾個問題》，《唐代史研究》，2004 年第 7 期。
35. 張國剛：《從禮容到禮教：中國中古士族家法的社會變遷》，《河北學刊》，2011 年第 3 期。
36. 張國剛：《「唐宋變革」與中國歷史分期問題——以中古士族爲中心的考察》，載《北京論壇（2005）文明的和諧與共同繁榮——全球化視野中亞洲的機遇與發展：「歷史變化：實際的、被表現的和想像的」歷史分論壇論文或摘要集（上）》，2005 年。
37. 林濟：《陳寅恪論士族文化世家及其意義》，《華中師範大學學報（人文社會科學版）》，2003 年第 3 期。
38. 王力平：《中古士族到士人的演進》，《南開學報（哲學社會科學版）》，2008 年第 3 期。
39. 夏炎：《隋唐世家大族政治社會地位變遷研究》，《唐代史研究》，2004 年第 7 期。
40. 史睿：《北周、隋、唐初的士族政策與政治秩序的變遷》，《首都師範大學學報（社會科學版）》，1998 年 03 期。
41. 陸揚：《從墓誌的史料分析走向墓誌的史學分析——以〈新出魏晉南北朝墓誌疏證〉爲中心》，《中華文史論叢》，2006 年第 4 期。
42. 羅彤華：《家長與尊長——唐代家庭權威的構成》，《唐研究》，2005 年第 11 卷。
43. 王靜：《靖恭楊家——唐代中後期長安官僚家族之個案研究》，《唐研究》，2005 年第 11 卷。
44. 黃正建：《唐代「士大夫」的特色及其變化——以兩〈唐書〉用詞爲中心》，《中國史研究》，2005 年第 3 期。

45. 黃正建：《關於唐宋時期崔府君信仰的若干問題》，《唐研究》，2005 年第 11 卷。

46. 顧嚮明：《關於唐代江南士族興衰問題的考察》，《文史哲》，2005 年第 4 期。

47. 卜憲群：《東晉南朝家族的分化與士族的衰落研究——以琅琊王氏爲中心》，《南都學壇》，2004 年第 3 期。

48. 陳麗萍：《敦煌文書所見唐五代婚變現象初探（一）——以女性爲中心的考察》，《敦煌學輯刊》，2005 年第 2 期。

49. 李釗：《貞觀婚姻政策述評——以貞觀元年與貞觀十六年的婚姻詔令爲例》，《中華文化論壇》，2006 年第 3 期。

50. 周一良：《〈博陵崔氏個案研究〉評介》，《中國史研究》1982 年第 1 期。後收入氏著《魏晉南北朝史論集續編》，北京大學出版社，1991 年，第 191～201 頁。

51. 葉妙娜：《東晉南朝僑姓士族之婚媾——陳郡謝氏個案研究》，《歷史研究》，1986 年第 3 期。

52. 葉妙娜：《東晉南朝僑姓高門之仕宦——陳郡謝氏個案研究》，《中山大學學報》，1986 年第 3 期。

53. 韓昇：《科舉制與唐代社會階層的變遷》，《廈門大學學報（哲學社會科學版）》，1999 年第 4 期。

54. 韓昇：《南北朝隋唐士族向城市的遷徙與社會變遷》，《歷史研究》，2003 年第 4 期。

55. 韓昇：《中古社會史研究的數理統計與士族問題——評毛漢光先生〈中國中古社會史論〉》，《復旦學報（社會科學版）》，2003 年第 5 期。

56. 仇鹿鳴：《「攀附先世」與「僞冒士籍」——以渤海高氏爲中心的研究》，《歷史研究》，2008 年第 2 期。

57. 仇鹿鳴：《鄉里秩序中的地方大族——漢魏時代的河內司馬氏》，《中國史研究》，2011 年第 4 期。

58. 仇鹿鳴：《士族研究中的問題與主義——以早期中華帝國的貴族家庭——博陵崔氏個案研究爲中心》，中華文史論叢，2013 年第 4 期。

59. 范兆飛：《中古郡望的成立與崩潰——以太原王氏的譜系塑造爲中心》，《廈門大學學報（哲學社會科學版）》，2013 年第 5 期。

60. 寧志新、朱紹華：《門閥士族的衰落與衰亡原因》，《河北學刊》，2002 年第 5 期。

61. 李天石：《中古門閥制度的衰落與良賤體系的瓦解》，《江漢論壇》，2006 年第 3 期。

62. 高詩敏：《范陽盧氏的興衰及其歷史地位》，刊《北朝研究》，1997 年第 1 期。
63. 高詩敏：《北朝范陽盧氏形成冠冕之首的諸因素》，載《首都師範大學學報》社會科學版，1997 年第 2 期。
64. 高詩敏：《北朝皇室婚姻關係的嬗變與影響》，《民族研究》，1992 年第 6 期。
65. 劉馳：《從崔、盧二氏婚姻的締結看北朝漢人士族地位的變化》，《中國史研究》1987 年第 2 期。該文收入氏著《六朝士族探析》，中央廣播電視大學出版社，2000 年 10 月版。
66. 尹建東：《試論北魏以來關東大族的「旁支」——以范陽盧氏、渤海高氏和趙郡李氏爲中心》，載《天津大學學報（社會科學版）》，2003 第 5 期。
67. 楊衛東：《北齊盧譽墓誌考》，載《文物春秋》，2007 年第 3 期。
68. 宋燕鵬、馮紅：《〈北齊盧譽墓誌考〉獻疑》，載《文物春秋》，2008 年第 4 期。
69. 張固也：《唐盧元福墓誌考釋》，《史學史研究》，2008 年第 1 期。
70. 宋雲濤、李獻奇：《唐盧承福、盧暠及盧元衡墓誌考略》，《中原文物》1998 年第 3 期。
71. 劉文忠：《盧諶、劉琨贈答詩考辨》，《文史哲》，1988 年第 2 期。
72. 前田愛子、郝燭光：《唐代山東五姓婚姻與其政治影響力——通過製作崔氏、盧氏、鄭氏婚姻表考察》，載《唐史論叢》（第十四輯），2011 年。
73. 鄭雅如：《「中央化」之後——唐代范陽盧氏大房寶素系的居住形態與遷移》，載《早期中國史研究》，2010 第 2 期。
74. 張雲華：《北魏宗室與「五姓」婚姻關係簡論》，載《鄭州大學學報（哲學社會科學版）》，2012 年第 3 期。
75. 黃永年：《〈纂異記〉和盧仝的生卒年》，載《中國古典文學叢考》第二輯，上海：復旦大學出版社，1987 年。
76. 劉曾遂：《盧仝不死於「甘露之變」辨》，載《杭州大學學報》，1983 年第 3 期。
77. 孔慶茂、溫秀雯：《盧仝行年考》，載《南京師院學報》，1990 年第 4 期。
78. 李國強，金源雲：《唐代范陽盧氏的仕宦狀況研究》，載《世紀橋》，2007 第 11 期。
79. 李國強：《唐代范陽盧氏婚姻問題研究》，《湖北社會科學》，2012 年第 6 期。

學位論文及未刊稿

1. 王洪軍：《名門望族與中古社會：太原王氏研究》，南開大學博士學位論文，2005 年。
2. 鄭慧霞：《盧仝研究Ⅱ盧仝綜論》，華東師範大學博士學位論文，2007 年。
3. 李建華：《唐代山東士族與文學》，南京師範大學博士學位論文，2007 年。
4. 范兆飛：《中古太原士族研究》，復旦大學博士學位論文，2007 年。
5. 和慶峰：《隋唐太原王氏的變遷與影響》，上海師範大學博士學位論文，2013 年。
6. 李國強：《唐代范陽盧氏研究》，河北師範大學碩士學位論文，2000 年。
7. 劉增貴：《漢代豪族研究：豪族的士族化與官僚化》，臺灣大學歷史學研究所博士學位論文，1985 年。
8. 江宜華：《唐代長江中游地區士族之研究》，臺灣中正大學歷史研究所博士學位論文，2003 年。
9. 陳玟曄：《安史之亂前山東士族之婚姻》，臺灣東海大學歷史學系碩士學位論文，2001 年。
10. 羅志仲：《門閥士族的背景與柳宗元的壓力》，臺灣東海大學中文系碩士學位論文，2001 年。
11. 林誌偉：《東晉南朝陳郡陽夏謝氏的興衰——一個門閥士族的個案研究》，臺灣東海大學中文系碩士學位論文，2001 年。
12. 龍柏濤：《從魏晉士族到唐代科舉——以琅琊臨沂顏氏爲例》，中國文化大學史學研究所碩士學位論文，2005 年。
13. 何榮俊：《魏晉南朝家族研究：以廬江灊縣何氏爲例》，臺灣成功大學歷史學系碩士學位論文，2009 年。
14. 林世偉：《北朝隴西李氏家族的崛起與發展》，臺灣嘉義大學史地學系碩士學位論文，2011 年。
15. 林昭慧：《魏晉南北朝琅邪顏氏之研究》，臺灣嘉義大學史地學系碩士學位論文，2013 年。
16. 陳肇萱：《中古關中世族的發展與生命歷程——以韋氏鄖公房家族爲例》，臺灣清華大學歷史研究所碩士學位論文，2011 年。
17. 顏晨華：《經學傳統與漢唐士族的盛衰》，復旦大學碩士學位論文，1993 年。
18. 劉坤：《唐代科舉與名門望族》，曲阜師範大學碩士學位論文，2011 年。
19. 董樹代：《隋唐大族婚姻研究》，曲阜師範大學碩士學位論文，2011 年。
20. 姜岩松：《盧諶研究》，廣西師範大學碩士學位論文，2012 年。

21. 楊維森編著：《范陽盧氏族史》，貴州大學中國文化書院編印，2005年10月。

國外學者論著

1.〔日〕森岡清美：《家族社會學》，東京有斐閣，1983年。
2.〔日〕加藤常賢：《中國古代家族制度研究》，岩波書店，1940年9月。
3.〔日〕守屋美都雄著，錢杭、楊曉芬譯：《中國古代的家族和國家》，上海古籍出版社，2010年3月版。
4.〔日〕守屋美都雄著：《六朝門閥の研究——太原王氏系譜考》，《法制史研究》4，東京：日本出版協同株式會社，1951年。
5.〔日〕愛宕元：《唐代范陽盧氏研究——以婚姻關係爲中心》，載川勝義雄等編《中國貴族制社會研究》，1987年。
6.〔日〕谷川道雄著，馬彪譯：《中國中世社會與共同體》，北京：中華書局，2002年12月版。
7.〔日〕谷田孝之：《中國古代家族制度論考》，東海大學出版會，1989年10月。
8.〔日〕大澤正昭：《唐宋時代的家族、婚姻、女性》，明石書店，2005年。
9.〔日〕川本芳昭著，余曉潮譯：《中華的崩潰與擴大：魏晉南北朝》（講談社·中國的歷史》05），桂林：廣西師範大學出版社，2014年1月。
10.〔日〕氣賀澤保規著，石曉軍譯：《絢爛輝煌的世界帝國：隋唐時代》（講談社·中國的歷史》06），桂林：廣西師範大學出版社，2014年1月。
11.〔日〕谷川道雄：《魏晉南北朝及隋唐的社會和國家》，《中國史研究》1986年第3期。
12.〔日〕谷川道雄：《從社會與國家的關係看漢唐之間的歷史變遷》，《史學月刊》2005年第5期。
13.〔日〕竹田龍兒：《關於唐代士族的家法》，載《史學》28卷1號，1955年，第84～105頁。
14.〔日〕藤井勝著，王仲濤譯：《家和同族的歷史社會學》，北京：商務印書館，2005年。
15.〔日〕滋賀秀三著，張建國、李力譯：《中國家族法原理》，北京：法律出版社，2003年。
16.〔日〕中根千枝著，聶長林等譯：《亞洲諸社會的人類學比較研究》，黑龍江教育出版社1989年版。
17.〔日〕池田溫著，孫曉林等譯：《唐研究論文集》，北京：中國社會科學出版社，1999年。

18.〔日〕堀敏一著，韓昇編譯：《隋唐帝國與東亞》，昆明市：雲南人民出版社，2002 年。

19.〔日〕谷川道雄著，李濟滄譯：《隋唐帝國形成史論》，上海古籍出版社，2004 年 10 月。

20.〔日〕川勝義雄著，徐谷芃、李濟滄譯：《六朝貴族制社會研究》，上海古籍出版社，2007 年。

21.〔日〕宮崎市定著，韓昇等譯：《九品官人法研究：科舉前史》，中華書局，2008 年。

22.〔美〕顧素爾（Willystine Goodsell）著，黃石譯：《家族制度史》，上海：開明書店，1931 年。上海文藝出版社 1989 年再版。

23.〔美〕格爾哈斯・倫斯基著，關信平、陳宗顯、謝晉宇譯，吳忠校：《權力與特權：社會分層的理論》，浙江人民出版社，1988 年 6 月。

24.〔意〕帕累托著，田時綱譯：《普通社會學綱要》，北京：生活・讀書・新知三聯書店，2001 年。

25.〔意〕帕累托著，劉北成譯：《精英的興衰》，上海：上海人民出版社，2003 年。

26.〔英〕崔瑞德主編：《劍橋中國隋唐史》，北京：中國社會科學出版社，1990 年。

27.〔法〕童丕著，余欣、陳建偉譯：《敦煌的借貸：中國中古時代的物質生活與社會》，北京：中華書局，2003 年。

28.〔英〕Maurice Freedman: Lineage Organization in Southeastern China, Athlone, London, 1958.該書有劉曉春所譯中文本，見莫里斯・弗利德曼著，劉曉春譯：《中國東南的宗族組織》，上海人民出版社，2000 年版。

29.〔英〕Maurice Freedman: Chinese Lineage and Society: Fukien and Kwangtung, Athlone, London, 1966.

30.〔美〕 Ebrey, Patricia Buckley（伊沛霞）: Confucianism and Family Rituals in Imperial China: A Social History of Writing About Rites, Princeton University Press, 1991.

31.〔美〕Ebrey, Patricia Buckley: The Aristocratic Families of Early Imperial China: A Case Study of the Po-ling Tsui Family, Cambridge University Press, 1978. 該書後來有范兆飛所譯中文本，見伊沛霞著，范兆飛譯：《早期中華帝國的貴族家庭 ：博陵崔氏個案研究》，上海古籍出版社，2011 年版。

32. Nicolas Olivier Tackett: The Transformation of Medieval Chinese Elites（850～1000 C.E.）, Columbia University, 2006.

33. Nicolas Tackett: The Destruction of the Medieval Chinese Aristocracy, Harvard University Asia Center, 2014.

34. K. E. Brashier: Ancestral Memory in Early China, Harvard University Asia Center, 2011.
35. Wolfram Eberhard: Conguerors and Rulers: Social Forces In Medieval China, Leiden E.J.Brill, Netherlands, 1965.

後　記

這本小書是在筆者的碩士學位論文基礎上修訂增補而成，從確立選題至今已逾七個年頭，其間一直在關注中古世家大族的話題。但碩士畢業後供職於中國孔子研究院，忙於補習儒家思想史，碩士論文的修訂工作暫時擱置。2012 年，筆者考入陝西師範大學，重新又回到中古史的研究領域，於是又將這部文稿翻出，著手進行修訂，這時才發現這個選題是多麼宏大，包羅內容何其豐富，原來打算通過中古時期范陽盧氏家族的興衰沉浮，來透視整個中古社會的變遷，包括社會結構、婚姻形態、士人流動、教育科舉、宗教信仰、學術文化等諸多方面，現在雖然經過重新充實修訂，很多問題依然未能說清。這些遺憾也只能留在以後的研究中繼續深化了，現在呈現給讀者諸君的這本小書，只能算是學習階段的一份作業和階段性總結罷了。

猶記得當年選取這個題目時，筆者的碩士生導師王洪軍先生立意高遠，要筆者以范陽盧氏家族爲線索，將中古時期的社會和歷史「趟一遍」，並告誡如果這個課題做紮實了，中古史研究的基礎就打牢了。研究過程中，王老師手把手教筆者研讀墓誌，統計資料，示以門徑，當遇到困難時及時指點迷津，春風化雨，撥雲見日。在拙稿出版之際，王老師於深夜抱病題寫序言，令學生銘感五內，慚愧不已，謹向王老師多年來的辛勤栽培表示感謝。

陝西師範大學在中古史研究尤其是唐史研究領域積澱深厚，史念海、黃永年等老先生曾在此執教多年，形成了濃厚的學術氛圍和獨特的學術傳統。徜徉在如此學術環境中，研習中古歷史，感到十分愉快。筆者的博士生導師薛平拴教授是史念海先生高足，爲學踏實，爲人正直，在薛老師指導下時常體會到從遊之樂。筆者的兩位導師都是遠離喧囂、淡泊名利的學者，純樸善良，恬淡超然，治學嚴謹，能夠從學於他們，三生有幸。

筆者所供職的孔子研究院，地處孔子故里，古風古韻，好儒備禮，禮儀之風浸潤，洙泗遺脈猶存。楊朝明院長、孔祥林研究員、張文科副院長、孔祥安部長、劉續兵部長對我的工作和生活多有關心，曲阜的諸多師友同事愛護有加，在此不一一臚列他們的姓名，謹向他們表示感謝。

當年畢業論文答辯時，丁冠之、王鈞林、黃懷信、修建軍、楊春梅、張松智等先生對拙文提出了寶貴建議；駱承烈、張秋升、王慕東、周海生、趙滿海、王淑臣、駱明、宋立林等先生也給予諸多鼓勵與幫助；鄭先興、王仁宇老師對筆者的學業多有關心。謹將此文獻給他們。

承蒙花木蘭文化出版社大力資助學術出版事業，將拙稿列入「古代歷史文化研究輯刊」，感謝楊嘉樂女史及責任編輯所付出的辛勞。崔繼來幫助校對了部分文稿，表示感謝。

本書個別章節曾於相關刊物發表過，此次收入書稿時作了進一步修訂。本書的研究得到陝西師範大學研究生培養創新基金（2013CXB006）的支持，特致謝。

臨近交稿，內心愈加惴惴不安，修訂期間每晚都因擔心出錯而夜不能眠。筆者深知自己學力和水平有限，書中謬誤疏漏之處，請讀者諸君批評指正。謝謝。

韓　濤

於古城長安虛靜齋

2014－4－20